立德树人落实机制研究丛书

丛书主编　袁振国

立德树人落实机制研究
合力机制优秀案例集

主编　沈　伟

教育科学出版社
·北 京·

出 版 人 李 东
责任编辑 张 璞
版式设计 杨玲玲
责任校对 贾静芳
责任印制 叶小峰

图书在版编目（CIP）数据

立德树人落实机制研究. 合力机制优秀案例集 / 袁振国主编；沈伟分册主编. — 北京：教育科学出版社，2021.11（2022.5 重印）

ISBN 978-7-5191-2822-7

Ⅰ. ①立… Ⅱ. ①袁… ②沈… Ⅲ. ①教案（教育）—汇编 Ⅳ. ①G424.21

中国版本图书馆 CIP 数据核字（2021）第 222507 号

立德树人落实机制研究丛书
立德树人落实机制研究：合力机制优秀案例集
LIDESHUREN LUOSHI JIZHI YANJIU：HELI JIZHI YOUXIU ANLI JI

出版发行	教育科学出版社		
社　　址	北京·朝阳区安慧北里安园甲 9 号	**邮　　编**	100101
总编室电话	010-64981290	**编辑部电话**	010-64981232
出版部电话	010-64989487	**市场部电话**	010-64989009
传　　真	010-64891796	**网　　址**	http://www.esph.com.cn
经　　销	各地新华书店		
制　　作	北京金奥都图文制作中心		
印　　刷	三河市兴达印务有限公司		
开　　本	720 毫米×1020 毫米　1/16	**版　　次**	2021 年 11 月第 1 版
印　　张	17.5	**印　　次**	2022 年 5 月第 2 次印刷
字　　数	234 千	**定　　价**	55.00 元

“现象级”传播的背后

（代序）

培养什么人、怎样培养人是教育的首要问题，立德树人是教育的根本任务。这一认识已经深入人心，受到党和各级政府、学校、教师、家长的高度重视，成为政策文件、规划报告的核心话语。各级教育行政部门和各级各类学校也都从不同角度采取了一系列措施积极贯彻落实，取得了很大成绩。但立德树人的落实成效与中央的要求、社会的期望还有差距。将立德树人工作进一步落到实处，关键在于健全落实机制，打通“最后一公里”。习近平总书记在 2018 年全国教育大会上明确指出，要深化教育体制改革，“健全立德树人落实机制”。教育部将健全立德树人系统化落实机制作为深化教育体制改革的首要任务，出台了一系列重要文件，并组织开展了立德树人落实机制的研究。为此，2019 年度全国教育科学规划设立了国家重大招标课题“立德树人的落实机制研究”。

所谓落实机制，简单地说，就是相对系统、贯通的方法和措施。承接“立德树人的落实机制研究”课题（课题批准号：VEA190002）后，课题组坚持问题导向、目标导向的原则，首先于 2019 年 7—8 月面向全国各省、自治区、直辖市的地方教育局局长、中小学校长、教师、家长，围绕立德树人的总体成效和落实机制进行了“千人大调查”，回收有效问卷 698 份，获得了大量第一手资料。从调查的情况来看，不同主体对立德树人的意义是有充分认识的，当前存在的关键问题是有效实施方法欠缺和实施能力不足。

2019 年 10 月 20 日，课题组召开开题会，中国人民大学党委书记靳诺，教育部基础教育司司长吕玉刚，武汉大学党委副书记沈壮海，上海市教育卫生工作委员会党委副书记、上海市教育委员会副主任李昕，浙江省教育厅副厅长韩平，以及江苏省教育厅副厅长顾月华等专家领导对课题进行了论证指导。课题组结合专家学者及一线教育领导的建议，进一步明确了课题定位、研究范围、研究机制和工作方法。

通过与专家学者、教育实践工作者的多次座谈讨论，课题组逐渐明确了立德树人落实机制中存在的主要矛盾、困难和问题，特别是：以什么为引领（解决工作思路明不明的问题），以什么为动力（解决工作愿不愿的问题），以什么为重点（解决工作会不会的问题），以什么来整合（解决合力强不强的问题），以什么为抓手（解决不同教育层次、不同教育主体工作能不能很好衔接的问题）。同时，课题组建立了与部分区域和学校联动的协作网络。

2019 年 11 月—2020 年 11 月，课题组先后在苏州市、杭州市（上城区）、宁波市（北仑区）、义乌市、内蒙古自治区（科尔沁右翼前旗）、重庆市（南川区）、上海市（虹口区、奉贤区、金山区）等地区的教育局和学校广泛调研，各子课题组也分别在多地开展了有针对性的调研。课题组通过召开局长、教研员、教师座谈会，就立德树人落实机制各个层面的实施思路与方案、现状与问题、经验与建议进行了多层次、立体式的交流研讨。

在此基础上，课题组进一步凝练了研究思路和重点问题：

以发展规划为抓手的价值引领机制。通过制定和落实区域教育发展规划、学校发展规划、课程计划、教学计划和教师发展计划等，将立德树人思想和要求贯穿于教育的全员、全过程、全方位。

以评价为纽带的动力机制。通过研制和实施适用于政府、学校、社区和教师等不同主体的立德树人评价标准，探索多样化的适合师生需要的奖励方式，增强不同教育主体立德树人的动力，激发不同教育主体立德树人的积极性、主动性、创造性。

以学科育人为重点的能力机制。通过加深教师对学科德育、课程思政意义的理解，通过对各学科育人价值、内容、特征、方法、规律的深度挖掘和把握，发挥好立德树人主渠道的作用，使育人工作春风化雨、润物无声。

以供给侧改革为统领的合力机制。通过对人、财、物、时、空五大要素的优化整合与合理配置，形成立德树人的整体合力，保障立德树人的资源需要，克服资源供给分散化、碎片化的弊端，不断提高立德树人的成效。

大中小学、家校社一体化的衔接机制。通过大中小学德育内容的一体化建设，通过学校、家庭、社会教育理念和方法的有效协同，避免德育工作重复、脱节、倒置甚至冲突的问题，实现不同学段、不同环境中的思想道德教育的前后贯通、有序提高、优势互补、提能增效。

2021年4月17日，为了总结经验，推广成果，使立德树人的价值导向进一步转化为系统目标，推动思想认识转化为自觉行动、分散的资源和力量转化为整体合力，课题组联合浙江师范大学田家炳德育研究中心、教育部中学校长培训中心、全国教育局长研究联盟、教育科学出版社、湖南教育出版社、《人民教育》编辑部、《中小学德育》编辑部、《当代教育家》编辑部、《班主任》编辑部等单位，举办了全国"立德树人落实机制"优秀案例研讨会。来自全国31个省、自治区、直辖市和新疆生产建设兵团的教育行政管理者、校长、教师，就如何健全立德树人落实机制做了广泛交流。会议采取现场参会与线上直播相结合的形式进行。根据新冠肺炎疫情防控要求，线下会场人数控制在300人以内，线上直播观看人次却达到380.7万。这一"现象级"传播超出了课题组的预期，也使课题组深受鼓舞，更重要的是加深了课题组对案例收集、交流、推广意义的认识。

本次研讨会优秀案例征集通知发出后，引起了强烈反响。课题组在不到一个月的时间里，就收到1180份案例成果。大量优秀案例生动活泼，内容丰富，充满情怀、智慧，且具有可操作性、可复制性与可推广性。案例覆盖了全国31个省、自治区、直辖市，覆盖了大、中、小、幼全学段，覆盖了普通、职业、特殊各类学校，覆盖了地方政府部门、教育行政部门、学校、教师各主体，覆盖了立德树人的价值引领机制、动力机制、能力机制、合力机制和衔接机制，实现了省份、学段、学校类型、教育主体和落实机制的全面覆盖。这使我们深刻认识到热情在基层，智慧在基层。

本次会议设1个主论坛和5个分论坛，60余位代表进行了正式发言交流，30位代表作为与谈人进行了现场回应。在省域层面立德树人落实机制的经验交流中，北京市教育工作委员会副书记、北京市教育委员会副主任李奕介绍了以“我和我的祖国”爱国主义主题教育活动、建党100周年“永远跟党走”主题教育活动等为抓手，从目的、动力、方式、路径四个维度进行的顶层设计和落实举措；江苏省教育厅副厅长顾月华介绍了江苏省以品格提升为“核心引擎”的落实立德树人的机制探索；浙江省教育厅专职副总督学舒培冬介绍了浙江省“聚焦六个一，厚植青少年家国情怀”的立德树人实践。在市域和县域层面的交流中，深圳市教育局副局长王水发围绕立德树人，对发展素质教育的目标体系、培养体系、保障体系、评价体系等做了具体介绍；郑州市教育局原副局长田保华介绍了郑州市以道德课堂为载体的立德树人实践机制探索；杭州市上城区教育局党委书记、局长项海刚展示了新型“党政家校社合力机制”的改革经验；内蒙古自治区科尔沁右翼前旗教育局局长高玉荣针对少数民族地区的特点，介绍了边远地区和农牧区如何以家校协同为切入点落实立德树人的积极探索。在学校层面的交流中，重庆市九龙坡区谢家湾小学刘希娅校长进行了转变学习方式、落实立德树人实践案例的分享；天津市南开中学校长刘浩交流了学校“允公”课程和“允能”课程两大类课程体系的理念与实施举措；新疆维吾尔自治区乌鲁木齐市第一中学校长罗群雁从促进民族团结与融合的角度，介绍了“和谐教育　卓越成长”的办学理念和贯通式举措；浙江师范大学党委副书记朱坚推介了学校构建一体化“大思政课”，扎实推进课程思政建设的典型经验；华东师范大学党委常委、宣传部部长顾红亮展示了学校以“四个一体化”为抓手，推动百年党史融入“大思政课”的经验和做法。在五个分论坛上，围绕课题组提出的五大机制，与会代表进行了交流和讨论。不同层次、不同地区、不同学段的学校讲述了立德树人的中国故事，谱写了一曲立德树人落实机制的交响乐。这使我们深刻认识到，立德树人落实机制丰富多样，必须实事求是，因时因地因事制宜。

优秀案例是做出来的，绝不是板凳上的学问。这些做出来的、在实践中生长出来的且经过实践证明切实有效的机制，经过与会代表的归纳提炼，经过课题组专家的精心指导和打磨，在科学性、精准性和实效性上又有了很大的提升。如何让这些机制发挥更大的影响力和辐射力？这是最有意义的，也是最困难的研究任务。课题组创造性地采用了案例征集和研讨的方式，并运用了现代新媒体手段，各地教育行政部门和学校则抓住这个机遇，广泛发动和组织收看收听，使得这次会议成为一场意义非凡的落实机制的盛大推广会。

通过这次会议，线上线下的参会者普遍认为，理论联系实际是教育研究的生命，知行合一是教育行为的最高境界。本次会议既为立德树人落实机制最新成果的总结、展示、交流提供了平台，也为各地各校深化对成功案例的理论概括和提炼，加强思想认识的具体化、实践性提供了动力，在很大程度上构成了更高层次的新的研究起点。

本丛书的出版意图是通过立德树人“五个机制”案例的总结和推广，指导区域和学校立德树人实践。因此，丛书注重案例的真实性、适用性，力求保持案例的多元多样、丰富性，希望兼顾不同地区、学段、学校的特点，使读者能够“各取所需”。

这些案例是从一千多个优秀案例中遴选出来，并经课题组成员和优秀案例单位撰稿人进一步研讨、修改、完善而形成的。这些案例尽管可能理论水平不够高，文字不够优美，但散发着泥土的芳香，洋溢着基层校长、教师的热情，蕴含着真实、生动、切实可行的智慧和方法。

立德树人落实机制的研究，既是理论研究，更是实践研究；既是学理研究，更是工作研究；既是探索总结，更是提炼推广。所以，课题组一开始就确定了理论联系实际、在行动中研究、在研究中行动的思路。实践证明，这样的研究思路受到了欢迎，通过一个课题激发了成千上万的学校和个人参与立德树人落实机制研究的热情，产生了推动工作的实际成效，这要比课题组成员自己发表几篇文章、出版几本著作有意义得多。课题组将与众多的区域和学校一起继续探索，把健全立德树人落实机制的研究继续推向前进。

目　录

CONTENTS

第三编　资源整合，协同共治

导　言

立德树人是党和政府针对培养什么人、怎样培养人、为谁培养人的问题做出的明确要求。2020 年全国教育工作会议强调提升落实立德树人根本任务的针对性、实效性，对准“五育并举”体系中的短板弱项，保持定力、持续用力、精准发力。由此可见，立德树人工作的关键点在于“实效”。落实立德树人这一根本任务，机制建设不可或缺。由华东师范大学袁振国教授领衔的国家社会科学基金“十三五”规划 2019 年度教育学重大招标课题“立德树人的落实机制研究”从机制建设的角度出发，解决立德树人根本任务落实过程中“明不明”“愿不愿”“会不会”“强不强”“能不能”等问题，相应的机制分别为“价值引领机制”“动力机制”“能力机制”“合力机制”“衔接机制”。本卷属于合力机制。

合力，在恩格斯看来是社会运动的规律性存在，即“无数的个别愿望和个别行动的冲突，在历史领域内造成了一种没有意识的自然界中占统治地位的状况完全相似的状况”①，多元主体的意志力通过“融合为一个总的平均数，一个总的合力”② 推动了历史变化。故恩格斯的历史合力论揭示了人们社会行为的动机与效果、个体选择与整体结果之间的内在联系。③在历史的偶然性与必然性的背后存在着各种力的冲突、协商、调和等多种

---

① 马克思，恩格斯．马克思恩格斯选集：第四卷［M］．北京：人民出版社，1972：243.

② 同①：478.

③ 李德顺，龙斌．社会历史与人的价值活动：兼论价值观与历史观统一的基础［J］．哲学研究，1994（12）：3-9.

互动方式。显然，恩格斯对合力的理解与我们指向合作、协同的“合力机制”有所不同，前者揭示了社会运动的规律，可解释意料之中与意料之外的运动结果；而后者则蕴含了人类社会发展的美好愿望，是经过协商确定了共同认可的力的运动方向。如阿克塞尔罗德所言：人与人之间的合作，是人类文明社会的基础。[①] 从民族国家的建立到跨国关系的处理，合作均发挥着重大作用。然而指向公共事物的合作异常复杂。课题组在有关立德树人落实机制的调查中，发现立德树人的资源保障不甚理想，且各类主体对资源供给的实现程度也认识不一。立德树人的经费保障、人员保障、空间设备保障、时间保障在四个群体的打分中，均低于所有题项得分的平均值（M=3.55）。在上述四类资源中，局长和校长给予最低分的是空间设备保障，教师给予最低分的是经费保障，家长给予最低分的是人员保障（见表1）。结合访谈材料，发现农村地区的教育局局长、校长对于当地可开发、可共享的教育资源持悲观心态，认为在立德树人方面难与那些拥有传统文化资源、优质高校资源的学校相媲美。教师则认为“缺乏专款资金”，而经费不足导致了立德树人工作易“流于形式”，或“难以持续”，更有教师坦言“在经济落后的地区不现实，难实现”。除经费不足之外，教师对“家长形象”“家长责任”“家长意识”也颇有微词，认为县城、农村地区的家长教育观念和整体素质严重影响了立德树人。家长在谈及人员保障问题时，则更多指向“教师素质高低不同”“教师的重视程度不够”“教师教学责任心不够”“各级部门和科任教师对道德品质的认知和实践水平不足”等，但也有家长指出“教师精力不够”。家长对教师能力方面的质疑、教师对家长的微词也反映了家校在立德树人的合力机制建设方面依然充满挑战，教师与家长对彼此的信任度都不够。

---

① 阿克塞尔罗德．合作的复杂性：基于参与者竞争与合作的模型［M］．梁捷，高笑梅，等译．上海：上海世纪出版集团，2008：16.

表 1 立德树人的资源保障

	局长(M)	校长(M)	教师(M)	家长(M)
立德树人的经费保障程度	3. 12	3. 15	3. 03	2. 98
立德树人的人员保障程度	3. 00	3. 20	3. 17	2. 91
立德树人的空间设备保障程度	2. 99	3. 05	3. 08	2. 95
立德树人的时间保障程度	3. 01	3. 19	3. 16	3. 00
利用网络空间进行立德树人的实现程度	3. 03	2. 98	3. 25	2. 80
对学生使用网络有效指导和管理的程度	3. 01	3. 14	3. 38	2. 82

英国加勒特·哈丁（Garrett Hardin）教授在“公地悲剧”里描述了放牧人的焦虑。在公共牧场里，每个放牧人都从自己的牲畜中得到直接收益；但当其他放牧人都在牧场过度放牧时，每个放牧人又因公共牧场退化而承受延期成本，因此每个放牧人都有增加更多牲畜的动力。由此哈丁的结论是：这是一个悲剧，每个人都被锁定到一个系统，这个系统迫使他在一个有限的世界中无节制地增加他自己的牲畜。① 由此短期利益取代了长期利益，个人利益先于公共利益。何以让理性人让渡眼前的利益，共同维护良好的生态，并获得长久之利益，兼顾个人与集体的发展，这就涉及在公共治理中，澄清外部世界、内部世界对制度选择的影响，促成个人理性与社会理性的一致。②

具体到立德树人的合力机制，应表现出如下特征：第一，主体性，即各类主体在立德树人工作中具备自觉性与能动性；第二，整体性，意指立德树人工作体现在全网、全校、全课堂，更重要的是从条块分割走向协同配合；第三，反身性，意指不同类型组织（包括学校）能对立德树人的利益、方法、影响及时进行反思，保持立德树人工作的一致性和连续性，服

---

① HARDIN G. The tragedy of the commons [J]. Science, 1968 (162): 1243-1248.

② 奥斯特罗姆. 公共事物的治理之道：集体行动制度的演进 [M]. 余逊达，陈旭东，译. 上海：上海译文出版社，2012：224-225.

务于全人发展。综上，合力不是简单的个体或局部能力之叠加，而是在资源上形成增量，在功能上实现突破或创新，在效果上表现为整体大于个体或局部功效之和。在落实立德树人根本任务的过程中，涌现出一批有心、有办法的教育者，他们善于思考，撬动资源，激励人心，协同多方力量，落实立德树人根本任务。课题组在综合区域、类型、学段多样性的基础上，遴选了一批优秀案例，这些案例在合力机制的建设上表现出课程融合，五育并举；体制创新，功能优化；资源整合，协同共治的特点。

一、课程融合，五育并举

新时代坚持五育并举的首要工作就是“研究制定深化教育教学改革全面提高义务教育质量的有关意见，推动学校、家庭和社会等各方面树立科学的教育质量观，深化关键领域改革，突出德育实效、提高智育水平、强化体育锻炼、增强美育熏陶、加强劳动教育”①。2020 年，中共中央、国务院印发的《深化新时代教育评价改革总体方案》是对教育质量观的系统重塑，且设计了 7 项改革任务，着眼促进学生德智体美劳全面发展。除了通过评价引导、保障、激励落实之外，课程是落实五育融合的重要载体。合力机制首先要形成德育为先的内容融合机制，推进育人工作一体化，促进全人发展。

“开全”五育类别的课程只是五育并举的基础，“开好”方能体现五育融合的真义。五育融合并不是在美育中硬性地加入智育，也不是在劳动教育中机械地植入德育或体育，而是在具体的课程中，找到五育之间的逻辑点，具化为能力或素养，形成五育的灵活组合。换言之，通过一个项目学习可以培养学生的劳动、美育、智育素养，也可以通过一次社会调查培养学生的智育、德育素养，不可片面求全。这就需要教育者对五育包含的

① 吕玉刚．构建立德树人落实机制 全面提高基础教育育人质量［J］．人民教育，2018（20）：14.

素养有清晰的认识。以劳动教育为例，劳动教育具有丰富的价值，可以增强学生的体质并促进其身心和谐发展；可以增强自理自立能力和劳动能力，提高学生劳动技能水平；可以通过劳动实践接触自然、社会、真实世界，帮助学生形成对自然、社会、世界和劳动者的具身认知和亲近情感；可以促使学生形成劳动观念，建立劳动习惯；可以锤炼意志品质，树立劳动精神。[①] 由此可见，劳动教育中本身包含了具身德育的内容与途径，承载着“身心和谐、劳动观念、意志品质”这些非认知能力与“劳动技能”等认知能力的培养。若课程设计得当，则可以融合认知能力，实现与德育、体育等的有效融合。同理，德育、智育、美育、体育也是如此。如北京市大兴区第七幼儿园的“三自”课程、重庆市秀山土家族苗族自治县中和幼儿园的“水田种植”都在劳动教育中植入了认知学习，在幼儿感受自然、体验劳作的同时，也培养了他们的动脑思考与动手操作技能，不同程度地融合了德育、智育、美育、体育元素。河南省郑州市高新区艾瑞德国际学校、北京市丰台区东铁匠营第二中学分别开发了适合小学、初中的序列化、系统化的劳动课程，前者通过校园、田园、家园、社园的劳动场域建设，创新了劳动实践育人的实施路径；后者将劳动教育渗透在基础类、拓展类、研究类的课程中，实现了五育融合。福建省厦门市金安小学则致力于生活美学与创客教育的融合研究，将健康生活、责任品格、科技创造、人文关怀的素养落实到校本课程与项目式学习中。重庆市南川区水江镇宁江小学、上海市金山区朱行中学、黑龙江省哈尔滨市第八中学校则分别围绕“三线精神”“传统文化”“学子六艺”研发了多类具有地方、社区特色的课程，促进学生的多元发展，并在此过程中汇聚多方资源，提升学科教师的育德意识与育德能力。

二、体制创新，功能优化

诊断教育问题需要全局观与系统观，因为教育问题向来不仅仅是教育

---

① 顾建军．建构素养导向的劳动教育体系［J］．教育发展研究，2020（24）：1.

领域的内部问题。实现教育供给侧改革，不仅要求教育系统在人才培养质量、结构和规模上有所突破，还需要其他系统切实保障对教育的供给与投入①，皆因人（编制）、财、物（经费）、时空（地方）各项制约教育发展的保障性要素均来自外部。故合力机制的建设需要教育内、外部主体协调一致，形成立德树人的齐抓共管的工作路径。而在此过程中，突破原先的体制机制的壁垒，通过部门联动、机构创新、优化资源则成为必须。事实上，近几年由多部门联合发文、协同推进立德树人教育相关工作的文件也日趋增多。这些由教育部联合其他部门发文的政策文件表现出两个特征。首先，各部门为立德树人根本任务的推进保驾护航。例如由教育部连同中央组织部、中央宣传部、财政部、人力资源和社会保障部发布的《关于加强新时代中小学思想政治理论课教师队伍建设的意见》中，明确要求各地组织、宣传、编制、财政、人力资源社会保障、教育等部门要主动为中小学思政课教师队伍建设提供支持和保障。其次，联合发文的主体在各项工作中表现出一定的分工意识和责任共担意识。例如在教育部等十一部门发布的《关于促进在线教育健康发展的指导意见》中，明确了教育部负责“推动线上线下教育融通”“培育优质在线教育资源”等事务；教育部、工业和信息化部按职责分工负责“推进产学研用一体化发展”；教育部、中央网信办、工业和信息化部、市场监管总局按职责分工负责“建立规范化准入体系”等。

当政策指引各类非教育类部门投入立德树人工作的同时，教育内部也在进行着机制创新与变革。如重庆市南川区青少年示范性综合实践基地，自 2014 年获教育部、财政部审核批准，成为国家级基地后，主动求新求变，实现场地扩容、课程升级，如今又集红色资源、场馆资源、自然资源、人文资源开设研学课程，为农村儿童提供多样化的课程选择。与此类似的，还有上海市金山区青少年实践活动中心，该中心自 2016 年建成运行以来，形成政府支持、企业配合、中心主动作为的三方联动、责任分

① 郭元婕．编制规划要注重体制机制的改革创新［N］．中国教育报，2021-03-26（02）．

担、融合发展的合力育人机制，通过整合周边资源与加强课程建设，丰富学生的学习资源。内蒙古自治区兴安盟科右前旗整合原先各处一地的教师进修学校、教研室、远程教育管理中心，建成“以教科研为先导、以教研为引领、以培训为中心、以信息技术为支撑”的教师发展中心，全面提高教师管理和培训水平，促进教师终身学习和专业化发展，全面提高中小学教育教学质量。

除了区域层面的体制机制创新，学校、班级管理层面也出现了一些新方法、新作为。例如山东省烟台开发区实验中学整合了学校周边分散化、碎片化的资源，建立了系统的资源档案，服务于人才培养；山东省济南第一中学立足学校百年文化传统，以学生成长发展的需求为核心，构建了课程育人、文化育人、管理育人、活动育人、全员育人相贯通的机制；重庆市南川区北京师范大学南川附属学校则以“大党建”的工作理念，以“党支部+群团+党团队志愿服务站+志愿者”为工作模式，以“乐善天使在行动”为主题，形成一系列活动，把社会主义核心价值观浸润到学校教育教学之中，形成课堂教学、社会实践、校园文化多位一体的育人平台。此外，安徽省清华附中合肥学校、云南民族大学附属中学、北京亦庄实验小学突破了原先的班级、课程、教学的模式，分别通过“1+1+X”的班级工作组制、“三品九育”的思政课程体系、“个性化学习系统”落实立德树人的责任，落细立德树人的课程，促进学生个性化的发展。

三、资源整合，协同共治

资源整合的关键在于合理选择供给资源的嵌入路径，优化不同要素的组合，增强优质教育资源使用的广度和精确度，促使课内课外、校内校外、线上线下的资源均能服务于立德树人。合力机制中的资源概念相对宽泛，既包含了有形的人力、财力、物力资源，也包含了无形的时间、空间资源，而流淌在特定时空中的文化资源、历史资源、网络资源等均成为立德树人合力机制的有效组成部分。协同共治意味着各类主体在育人的过程中能够做到目标、责任、利益共享，形成网络化、弹性化的组织架构，以促进资源优化与精准供给。《中小学德育工作指南实施手册》曾指出，“学校有责任通过合理、有效的制度和机制建设，积极争取家庭、社会的密切配合，用好自然资源、红色资源、文化资源、体育资源、科技资源、国防资源和企事业单位资源的育人功能，形成合力，实现协同育人的目的”①。合力机制的协同共治中，社区、场馆资源已被较好地开发与利用。如上海市虹口区红旗小学已经在家长单独教学、家校社合作教学等方面进行了一些实践探索。为了进一步发展学生的核心素养，红旗小学充分利用自然博物馆资源，研究开发与实施小学科学综合实践活动课程，将场馆资源融入日常教学，将课堂拓展到博物馆，并促进学校教师与博物馆人员的专业发展。四川省成都市金沙小学自建校起就和金沙遗址博物馆确立了“精神文明共建友好单位”的关系，成立馆校互动领导小组和实施小组，在博物馆的帮助下，学校开设了一系列金沙文化体验活动和金沙文化课程。江苏省常州市新北区龙虎塘实验小学带动家长积极参与“全民阅读启动仪式”，撬动社区图书馆资源，通过“新图书馆玩伴团”活动，培养了学生的社区主人翁意识，使身边的教育资源活起来。

在多主体的多元共治中，家长是不可或缺的教育力量。为了凸显家长作为教育共治队伍一员的独特价值，欧美的研究甚至区分了“合作”（Collaboration）与“伙伴关系”（Partnership），前者意味着为了共同的目标一起工作。如爱泼斯坦（Epstein）将家校合作活动分为当好家长、相互交流、志愿服务、在家学习、参与决策与社区合作六种实践类型，并提出了州、学区、学校各个层面的家校合作组织架构和行动指南。② 后者则是一种“关系”的描述，这一关系建立在平等的权利、平等的参与基础之上，以此为有意义的共同事业而奋斗。约翰斯顿（Johnston）和克拉克

① 教育部基础教育司．中小学德育工作指南实施手册［M］．北京：教育科学出版社，2017：9-10.

② EPSTEIN J, SANDERS M, SHEIDON S. School, family and community partnerships: Your handbook for action [M]. Thousand Oaks, CA: Corwin Press, 2018.

(Clarke)提出伙伴关系的形成需满足四个前提条件：双向沟通（包含倾听彼此的能力)；信任（一个合作伙伴对另一个合作伙伴的工作或建议的依赖程度)；亲密（伙伴双方分享计划和策略的程度）以及规则（彼此对关系如何运作的共识)。[①] 持“伙伴关系”视角的学者更为强调家长的能动性，认为以往对学校、家庭联系的建构以层级、官僚、制度化的原则为基础，弱化了家庭与社区关系。[②] 事实上，无论是带有主次关系的合作，还是平等关系的伙伴，取决于家庭、学校的教育理念、文化资本以及投入程度。我国地域广阔，区域的经济、社会、文化样态不一，故不可一味地强调家庭、社区、学校的绝对平等，抑或一味地宣扬以学校为主的模式，而是要根据学校、家长及所在社区拥有的资源特征，因地、因事制宜地发挥家校社协同育人的优势。例如，地处上海金山、奉贤、松江交界的亭林小学，随着务工人员的流入，学校外省市家长的比例已增至60%以上，在此情况下学校探索了“爸爸（妈妈）班主任”“班级管理合伙人”“共同学习好伙伴”等协同育人工作模式，以将看似劣势的家庭教育力量转化为助推学校发展、共同培育学生成长的教育新力量。虽然这是以学校为主导的家校协同育人的实践探索，但是超越了爱泼斯坦所论的“当好家长”“相互交流”，而是随着家校共育的阶段性发展，大大提升了家长的能动性及其在学校的地位。与此类似的做法还有浙江省杭州市浙江师范大学附属杭州笕桥实验中学、笕文实验学校的“多对多”的“家校共同体”，浙江省嘉兴市上海外国语大学秀洲外国语学校的“四位一体”协同育人，贵州省铜仁市玉屏侗族自治县印山民族小学的“家委会”“家庭教育讲师团”。在中国，中小学不仅承担了家长教育，为家长赋能，使家长能够更好地配合学校教育；而且创新多种新形式，发挥“精英”家长的能动性，以少数带动多数，将之转换为家长教育的资源。例如山东省济南市舜耕小学的

① JOHNSTON R, CLARKE G. Service operations management [M]. London: Prentice-Hall, 2001: 68.

② MURPHY J. Connecting teacher leadership and school improvement [M]. Thousand Oaks, CA: Corwin Press, 2005.

“舜友会”，山东省济南市历城区西营镇初级中学的“家长委员会”，安徽省合肥一六八中学的“六类实践、八大策略”，黑龙江省哈尔滨市第二十四中学的“家校共育”，江苏省苏州市田家炳实验初级中学的“家长服务中心”“家长志愿者”“家长学堂”等。

本书的内容结构遵循上述三个方面的特征，第一部分围绕课程融合，五育并举展开；第二部分围绕体制创新，功能优化展开；第三部分围绕资源整合，协同共治展开；这三部分并不是截然割裂的。例如课程融合的过程中，就涉及对各类资源的“巧用”和“善用”，体制创新中，也涉及各类主体如何协同共治、促进五育融合。由此可见，课程融合以“多类内容”为重，体制创新以“多重载体”为重，协同共治以“多元主体”为重，三者均是合力机制不可或缺的部分。

本书的案例均来自 2021 年 4 月 17 日在杭州召开的“全国‘立德树人落实机制’优秀案例研讨会”的提交案例，案例中呈现的事实性信息均以案例单位提交的数据为准。

诚然，因为篇幅、沟通、时间等缘故，尚有许多优秀的案例未能入选本册。我们衷心地希望这些案例能够以多种形式分享给读者，为教育理论工作者提供源头活水，为教育实践者提供策略方法，共同促进立德树人根本任务的落地、落实、落细。

第一编

课程融合，五育并举

以“三自”课程为载体，构建融合育人机制

北京市大兴区第七幼儿园

一、学校概况

北京市大兴区第七幼儿园（以下简称“七幼”）现为一园两址，分别为双高园和春天园。园所配套设备齐全，为幼儿创设了种植园、美工教室等功能教室及公共区域，营造了自然、生活化的环境，为幼儿自主探究、个性发展提供了充足的空间。七幼的育人理念受到了繁体字“柒”的启示。“柒”字上半部分有个“氵”，水是生活之源；下面有个“木”，木是自然之本；“七”代表着七幼和幼儿的七彩童年。“柒”启示我们，幼儿园就该有水、有树，贴近自然，给孩子本真的、生活化的教育。因此七幼构建了“三自”课程，形成了融合育人机制。

二、目的和意义

围绕“五育并举”的教育精神，基于“自然生活”的课程理念，为了满足不同阶段幼儿的发展需要、不同园所的实际需要，七幼构建拓展出了“自然、自主、自信”的“三自”课程。该课程在家庭、社会、幼儿园的相互配合中，在生活、游戏、活动的融合中，在七大领域的渗透中，实现“会生活、爱探究、敢担当、善合作”的育人目标。

三、内容和对象

（一）“三自”课程

七幼的“三自”课程包括体验式德育课程、自主性幼小衔接课程、二十四节气课程、问题探究式综合主题活动、探究式种植课程。在课程实施中，既有通识性课程，也有个性化课程（见图1）。

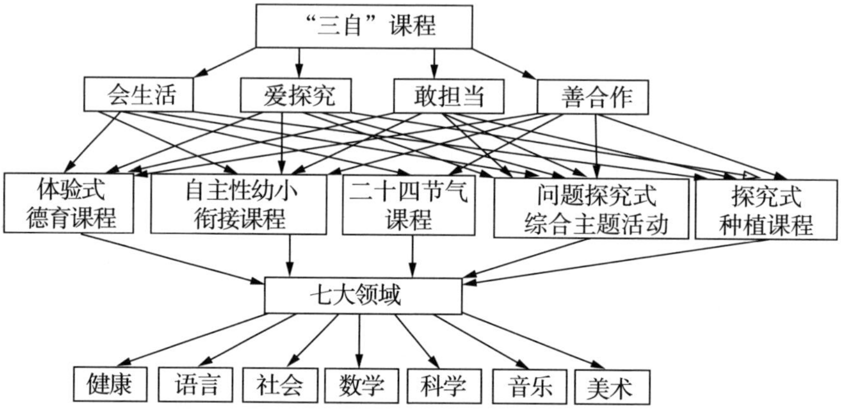

图1 “三自”课程体系

（二）六项活动

基于幼儿园一日活动的开展，七幼通过六项活动来落实立德树人的总目标及课程目标。六项活动分别为生活活动、游戏活动、学习活动、节日活动、亲子活动及社会实践活动，它们可以单独开展，但更多的是围绕统一主题、同一目标进行融合性落实。

（三）两个主体

幼儿园教育的主体不具体指向幼儿、教师某一方，教师要发挥主导作用，引导幼儿积极参与活动，活动设计要以幼儿为主体，更加满足幼儿兴趣及需要，同时促进两者的发展。

四、程序和方法

（一）“三自”课程打基础

体验式德育课程与自主性幼小衔接课程为七幼的通识性课程，七幼以“正己、为人、共处”为课程总目标，通过“教育活动明理、生活活动践行、家庭活动巩固”的方式进行落实。幼小衔接课程旨在帮助幼儿做自己生活、学习、游戏和环境的小主人，从而在情感、能力、习惯、学习品质上获得提高，为他们更快地适应小学生活做准备。

同时，七幼还根据不同园所的实际情况开展个性化课程。双高园结合园内的种植园开展探究种植主题活动，引导幼儿通过自主探索，在活动过程中收获经验、掌握技能、感受快乐。如大班教师结合幼儿关注的“小麦可以过冬吗”“小麦是怎样变成面粉的”“我们的小麦磨成面粉和买的一样吗”等问题，以问题为主线开展系列探究活动：幼儿通过在种植园自己动手种植，探索了小麦的生长规律，熟悉了小麦从种植到成长的过程；通过收麦子、取麦粒，幼儿完整经历了“猜想—计划—实践—验证—再次实践—得出结论”的自主探究过程；在筛麦粒的过程中，幼儿思考筛麦粒的好方法，制作简单的筛麦粒工具，在活动过程中发展动手操作、动脑思考的能力；活动后，幼儿还将小麦做成面粉，进行美味面点的制作，并且积极与他人分享。整个过程培养了幼儿爱惜劳动成果、珍惜粮食的良好品质。

春天园则探索通过活动的设计让孩子感受节气的变化，感知节气的特点。各班教师积极寻求节气与幼儿兴趣之间的契合点，以幼儿生活为活动场域，关注幼儿在活动中的体验与探索。如大二班在清明时节开展蹴鞠的节气主题活动，孩子们在感受自然规律变化与身体健康有着密切关系的基础上，对蹴鞠的习俗产生了浓厚兴趣，提出了“什么是蹴鞠”的疑问；通过调查“蹴鞠和现在的足球有什么不同”“古代的蹴鞠是什么样的”等问题，幼儿得以发现蹴鞠文化的演变历程，并由此设计出更为细致的调查表，记录、分享调查结果。活动发展了大班幼儿的思维、问题解决能力、合作能力等，同时激发了孩子们对不同朝代历史人文的挖掘和感知，幼儿从中感受中华文化的源远流长，形成对民族文化的自豪感，在多个课程的融合中，促进幼儿德智体美劳全面发展。

（二）六项活动促落实

1. 生活活动

幼儿一日生活中的衣、食、住、行等实际上都具有对应的文明行为、习惯标准，如“站有站样，坐有坐样”等。因此，幼儿教师要利用幼儿的日常生活学习，在无形之中培养幼儿的良好行为习惯。由于幼儿的思维发展更倾向于具体形象，在开展幼儿园德育工作时，幼儿教师要注意从情感教育的角度入手，坚持“学一点，懂一点，做一点”的教育原则。如在日常的学习生活中，教师可以对幼儿的各种行为做要求：要记得给小植物浇水，要自己整理书包，要把自己的桌子擦干净，要在升国旗时严肃地行注目礼，要掌握基本的进餐常规、盥洗常规等，这样既能深化幼儿对行为的认知，也能将德育与幼儿的日常生活学习相联系。

2. 游戏活动

游戏是幼儿最主要的活动形式，也是教师开展德育工作的切入点，游戏的主题和内容要与德育相得益彰。因此，幼儿教师要在游戏活动中渗透德育，既要保证游戏的趣味性，也要充分发挥游戏的作用，提高德育实效性。首先，幼儿教师可以确定带有德育色彩的游戏主题。例如“我爱我家”角色扮演游戏、“防疫”知识竞赛游戏等，这些游戏从主题上符合德育的要求，更容易引导幼儿参与其中，且变化多样的主题能让幼儿园德育内容更为丰富多彩。活动主题要紧随教育要求、时代发展要求和幼儿的生活实际，保障德育工作的即时性、针对性。其次，幼儿教师在开展游戏活动时要注意观察幼儿的游戏行为、游戏反应，寻找合适的契机，运用智慧的方式，及时就幼儿的行为表现进行对应的德育，以改变幼儿的行为、认知、习惯，实现即时的德育工作。如在开展“娃娃家”游戏时，要让幼儿明白角色扮演之中的人际关系，能在扮演的过程中懂得爱护家人、学会照顾别人等；针对有些幼儿出于性格等因素，在玩该类游戏时喜欢独来独往的情况，教师要通过有效的观察介入幼儿的游戏活动，及时带领幼儿认识到合作游戏、互相配合的重要性，从而发挥教师引导作用，优化游戏活动，实现德育渗透。

3. 学习活动

学习活动是指幼儿园当中的集体教育活动，对幼儿多方面的能力发展有着启蒙作用，具体包括健康领域、语言领域、社会领域、科学领域、数学领域、美术领域、音乐领域七大方面内容。幼儿教师必须通过学习活动找准不同领域教学与德育之间的关系。如在语言领域，幼儿教师可以利用绘本、古诗等唤醒幼儿的兴趣，通过《小黑鱼》《月亮，生日快乐》等故事，使幼儿认识到善良、负责任的高贵品格；通过《11 只灰雁往南飞》，使幼儿感受祖国的博大辽阔及各族人民辛勤而美好的生活。在社会领域，幼儿教师可以借助生活情境，帮助幼儿学习打招呼、关爱身边的人等，让幼儿学会与周围的人友好相处。

4. 节日活动

节日是幼儿园开展各种活动的重要切入点，在节日活动的开展中渗透德育，能够深化德育的效果，达到德育的目的。我国的节日形式多样，内涵丰富，利用节日来开展德育，能够使幼儿在积极参与中，心灵得到润泽、思想充分认识、道德有效发展。如幼儿教师可以在“三八”妇女节进行爱妈妈、爱奶奶的感恩教育，在教师节进行尊师教育，在“五一”劳动节进行爱劳动的教育，在国庆节进行爱国教育等。同时，教师也要利用节日，变换教育的形式，既可以是相关的主题游戏区域活动，也可以与社会实践或亲子活动相结合。总之，要以多样化的形式，利用节日这一载体，实现教育的融合，帮助幼儿树立正确的价值观。

5. 亲子活动

幼儿的培养、教育工作并不是教师一个人的工作，幼儿教师要想提高教育工作的有效性，就必须在教育工作推进中开展家园合作，充分发挥家长的积极作用，让家庭教育和幼儿园教育达成一致。因此，幼儿教师要通过有效的沟通与交流，改变家长的错误认知，让家长认识到“德育为先”的教育理念，促使家长在正确理念的指导下参与幼儿园的德育工作。幼儿教师可以通过多种沟通方式及时传递给家长正确的教育理念，帮助家长了解幼儿园本学年的工作任务及内容等，同时根据幼儿的问题进行针对性、跟进性的指导，以此来促进幼儿的发展。

6. 社会实践活动

幼儿园定期会带幼儿进行各种社会实践活动，如春游、秋游等。教师可以利用这些活动，丰富幼儿的日常体验，深化幼儿的感性认识。此外，实践活动能以直接参与的形式唤醒幼儿的热情，让幼儿迈出课堂，迈向生活。如在游览活动中，有着多种多样开展德育的有效契机，教师应当结合具体的游览活动内容以及活动过程中的环节，找寻实施德育的不同契机，如组织幼儿参观名胜古迹，培养幼儿爱家乡的意识，在游行过程中要求幼儿不能随地扔垃圾、不能大声喧哗、要爱护花草树木等。

（三）两个主体达实效

1. 以幼儿为主体

幼儿是学习的主人，活动的主体。幼儿园教育需要更为重视培养幼儿的个性品质：大胆、勇敢、自由、求新、探索和自我认可，要让幼儿形成一种创造性的态度，并把这种态度带入到整个生活中去。因此，教育应以极大的热情去鼓励和支持幼儿的探索性活动，真诚地对待幼儿提出的各种稀奇古怪的问题，积极参加到幼儿的创造活动中去。如幼儿发现户外最东边的一棵玉兰树开花了，而其他的玉兰树并没有开花，“为什么其他树上的花没有开”引发了幼儿的讨论，孩子们在讨论后分组进行观察，最终发现是由于这棵树每天在阳光下的时间最长，而其他两棵树前面的滑梯挡住了太阳。活动以幼儿的发现与兴趣为来源，让幼儿自由表达，进行观察、验证，在此过程中，幼儿的探究能力获得发展，也通过分组验证学会了尊重别人的想法。

2. 以教师为主体

教师也是活动的主体，活动的深入推进需要教师及时抓住幼儿感兴趣的问题、现象，同时也要意识到幼儿的不足，比如幼儿对于文学作品的理解能力欠缺、表达能力不好，教师就应该在此方面注重多方法、多途径的培养，帮助幼儿全面发展。同时，教师也可以与家长进行沟通，了解幼儿在家中的活动情况，如家中多了个小弟弟，导致孩子情绪低落，教师可以借此机会与幼儿进行讨论，激发幼儿对兄弟姐妹的关爱之情，使其学会与他人友好相处的方法等。

幼儿园教育不是某一项活动、某一个领域、某一个主体，它是多方面、多途径相互融合的；它不是一个立竿见影的过程，而是一个持续发展的过程。七幼将继续基于“三自”课程、六项活动、两个主体进行落实，并在实践中不断完善、调整，致力于培养德智体美劳全面发展的社会主义建设者和接班人。

（撰稿人：刘思纯）

优化园本实践活动，以劳育人

重庆市秀山土家族苗族自治县中和幼儿园

一、学校概况

重庆市秀山土家族苗族自治县中和幼儿园于 2017 年 9 月正式投入使用，是秀山县第一所一级普惠性公办幼儿园。中和幼儿园秉持“在自然中成长，在游戏中绽放”的办园理念，坚持以“培养全面协调发展的幼儿”为育人目标，在深入挖掘秀山本土资源的基础上，初步建构了“本土文化课程”“田园野趣课程”“四雅课程”三大园本课程体系。

中和幼儿园以落实立德树人为根本目标，从劳动教育入手，整合园内资源，依托传统二十四节气文化，通过园内空间的创造性改造和使用，根据不同时节开展园内实践活动。活动以主题项目为形式，以环境创设为手段，以幼儿亲历实践为方式，引导幼儿亲身体验、亲自参与，使幼儿珍惜劳动成果，体验劳动艰辛，同时帮助幼儿了解劳动对象，这既是对优秀传统文化的传承、发展和创新，也是增强幼儿文化自信、提升幼儿劳动素养的重要内容。中和幼儿园通过劳育这一入口，发挥以劳树德、以劳增智、以劳强体、以劳育美、以劳创新的效用，促进幼儿的全面发展。

“水田种植”园本实践活动综合了幼儿园空间建设、资源整合、家园社协同等多方面内容，是中和幼儿园优化园本实践活动、实现以劳育人的典型案例。

二、目的和意义

“水田种植”园本实践活动的开展，丰富了幼儿园在落实立德树人方面的合力机制探讨，将幼儿园内人、财、物、时、空等统整利用，取得了良好的效果。

从幼儿发展角度分析，水田种植活动的开展，能够促进幼儿劳动意识、劳动态度、劳动技能的提升，激发幼儿热爱节气文化的情感，使幼儿懂得珍惜劳动成果。

从活动实施角度分析，水田种植活动以行动研究的方法构建完整的水田种植活动体系，活动空间创设、活动时间安排、活动方案制定、活动内容确定，包括水田种植活动的目标体系构建、活动开展的途径与策略、活动的总结反思，这个过程能够促进幼儿与大自然更好地融合。

从活动评价角度分析，通过创设节气背景下水田种植的各个环境，引导幼儿在环境中参与获取新经验，能够进一步丰富园本课程，打造节气文化下以水田农耕为特色的园本文化，培养幼儿的文化自信。

综上，“水田种植”园本实践活动对于幼儿的劳动意识、劳动态度、劳动技能的发展，亲自然行为的养成，文化自信的提升，优秀传统文化的传承，幼儿的全面发展等都有非常重要的意义。

三、内容和对象

（一）活动内容

“水田种植”园本实践活动主要有三个方面的内容：一是“水田种植”园本实践活动方案的制定，包括目标内容、实施方式、推进策略、人员分工等；二是水田种植活动的开展，包括指导幼儿参与水田的种植、培育、收割、加工、品尝等活动；三是家园合作的活动反思与延伸。

（二）活动对象

围绕水田种植，以幼儿为活动主体，通过亲历选种晒种、整地、育水稻秧、分插水稻、护理水稻生长、收割水稻、打米保存等全过程，促进幼儿发展。

四、程序和方法

（一）幼儿生疑，活动萌芽

传统农耕文化没落、家长重智育轻劳教的观念，导致孩子劳动机会缺乏、劳动意识淡薄、劳动技能不足等。幼儿对优秀传统文化缺少了解且缺少切身体验，无法实现自身的全面发展。为此，中和幼儿园结合地方特点开始探索水田种植的劳动教育实践。

（二）目标确定，建构活动

1. 建立机制，制定方案

建立园内教师分工小组以及园内与园外的合作机制，根据二十四节气的特点，结合幼儿发展特征讨论、制定“二十四节气背景下园本主题实践活动”三年建设实施方案，确立开展以“水田种植”为主题的园本实践活动。

2. 多维探讨，预设活动

（1）围绕节气预设活动

以节气为线索预设活动，根据时节特点，谷雨节气插秧、秋分节气收割、立冬节气之后天气变冷，陆续开展加工、烹饪类活动。

（2）研讨交流预设活动

根据幼儿年龄特点和兴趣爱好预设活动。如同样是收割活动，由于能力差异，预设为小班搬运稻穗、中班打谷、大班割谷等（见图1）。

（3）亲历体验预设活动

教师亲身参与活动，切身感受活动的难易程度，确定课程目标、对象

图 1　中班幼儿打谷、晒谷

等的适宜性，然后形成小班“认识秧苗”活动、中班“搬运秧苗”活动、大班“插秧”活动的层级（见图 2）。

图 2　大班幼儿体验插秧

（4）家社介入预设活动

多渠道挖掘家长、社区资源并融入园本建设中。如利用问卷调查征求家长对于幼儿园开展水田种植活动的建议，同时争取社区支持，在幼儿园附近建立水田种植活动基地等。

（三）资源统整，实施活动

1. 围绕水田种植活动，创设适宜环境

根据水田种植活动内容创设幼儿园环境，引导幼儿在有准备的环境中，通过与环境对话获得思维与动作的发展。如开辟水田、打造农产品展示台、建立农产品交易市场、创设农作物加工坊等（见图3）。

图3 水田环境建设

2. 活动展开，不断生成

搭建支架，追随幼儿兴趣进一步生成活动。在水田种植活动实施中，根据幼儿在参与中的兴趣不断深化活动内容，让活动真正成为幼儿的活动。如根据幼儿在插秧活动中喜欢玩稀泥的特点，挖掘出“欢乐泥田”“多变的泥”“泥从哪里来”“泥土用处多”等系列活动，满足孩子多方面动手动脑的需求。

（四）反思优化，改进活动

针对每一次活动撰写反思；每月开展园本课程研讨；每期收集幼儿、家长、同行、社区工作人员意见。根据反思、意见及时调整活动内容，不断完善活动。

五、效果和影响

二十四节气背景下园本主题实践活动推动了中和幼儿园自然生态环境建设，促进了“在自然中成长，在游戏中绽放”办园理念的形成，获得了较好的效果和反响：

（1）活动成果被列为2020年重庆市基础教育教学成果培育项目。

（2）幼儿劳动意识和能力得到有效培养，全园幼儿完成种植观察记录1180本。

（3）教师专业水平不断提升，3名教师在重庆市公开课活动中获奖，21名教师的教研文章在市、县级优质论文评选活动中获奖，或发表于教育期刊。

（4）“二十四节气背景下幼儿园劳育实施策略研究”等3项课题被列为县级课题，县级课题“基于学前儿童发展的节气主题活动研究”已顺利结题；《田园课程》《民间游戏》《二十四节气》《四雅课程》等园本课程资源编印成册，家园合集《水稻活动合集》等编印成册。

（5）幼儿园接待重庆市内外来访800余人次。优秀案例“春天里的收获节”在重庆市教研网上发布，水田种植活动课例等在省、市、区等各类会议上交流展示。

（6）《重庆日报》、重庆教育、华龙网、上游新闻等多家媒体对幼儿园劳动品牌活动进行报道。

六、经验和体会

（一）亲身体验是幼儿全面发展的重要手段

幼儿的学习离不开对事物的直接感知，并依赖于其自身的行动。水田种植活动基于真实的水田种植环境，让幼儿切身参与水田种植、培育、收获、加工、品尝、观察等各个环节，活动中幼儿根据自己的经验进行探索，整个活动真实、自然、直观。种植、培育、收获、加工环节能有效地培养幼儿劳动的习惯和自主参与劳动、做力所能及的劳动任务的能力，弥补幼儿园劳动教育的缺失，以劳动教育撬动幼儿整体发展。

（二）环境是幼儿获得全面发展的重要支撑

有准备的环境是幼儿获得发展的重要手段。在水田种植过程中，幼儿园添置了丰富多样的农具，如风车、簸箕、斗、扁担、晒席、镰刀、锄头等，这些农具既是劳动的工具，也是锻炼的器械。幼儿园同时还设置了多种活动区，比如舂米的石堆坊、烹饪的美食坊、农产品交易的农贸市场等，工坊的设置为幼儿深刻体验劳动的艰辛，培养爱惜粮食、热爱劳动的品质提供了具体的场所。为幼儿创造良好的发展环境，使幼儿在健康的环境中获得有益于其身心发展的经验，能够促进幼儿的全面发展。

（三）幼儿园、家庭、社区合作是推动幼儿全面发展的重要机制

幼儿园、家庭、社区三者合作有利于保教质量的提高，能够促进幼儿身心健康成长。在水田种植主题活动中，幼儿园采取了丰富多样的方式和途径整合教育资源：争取社区的支持开辟水田种植基地，为劳动教育与德育、智育、美育等的融合提供保障；开展家长义工活动，聘请有种植经验的家长和专业农业技术人员，指导幼儿参与水稻种植活动，促进幼儿综合素养提升。资源整合、协同共建正是水田种植活动有效开展的宝贵经验。

（撰稿人：夏春、戴宜琼）

四园联动：
劳动教育场域与机制的实践建构

河南省郑州市高新区艾瑞德国际学校

一、学校概况

作为一所民办学校，郑州高新区艾瑞德国际学校坚守“走自然生长教育之路，办有温度有故事学校”的教育追求，针对“有教育但缺少劳动教育，有劳动教育但缺少劳动教育课程，有劳动教育课程但不系统，有劳动教育但机制不健全”等问题，经九年探索实践，建构起四园联动劳动教育场域与机制，提供了民办学校提升育人质量、促进全面发展的典型范式。

二、目的和意义

（一）突破瓶颈：解决劳动教育淡化弱化难题

早在2011年建校之初，面对学生基本来自城市家庭、出身富裕的生源结构，学校便已发现劳动教育被淡化、弱化的问题。立足中原大地、黄河之滨、劳动大省，学校坚持扎根中国大地办教育，注重五育并举，在建校之初便打造一所占地300亩的教育农场，同时展开校园、家庭、社会劳动教育。通过出力流汗、动手实践、接受锻炼、磨炼意志，培养学生热爱劳动、辛勤劳动的品质和习惯，让“劳动最光荣、劳动最崇高、劳动最伟大、劳动最美丽”的思想在学生心中生根。

（二）完善场域：探索劳动实践育人实施路径

劳动教育的特殊属性和独特育人价值决定了其需要场域作为必要保

障。真实的劳动必须发生在特定的场域当中，儿童需要在动手实践和切身参与中获得劳动的感官体验与情感体验，这样的体验离不开具体环境和场景。

四园联动劳动教育通过校园、田园、家园、社园的劳动场域建设，创新了劳动实践育人的实施路径。其中校园是劳动教育实施的核心阵地，起主导作用；田园是劳动教育实践的特别场域，起基地作用；家园是劳动教育发生的重要地点，起基础作用；社园指向儿童现在与未来场景，起支持作用。通过理论建构指导实践创新，坚持“少讲授、多探究、重实践”，进一步推动劳动教育走向儿童、走向生活、走向纵深。

（三）创新机制：形成四园联动劳动教育机制

梳理以劳育带动场域开发、课程建设、部门结合的校本系统，提出并践行“四园联动劳动教育一揽子方案”。寻找机制创新的理论基础与实践方案，为五育融合提供新的思路。

三、内容和对象

（一）建设四园联动的劳动教育场域

校园：营造校内劳动环境，形成学生自主管理的清洁区承包制，成为“校园无保洁工”学校。

田园：建设“教育农场”，后更名为“田园校区”，成立“艾瑞德少年农学院”，开辟班级“一亩田”。

家园：家政作业单、家务作业包走进学生家庭，形成《家校劳动教育手册》。

社园：持续开展“让城市在爱中醒来”“学生银行”等社会劳动主题、职业体验活动。

（二）形成四园联动的劳动教育机制

围绕“联动”，探究四园结构关系与运作模式，通过科学规划、系统建构，建立问题导向、整体统筹、融通渗透、牵引推动四大机制，形成既符合国家意志又结合校本实际的劳动教育体系，提供以劳育融通五育的综合育人方案。完善价值与目标、课程与教学、管理与评价等体系，通过校园、田园、家园、社园间融合贯通，集聚合力，撬动学校教育改革与管理变革。

四、程序和方法

（一）聚焦新时代，塑造劳动教育价值链

通过重新考量传统劳动教育、新时代劳动教育以及二者之间的关系，学校更加明确了“正确的‘劳动价值观’是新时代劳动教育的基本立足点”①，逐步形成了四园联动劳动教育价值链。

1. 厘清劳动教育内涵

从“用劳动为谁培养人、用劳动培养什么人、如何用劳动培养人”三个层面出发，学校对于新时代劳动教育内涵有了进一步解读。

用劳动为谁培养人：社会主义劳动教育一定是以人民为核心的、为人民谋幸福的教育。儿童要树立正确劳动观，尊重劳动人民，尤其是普通劳动者，增强与劳动人民的感情。

用劳动培养什么人：劳动教育紧紧围绕立德树人根本任务，培养的是有理想、有本领、有担当的时代新人。通过劳动教育，儿童逐渐愿劳动、会劳动、爱劳动，劳动中获得的优秀品质也将贯穿其一生。

如何用劳动培养人：重点关注在劳动实践中使儿童获得锻炼，通过每周劳动生活安排表，有目的、有计划地组织学生参加劳动，让儿童在亲历劳动的过程中低下头、弯下腰、流下汗。

2. 明确劳动教育目标

结合学校“眼中有光、脸上有笑、心中有爱、脚下有力”四有儿童成

---

① 本刊编辑部．寻找新时代劳动教育的推进路径［J］．人民教育，2020（1）：12.

长目标，学校将劳动教育目标具体归结为三个方面：以劳动培育理想、以劳动发展本领、以劳动历练担当（见图 1）。

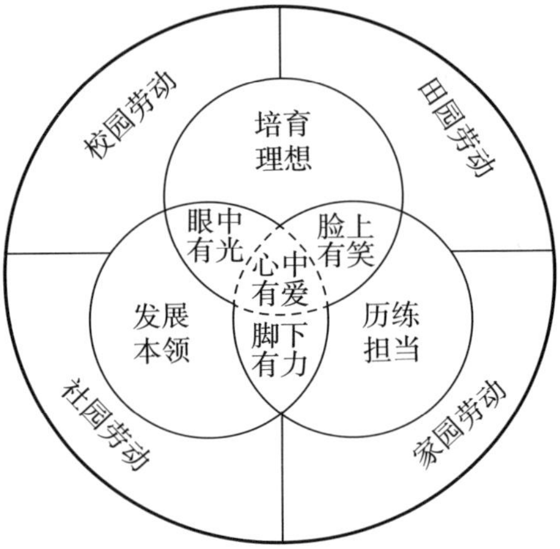

图 1　四园联动劳动教育目标

以劳动培育理想：新时代劳动教育是落实立德树人根本任务的重要载体。儿童在劳动中学会尊重劳动者，渐渐认清生活的本质，同时又对未来充满期待，逐步树立正确的世界观、人生观和价值观，拥有积极的理想信念。

以劳动发展本领：关注儿童劳动实践能力的培养，帮助儿童获得一定的劳动技能与方法。未来社会需要有知识、懂技术、会创新、能合作的复合型高素质劳动人才，所以使儿童从知识、技能、思维上获得扎实本领应对未来挑战也是劳动教育的重要目的。

以劳动历练担当：在劳动过程中儿童需要学会与环境相处、与他人相处、与自己相处，明白任何成果都来之不易，更深刻地体会到劳动人民的辛苦和社会进步的不易，从而增强社会责任感和历史使命感。

3. 细化儿童劳动素养

基于小学生发展核心素养和学校四园联动劳动教育实践，结合学校“四有儿童”成长目标，学校将儿童所需具备的劳动素养细化为 8 个方面（见表 1）。

表 1　育人目标与劳动素养

<table>
<tr><th>“四有儿童”成长目标</th><th>儿童劳动素养</th><th>劳动教育目标</th></tr>
<tr><td rowspan="2">眼中有光</td><td>充足的劳动知识</td><td rowspan="8">以劳动培育理想
以劳动发展本领
以劳动历练担当</td></tr>
<tr><td>灵活的劳动思维</td></tr>
<tr><td rowspan="2">脸上有笑</td><td>正确的劳动观念</td></tr>
<tr><td>良好的劳动习惯</td></tr>
<tr><td rowspan="2">心中有爱</td><td>积极的劳动精神</td></tr>
<tr><td>丰沛的劳动情感</td></tr>
<tr><td rowspan="2">脚下有力</td><td>强健的劳动体魄</td></tr>
<tr><td>必备的劳动能力</td></tr>
</table>

（二）拓宽多场域，建设四园联动实践场

长期以来，学校劳动教育实践始终立足于学校、田园、家庭和社会，故校园、田园、家园、社园成为学校劳动教育四大主要场域。此“四园”各有侧重又相互补充、彼此贯通、走向融合，联动协同实现育人目标。

1. 校园：以自主管理涵养品行

通过划分班级清洁区、设置校园义工岗，设立校园劳动日、劳动周，每个班级的学生都明确知道自己的劳动岗位职责。为激发学生劳动积极性，校园劳动工作的落实、管理、评价等都由学生自主完成（见图 2）。

学校是“校园无保洁工”学校，日常清洁工作全部由学生完成。每天清晨，学生来到教室的第一件事不是读书，而是拿起劳动工具到班级卫生区打扫卫生，用劳动开启一天的美好时光。

2. 田园：以亲身体验提升能力

依托 300 亩田园校区内的少年农学院、家庭小菜园、班级“一亩田”，学校每年都会组织开镰日、耕种节、采摘周。

班级“一亩田”伴随学生整个小学生涯，学生将在其中学会种、养、收、食、储、卖。田园劳动教育课程立足二十四节气，学生依照时令规律种下农作物（萝卜、油菜、小麦、蜜薯……），寒来暑往无间断，一年四

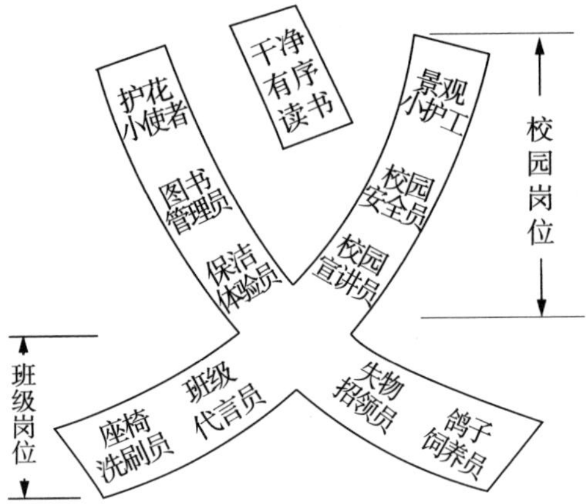

图 2　校园义工岗

季在田间（见图 3）。

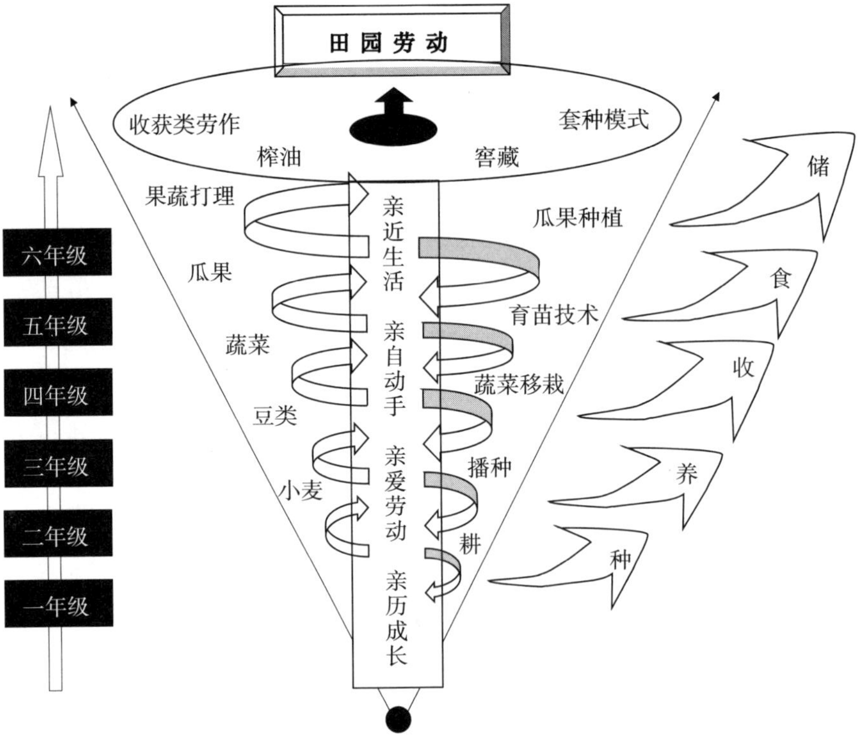

图 3　田园劳动递进模型

3. 家园：以持之以恒培育习惯

学校根据学生年龄特点设置了不同的家政项目，形成家政劳动作业清单，让劳动从校园走向家园，成为常态。同时建立家校联动合作平台，让劳动成为习惯，主要涵盖家长劳育课堂、钉钉班级劳动作业本、制定《家校劳动教育手册》和发布“学生家务劳动作业包”。

4. 社园：以联动参与发展素养

学校有意识、有目的地进行资源链接，与企业、工厂、社区和社会团体保持互动，通过多维社会实践，增加学生的劳动体验方式，主要包括：岗位体验，获得职业启蒙；工厂参观，感受工匠精神；社区服务，培养奉献品格（见图4）。在这样的劳动体验中，学生更加感受到劳动的价值和意义。

学校连续多年开展“让城市在爱中醒来”主题活动，三年级全体学生在活动当天于凌晨3点便分散到城市各个职业岗位中，如地铁站、公交车调度站、早餐店、学校后厨等，了解所在的城市是如何在不同劳动者的辛勤工作中开始每一天的运转的，从而更加热爱劳动者，热爱脚下这片土地。

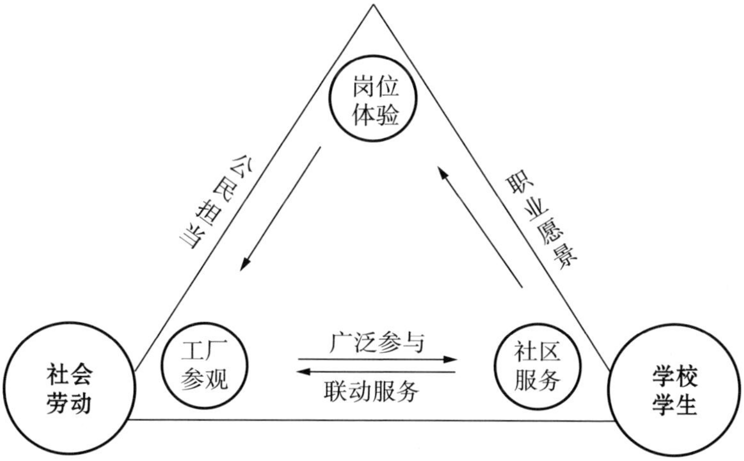

图4　社园劳动路径

（三）完善全体系，形成四园联动劳动教育机制

体系的完善凸显为教育管理一体化，学校在推进劳动教育中形成了四园联动劳动教育机制：问题导向—整体统筹—融通渗透—牵引推动。教育智库与管理智库的有机融通使得“联动”真正化为“心动”，成为“行动”。

1. 问题导向

四园联动劳动教育以问题为驱动，将问题从提出到突破设置为一个过程模型，旨在厘清劳动教育的实施脉络，并通过对劳动教育被淡化、弱化问题的不断聚焦来进行创造性解决。问题导向机制有效地将个性问题、结构问题、共性问题进行多方位呈现。通过问卷调查和数据分析获取劳动教育共性问题：学生不会劳动，缺少劳动实践。通过访谈摸排梳理出劳动教育的结构问题：学校不重视劳动教育，学生缺乏劳动教育的机会。通过对教学实践的具体分析找出劳动教育的个性问题：不同学生有不同的劳动基础，需要不同的教育方式。问题导向机制为成果的整体统筹提供了基础，驱动着成果的体系化形成和完善，为学校具体实施劳动教育提供了明确方向。

2. 整体统筹

四园联动劳动教育将校园、田园、家园、社园四个场域的劳动教育进行统整，四园之间各有侧重又相互补充、彼此贯通、有机融合，形成整体统筹机制。以问题驱动、顶层设计、专家引领保证运行；以课表编排、课时划分、场域保障、人员联动、后勤支持、学分评价等贯穿管理；以同行交流互鉴验证教育成效。运行、管理、成效各有侧重，理念、实践、评价互相补充，形成自上而下愿景引领、自下而上实践反馈的双向互动管理模式。

3. 融通渗透

四园联动劳动教育重视劳育与四育及学科间的融通渗透。一方面在学科间有机渗透劳动教育，另一方面主动寻找劳动教育与各学科间的熔点。主要体现在：内容设定上，充分考虑国家课程体系下各学科的具体推进情况，并将其中可以延伸为“劳动育人点”的部分提取出来，通过进一步的教材解读，形成“学科+劳动教育”素材库；教育方式上，劳动项目的方

式灵活、注重实践，通过在真实场域中“做中学”，让学生发现生活本身是丰富的、囊括多学科的，使得劳动教育与四育之间、学科之间接触面大大增加；教研模式上，打破“唯劳动研劳动”的局限，在各学科的教研中渗透劳动教育，同时在劳动教育教研中渗透学科教育，各行各业从业者皆可成为劳动教育资源，从而进一步盘活劳动教育和学科之间、五育之间的融合机制。

4. 牵引推动

牵引推动是践行四园联动劳动教育理念的关键。首先，建立文化共识与价值体系，使师生、家长理解四园联动劳动教育的目的、意义、目标和方法，提高其参与四园联动劳动教育的主动性；其次，构建牵引推动的组织架构，合理分工，明确责任，保障四园联动劳动教育机制有序、有效实施；再次，建立考核激励制度，督促教职员工高度重视并积极践行四园联动劳动教育；最后，设置合理可行的四园联动课程体系，用特色鲜明、趣味盎然、强度适宜的劳动课程夯实劳动教育。

在机制基础上，四园联动劳动教育形成了自己的评价方式，即融入学校“学分制”学生综合素质评价体系中，将劳动课出勤、劳动实践活动参与、劳动作品或产品展示纳入基础学分；将劳动技能竞赛、相对成体系的劳动成果集结纳入绩点学分；将劳动成果获奖和劳动重大突破纳入奖励学分。同时，学校基于班级“一亩田”的产量、销售额等指标，定期为班集体颁发“劳动光荣班”“劳动崇高班”“劳动伟大班”“劳动美丽班”等奖牌，此外，劳动学分突出的学生个人还会获得“劳动奖章”。

五、效果和影响

（一）学生劳动素养提升，促进全面发展

通过劳动教育，学生树立了正确的劳动观，拥有了积极的劳动态度、活跃的劳动思维和强健的劳动体魄。2018 年全国青少年总体近视率为 53.6%，其中小学生为 36%，而学校同期的数据为 10.9%。2017—2019 年

平均数据显示，89.5%的毕业生在劳动素养测评中取得“优良”水平。学生整体学业成绩优异，在每学期综合学业质量评价中保持区域前列。

（二）教师专业素养提升，育人水平进步

在四园联动劳动教育的实践与研究过程中，教师的教科研水平有了较大提升、课程开发能力有了明显提高，教师对教学改革探索热情高涨、现代教育技术应用有了拔节。

通过四园联动劳动教育课程的开发实践，教师对课程的目标指向、内容纲要、体例结构、教学评价以及文本表达等要素有了相对明确的掌握，学校形成校本课程15项。学校10名教师参与省、市劳动教育专项工程，在全市小学中人数占比最高；2020年6月《新校长》杂志官微发布学校“劳动教育体系化设计”案例，阅读量破万。

教师通过劳动教育聚焦课堂教学变革的探索，将“少讲授、多探究、重实践”的原则自觉融入课堂教学实践，促进专业思考。通过建构四园联动劳动教育体系，学校带动全校教师开设公众号，发布文章15000篇，约1500万字；20篇论文在《人民教育》等核心期刊发表；主持市级课题6项，获一等奖1项，形成学生劳动实践手册12本；2021年全校正式出版教师教育专著10本。

教师现代教育技术得到提升，囊括校园信息技术、田园绿色科技、家庭智能应用、社会新生技术等。教师跨界思维、融合教学、信息共享等能力提升，技术应用得到更新。

（三）学校办学质量提升，社会影响扩大

在四园联动劳动教育不断深入的过程中，学校办学质量全面提升，家长对办学质量的满意度持续攀升。四园联动劳动教育成果辐射全国10个省市，在15所学校推广，受益学生30000余人。学校两次亮相教博会，且多次受邀在省内外交流劳动教育经验，如在第七届中国教育创新年会、全国第二届“五育融合”研究论坛做“用劳动教育扣好人生的第一粒扣子”主题分享，在中国劳动关系学院举办的首届中国大中小学劳动教育峰会上做“四园联动，让劳动教育更生动”主题分享等。学校承办 2020 年河南省基础教育教学成果展示培育活动，四园联动劳动教育成果作为全省三个典型成果之一进行展示。成果文章《新时代背景下“四园联动”劳动教育课程的探索与实践》在《劳动教育评论》发表。《四园联动：劳动教育场域与机制的实践建构》获 2021 年河南省基础教育教学成果一等奖。《“四园联动”劳动课程》荣获 2020 年郑州市中小学劳动教育优秀课程成果一等奖、郑州市“课程改革 20 年成果”一等奖。学校成为首批河南省中小学劳动教育特色学校，连续四年被评为“郑州市民办中小学十佳单位”，《中国教育报》《河南教育》等均对学校有专门报道。四园联动劳动教育成果入选 2020 中国基础教育 40 个典型案例。顾明远教授 2019 年考察学校劳动教育后充分肯定并赞扬说：“当这样的实践很丰富时，理论就显得很苍白了！”如今，四园联动劳动教育已成为中原教育的一张亮丽名片。

六、经验和体会

（一）用劳动教育扣好人生的第一粒扣子

对劳动教育的坚持源于学校对教育理想的坚守，从建校之初 300 亩田园校区的弯腰低头，到如今四园联动劳动场的生龙活虎，十年来，学校不改初心，致力于劳动教育的实践、劳动课程的开发、劳动样态的打造，在课堂中融入劳动教育，在活动中凸显劳动育人，将劳动教育这个大命题在有温度与有故事的土壤里“落实、落小、落细”，也逐渐形成艾瑞德国际学校劳动教育独有的表达。

劳动是育人的重要形式。让孩子在田间地头，与土地对话，与自然触摸，孩子们从此对粮食有了敬意，对自然有了敬畏，对生活添了热爱。校园劳动、家园劳动和社园劳动是学校一直在坚持的必修课程，清晨的艾瑞德校园，除了有朗朗的读书声，也能看见一个个稚嫩的身影在弯腰劳动的画面，孩子拿起的是扫帚，弯下的是腰杆，挺起的却是民族的脊梁，朴实、勤奋、吃苦耐劳的精神品质在劳动中一步步养成，对普通劳动者的尊敬和热爱在劳动教育中一点点形成。

品格养成是劳动教育的题中之义，劳动教育是品格养成的必由之路。以劳立德、以劳增智、以劳强体、以劳育美、以劳树人，劳动教育让学校成为儿童自然生长的栖息地，让儿童成为一个身体健壮、精神明亮、顶天立地的人。

学校希望通过劳动教育，最终实现“劳动最光荣，劳动最崇高，劳动最伟大，劳动最美丽”的教育价值，通过劳动教育来培养学生的品格，最终扣好人生的第一粒扣子。

（二）教育是个动词

劳动是人类特有的基本的社会实践活动。实践是具体的，不是抽象的；实践是发生在人身边的工作和生活活动。有了这样的劳动观，就会认识到劳动教育拥有“实践品格”，劳动教育不怕干得慢，只怕站着看；不是“坐”着学，而要“做”中学。

在劳动教育的探索过程中，学校发现并体证着“教育是个动词”的教育哲学。好的教育不是“坐”出来的，而是“做”出来的。在爱中出发，在事上磨炼，在做中精进，学校始终遵循本体研究与实践研究并举、理论思考与实践探索并重的推进思路，以“动词”的逻辑蕴含的无限张力，铺展出教育的“动态”，延伸向立德树人掷地有声的“动听”。

（三）四园联动让教育更主动

劳动教育改变了艾瑞德，也改变了艾瑞德人。收获与耕耘，感恩与珍惜，这些是劳动中最简朴的道理，也是劳动中最真实的教育。学校在“教育主动”中看到学校发展的新图景，在“校园生动”中倾听儿童生长的新声音。学校确立了“走自然生长教育之路，办有温度有故事学校”的办学共识；“每一位教师都是珍贵的存在，每一位学生都是美丽的不同，每一位家长都是重要的链接”的教育共识；做“坚守办学价值观的那个人，与师生保持最近的那个人，让学校保持沸腾的那个人，把学校带向未来的那个人”的管理共识；“研、读、写、讲、种”的教师成长共识。

不断丰富四园联动劳动教育的核心理念、基本内容、操作方法、运行规律，深度挖掘和把握劳动教育立德树人价值，需要学校在接下来的时间中继续用行动予以回答！

（撰稿人：韩董馨）

春种劳动　秋收成长：中学劳动教育的实践探索

北京市丰台区东铁匠营第二中学

一、学校概况

北京市丰台区东铁匠营第二中学是一所普通的公办初中校，于1964年创办，2007年被北京市教育委员会评估为“外来务工子弟”学校，同年5月被评为市区“科技示范学校”。由于学校80%以上的学生都为随迁子女，他们的家长大多忙于生计，无暇照顾教导孩子，更多关注孩子的学习成绩，对孩子自主能力的培养不够，家庭劳动教育有所缺失，导致孩子动手能力较弱，必要的生活、劳动技能掌握有限，缺乏劳动意识。

2012年，学校加入了北京市教委委托、北师大梁威教授主持的“提高北京市群体干预解决学习困难学生的预警跟踪及提升学习质量的实践研究项目”和“促进中小学内涵发展的策略与实验研究”，正式开始基于班级发展的校本研究。在专家的帮助下，学校从点到线到面地组建了团队，成立了校长为第一责任人，德育主任为负责人，年级组长为召集人，班主任为主持人，班级语文、数学、英语、历史、地理等所有学科任课教师以及家长、社会资源共同组成的班本教育团队，在学生中弘扬劳动精神，贯彻落实“五育并举”的教育思想。

二、目的和意义

习近平总书记指出，要努力构建德智体美劳全面培养的教育体系，形成更高水平的人才培养体系，要在学生中弘扬劳动精神。《北京市中小学生行为习惯养成学段重点目标》和《北京市综合素质评价》都对劳动教育提出了具体的要求。其中，属于思想道德层面的A4项特别提出，要把学生“参与志愿服务活动的主题、次数、时长、表现情况”等纳入评价范畴；体现社会实践层面的E2项特别指出，要把学生“参与学校、家庭、社区劳动实践的次数、时间、技能表现”等纳入评价范畴。

为落实关于劳动教育的各项精神，东铁匠营第二中学坚持“五育并举”，直面当前青少年学生中存在的不重视劳动教育的现状，将劳动教育作为学校育人工作和养成教育的重要组成部分，通过班本教育团队共同开发的形式，努力构建全员育人、全过程育人、全方位育人的一体化劳动教育育人体系。通过课程、管理、协同、活动、实践、文化等多种途径开展劳动教育，并将劳动教育与学校特色、主题实践等相结合，帮助学生培养劳动意识、掌握劳动技能、养成劳动习惯，促使学生成为具有正确劳动价值观和良好劳动品质的时代新人。

三、内容和对象

经过数年的探索和实践，课上与课下并行，校内和校外相结合，东铁匠营第二中学构建出了班本教育团队共同参与的一体化劳动教育体系，面向不同学段设计了不同空间地点、主题、类型的劳动教育活动（见表1）。

（一）劳动教育与学校特色课程及主题节日相结合

学校开设必修特色校本课程，将劳动教育与科技特色和弘扬优秀传统文化相结合，充分挖掘传统节日中的教育契机，鼓励学生在劳动中感受中华优秀传统文化。

（二）家庭劳动与学校活动相结合

在开展学校劳动活动的同时，学校通过家校合作进行家庭劳动教育实践，和家长合心合力，引导学生体悟劳动精神，珍惜劳动成果，培养优良的劳动品质。

（三）社会志愿服务活动与实践

学校重视与社会相联系，共同促进学生的全面发展。学校与所在社区联合，开展了一系列志愿服务活动，并将志愿服务与学科实践和时事相结合，引导学生关注国家发展，参与公共生活，培养政治认同感，增强公民意识。

表 1　劳动教育活动

活动地点	活动内容	参与人员	活动目的
校内：课上	劳动技术 科技之光 精彩课程	劳技教师、生物教师、科技教师、特色社团教师	帮助学生掌握劳动技能、培养劳动习惯、提升动手能力和合作创新能力，使学生养成热爱生活、勤于实践、乐于创新、积极劳动的态度
校内：课下	值日课程 职业体验系列课程 节日系列课程 农业种植	学生和校内后勤服务人员、班主任、任课教师、家长	让学生亲身参与、感受劳动，从而尊重劳动者，并获得基本的劳动能力
校外：家庭	香甜一餐 最长情的陪伴 我为家庭做件事 温馨的家	班主任、学生、家长	通过各种陪伴父母的活动，增加沟通机会，加深亲子感情，改善亲子关系
校外：社会	常规志愿服务 清理共享单车 国家安全日宣传 石榴庄路交通调研 小区内安全隐患排查	学生、班本教育团队教师、社区干部、小区居民、人大代表	增强学生的社会责任感，服务社会，发挥辐射作用。提升综合素质，增强实效性

四、程序和方法

（一）劳动教育与特色校本课程相结合，鼓励学生优势发展

为了让学校的劳动教育从内容上更加立体，帮助学生掌握多元化的劳动技能，除了常规开设劳动技术课传授学生劳动技能外，学校将劳动教育与特色校本课程相结合。学校开设必修特色校本课程“科技之光”，带领学生进行各类科创实验（见表2）；开设“面塑”“京绣”“点翠”“汉服”等选修课程，增强学生对中华优秀传统文化的理解；开设“神奇的微生物”“环境监测—电子信息”“科技模型”“太空种子”等选修课程，引导学生通过探究提升动手技能，同时也能够增强其科技创新能力。值得一提的是，“神奇的微生物”课程学校已有正式出版的教材。

表2　劳动教育育人课程体系

学段	课程名称	课程级别	课程目标
初一年级	劳动技术	基础类	掌握基础劳动技能
	科技之光		制作科创作品、提升动手能力
	值日课程		培养责任心与日常劳动习惯
	温馨的家		提升自主管理能力与自律意识
初二年级	科技之光	拓展类	开展科创研究，提升创新能力
	农业种植		感受劳动艰辛，提升责任意识
	最长情的陪伴		承担家庭责任，感受家务艰辛
	校内劳动体验		体验校工艰辛，珍惜劳动成果
初三年级	香甜一餐	拓展类	掌握生活技巧，拉近亲子距离
	职业体验系列课程		感受职业体验，开展生涯规划
	最棒的爸妈		常怀感恩之心，共同减缓压力

续表

学段	课程名称	课程级别	课程目标
面向分层	面塑、京绣、微生物发酵、剪纸、点翠、汉服	研究类	提升科技应用水平，感受中华优秀传统文化的魅力，提升审美能力和创造力
贯穿始终	节日课程、志愿服务	拓展类	提升劳动水平，传播中华优秀传统文化，提升社会责任感、认同感

（二）借助传统节日，在劳动中感受中华优秀传统文化

中国的传统节日中蕴含着大量鲜活、有趣、意义深刻的劳动教育素材。除了将劳动教育与学校特色课程进行紧密的结合外，班本教育团队的教师们还充分挖掘传统节日这一教育契机，利用清明、端午、中秋、元宵等传统节日开展相应的劳动实践活动。每一个活动都由不同的学科牵头进行设计，班主任、家长、社区居民共同参与进行劳动教育（见表3）。

表3 劳动教育与传统节日结合的活动

传统节日	劳动内容	设计教师	参与人员
清明节	做风筝（初一）、做追思卡（初二）、做青团（初三）	劳技、书法、生物	社区居民、食堂师傅、家长、其他教师
端午节	编五彩绳（初一）、画彩蛋（初二）、包粽子（初三）	历史、生物、美术	社区居民、食堂师傅、家长、其他教师
中秋节	制花灯（初一）、酿米酒（初二）、做月饼（初三）	语文、历史、美术	后勤人员、食堂师傅、家长、其他教师
元宵节	做元宵（初一）、捏兔爷（初二）、包饺子（初三）	语文、历史、面塑	后勤人员、食堂师傅、家长、其他教师

（三）通过家庭劳动教育，改善亲子关系

初中学生正值青春期，这一阶段，他们的身心会发生巨变，心理学家将这一时期称为“心理断乳期”。家长的教育认知、引导没有与初中阶段

学生的需要相匹配，就会产生一系列沟通问题，家人间的隔阂越来越大。因此，改善亲子关系就成了初中阶段家庭劳动教育的重点。班本教育团队共同设计了一系列的家庭劳动教育实践，通过共同参与、实践体验、多元评价、及时激励的方式开展劳动教育以改善亲子关系。

香甜一餐——为父母精心制作一顿合他们胃口的饭菜；最长情的陪伴——陪父母去做他们想做的事；温馨的家——帮助父母打扫房间；最棒的爸妈——感受父母的辛勤工作。每个活动老师们都事先和家长达成共识并设计了详细的学案，不但要求学生记录实施过程和收获，还要求家长反馈接受学生服务后的感受。例如在香甜一餐完成后，有学生在实施收获中写道“我一直以为妈妈和我一样爱吃尖椒炒肉丝，今天才知道，只是因为我爱吃”，“我做的菜有点咸，妈妈还是说好吃，换平时我早就不吃了，看来以后我不能再这样了”。

（四）通过学校劳动教育活动，珍惜共同的劳动成果

古人云：“一粥一饭，当思来之不易；半丝半缕，恒念物力维艰。”幸福生活建基于辛勤劳动之上。在学生早晨进校前和放学离校后的一小时以及学生上课的过程中，都是学校后勤工作人员清洁整理校园的工作时间。学生来到学校享受到的是整洁的校园环境和安心的服务，但往往忽略了为他们付出劳动的人，同时也没有珍惜他们的劳动成果。因此，学校设计了校内劳动教育活动，在初二年级试点，内容包括打扫校园、清洁楼道、清洁水房和卫生间、食堂帮厨以及分发午餐（见表4），同时聘请保洁、校工、食堂主厨等后勤人员为校内劳动指导教师。

表4　校内劳动教育活动安排

服务项目	每周二 早6：30—7：10 打扫校园 清洁楼道	每周四 午:11:00—12:00食堂帮厨 晚17：00—18：00 清洁水房和卫生间	每日：分发午餐

为了保证安全和活动效果，学生按要求在参与校园服务前一天找带队老师报到领取任务。第二天一早，班主任在校门口迎接他们，然后与校内劳动指导教师辅导他们完成所选劳动内容。在服务完成后，为确保学生安全，辅导老师会把学生送出校园。为了达到更好的教育效果，让活动真正做到课程化，教师们还专门设计了学案和评价表记录活动过程中的点滴。服务后，学生们需要认真填写志愿服务任务单。

（五）重视校内实践，绘制绚烂校园生活

教育契机蕴含在学生生活的点滴当中，在班本教育团队的共同参与下，一次小小的落叶清扫都能成为一次综合劳动教育实践活动（见表5）。秋天学生在球场踢球时对脚底打滑的落叶提出了抗议，落叶该如何处理呢？班本教育团队的教师们抓住契机开展了清扫落叶的综合劳动教育实践活动。以此为开端，学生们自发地以年级、班级为单位，清理教学楼后的建筑垃圾，建立起了各班的试验田，播种下了劳动的种子。

表5 清扫落叶的综合劳动教育实践活动

	班本教师	活动内容
清扫前	生物教师	组织学生开展“树叶为什么会飘落”的讨论
	语文教师	在课上推荐“古人说落叶”的诗歌鉴赏
	班主任	带领学生讨论划分清扫区域
清扫后	美术教师	带着学生设计“落叶画”
	传统文化教师	搜集剪纸图案，利用活动课带领学生做“落叶剪纸”
	政治、化学教师	分别带领学生讨论垃圾再利用的话题和开展落叶掩埋的科学探究

（六）开展社会志愿服务活动，提升公民意识

志愿服务有利于培养中学生的综合素质。学生参加社会志愿服务，既可以接触社会，又可以增长见识，有利于其全面发展，从而在今后更好地适应社会。学校与其所在的石北一、石北二社区联合，开展了一系列的志愿服务活动。除了常规的志愿服务活动如清扫社区垃圾、慰问社区老人、做社区志愿者以外，学校还将志愿服务与学科实践和时事相结合，开展了“我与校长面对面”实践活动，包括校园安全篇、校园环境篇、小区环境篇、国家安全篇、校外交通篇（见表6）。活动中，班本教师全程参与，道德与法治教师负责活动设计，地理教师负责带领学生进行测量，数学教师负责指导学生进行数据分析，信息教师负责带领学生设计图标、制作PPT。班主任和其他任课教师每人负责一个学生小组的安全，并在学生进行活动时负责拍照摄影。

表6　“我与校长面对面”实践活动

活动类别	活动内容	参与人员
校园安全篇	1. 调研校内安全隐患 2. 征求师生意见 3. 形成调研报告 4. 共同协调落实	道法教师、劳技教师、信息教师、班主任、后勤教师、校长
校园环境篇	1. 调研校内垃圾成因、垃圾桶位置 2. 征求师生意见 3. 形成调研报告 4. 共同协调落实	道法教师、劳技教师、地理教师、班主任、后勤教师、校长
小区环境篇	1. 调研小区主要垃圾和垃圾桶分布 2. 调研小区内共享单车情况 3. 形成调研报告 4. 制定劳动措施并落实	道法教师、劳技教师、团干部、班主任、社区工作人员、社区居民
国家安全篇	1. 查阅国家安全日资料 2. 了解小区居民基本情况 3. 制定国家安全日宣传方案 4. 到小区进行宣传 5. 总结汇报	学生、班本教育团队教师、社区干部、小区居民、人大代表
校外交通篇	1. 调研石榴庄路路口分布情况 2. 调研车流量和车辆掉头情况 3. 调研每一个路口长度 4. 查阅相关法律法规 5. 形成报告和意见 6. 提交报告意见 7. 跟踪后续情况	学生、道法教师、社区居民、人大代表、信息教师、地理教师

五、效果和影响

东铁匠营第二中学以劳动教育为出发点，组建班本教育团队共同开发实施劳动教育课程或实践活动，同时通过一系列课程、活动等多种途径联结起家庭、社区，将劳动教育与学校特色、主题实践等相结合，努力构建出一个全员育人、全过程育人、全方位育人的一体化劳动教育育人体系。

班本教育团队的形式促使学校有效整合校内外资源，充分发挥党团群各方力量，促进学生主体和教师主导的共同参与、班本教育团队跨学科合作、家校社协同联动。通过家校合作的家庭劳动教育实践，学校和家长齐心协力，将学校的劳动教育延伸至日常生活中，共同培养学生的劳动精神和品质，帮助学生养成良好的劳动习惯。此外，家校共育的形式也有效缓解了东铁匠营第二中学中随迁子女与父母的亲子关系，帮助孩子顺利度过青春期。在不少活动的反馈中，家长提及劳动教育的开展使得孩子获得成长，学校的劳动教育也在某种程度上有效弥补了家庭教育中的不足或缺失。学生通过实践活动，对于父母的工作、不同劳动者的辛勤付出有了更加深刻的理解。通过参与社会实践活动，学生得以与身边或社会的榜样进行交流。学校进而引导其关注国家发展，积极参与公共生活，培养政治认同感，增强公民意识，让孩子们在劳动中自觉履行公民义务，行使公民权利。

东铁匠营第二中学通过班本教育团队共同参与构建起一体化劳动教育体系，促使学生在接受劳动教育的过程中不只感受到了劳动的快乐，学到了劳动技能，增强了动手能力，而且提升了核心素养和责任意识。劳动教育能成为学生们获取终生幸福的保障，帮助他们成就幸福圆满的人生。学校也将以班本教育团队为基础，继续开展一体化德育课程体系研究，为学生的精彩人生领航。

（撰稿人：刘晶、崔壮）

大美育视域下的“生活美学”育人模式

福建省厦门市金安小学

一、学校概况

厦门市金安小学地处厦门岛东部，毗邻全国最大的保障房小区——高林居住区。学校占地面积24150平方米，拥有优美的校园环境和现代化的软硬件设施设备。学校以习近平新时代中国特色社会主义思想为引领，以打造新优质学校为战略目标，秉持“教育至真，生活致美”的办学理念，探索特色校本课程建设，整体提升学校美育品牌。学校将创客教育与生活美学相融合，通过优质的育人环境，实现“教育至真，生活致美”的新时代全育人模式。

二、目的和意义

生活美学，简单来说是生活之道。学校的生活美学特色项目旨在给予金安学子对事物的美好感知，对文化的延续传承，对艺术的细心品味。生活美学就是从大美育观出发，顺应时代发展的要求，以培养全面发展的学生为目标，探索具有体系、文化、品格的特色校本课程。

以美育人。以学科育人为重点能力机制，加深教师对学科德育、课程思政意义的理解，对各学科的育人价值、内容、特征、方法、规律进行深度挖掘和把握，发挥好立德树人主渠道作用，使育人工作春风化雨、润物无声。

以美化人。从五育并举的角度，在探索小学美育综合课程建设的过程中，碰撞、融通与衍生出具有本校特色化、校本体系化和学科特点性的综合性美育课程。重塑美育特色课堂的课程旨在服务于美术学科课堂教学改革，着眼于学生未来素养发展。

以美培元。在时代新征程中，围绕习近平总书记提出的关于学校美育“纯洁道德、丰富精神”的新价值、“提高学生审美和人文素养”的新目标，推动生活美学观念大转变，积极建构特色化课程体系，更好促进师生共同发展。

三、内容和对象

只有将优秀的传统文化课程化，才能够形成美育特色，成就学校的品牌和文化符号。学校积极开发了以“生活美学”为主题的创客校本课程，结合本校的美育特色和实际情况，围绕“塑造人的内在情感性、发展人的创造力、提升人的综合力”三个发展维度，选择契合的“生活致美”的主体性课程创意建构，通过优质育人环境，升级“生活之美、情怀之美、品格之美、创造之美”的育人模式。

生活美学，即生活进入课堂、知识回归生活。学校以小学美育 ASTCC（艺术、科学、技术、文化、创造）综合探索课程的教育理念为基础，建构以生活为导向的创意课程，融入生活艺术理念，融合各学科特色，创设开放性课堂，关注学生的现实生活，有意识地把学生带回到真实的生活中去观察、体验、思考，使知识回归生活，凸显教育本质。根据小学美育的教学纲要，学校主要通过生活美学、校本课程开发及教学实践性研究，发展学生的美感能力与文化内涵（见表 1）。

表 1　金安小学创客工作坊・生活美学

美育工作坊	学科文化渗透	涵养人文情怀之美
纸艺工作坊	以纸为媒材，体验造纸术，辨别纸的肌理、纹样、创作表现	在纸的历史发展演变过程中，感受纸艺文化的博大精深
茶道工作坊	茶道学习，从小会茶礼、识茶色、品茶香	领略中华茶文化的厚重底蕴，传承传统茶道的魅力
花艺工作坊	了解各种花语和插花技巧，美化生活与环境	感受花艺的独特魅力，培养热爱生活、懂得感恩的品质
扎染工作坊	通过染布的扎染教学，学习扎、染、晾晒等环节，传承民间艺术	通过欣赏与直观感受，了解扎染文化、蜡染文化
陶艺工作坊	通过陶艺的烧制教学，了解陶土可以表现不同的生活器物，感受陶塑的乐趣	通过了解制陶历史，欣赏感受陶文化的魅力

四、程序和方法

学校以“生活美学”为主题开展小学创客校本课程的开发与教学实践研究，研发艺术特色课程，形成创客校本教材。以美育为基础，从生活美学入手，打造高品质的美学空间，建设高素质的师资研发团队，孵化专业、自信、担当、优雅的高素养的优能学生队伍，建设具有文化底蕴的校本课程体系。

（一）创立基于大美育的生活美学校本课程

在找准国家育人模式的定位后，围绕“育人目标—课程体系—研发内容—创新模式—科学评价”的环节，将生活美学研究分为课程体系、课程项目、校本教材的建构与研发。在核心素养的育人目标定位中，研究多种传统文化，进行多学科融合，体现大美育的关系，衍生出系列校本教材（见图 1）。

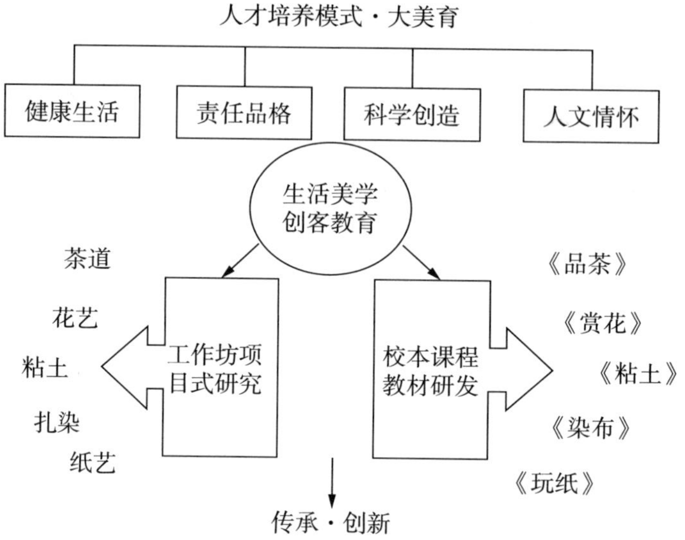

图 1　金安小学基于大美育的人才培养模式

（二）构建基于全育人的生活美学创客课程实施模式

基于全育人模式的高位思考，学校在研发生活美学校本课程的同时，巧妙地构建了更稳、更高、更快的课程实施模式。让学生与生活教育同在，与艺术教育相伴，让学生在活动课程中发现美、创造美、体验美、传递美，从小培养学生对生活的审美能力和审美情趣，用手、用心创造自己的生活，着力培育学生“美”的素养。

1. 构建“四真”育人模式，促进学生和谐发展

学校“四真”课程育人架构：琢真——培育健康生活的朝气，启真——涵养人文情怀的内涵，育真——开启责任品格的力量，求真——探求科学创造的价值。在全育人的课程改革中，以生活美学创客教师团队为中坚力量，以课堂为依托，奠定学生终身自我学习的能力，促进学生共同体的和谐发展。

2. 研发创客校本课程，促进学校特色发展

教师专业团队使用“1+2”配备，即一名校外专家搭配两名校内工作坊教师。请专家，培优师，让课程设计、开发和实施密切结合，更好地促

进学生全面发展，建构全盘课程体系，促进学校特色教育的发展，提升课程的多样化、层次化、个性化。

（三）厚植基于泛创造的生活美学新理念

1. 美学空间的设计者

作为学校的特色文化建设之一，学校着力打造生活美学创客空间。从开始装修、文化建设到校本特色课程研究，前期共花了三年多的时间。教学楼生活美学创客空间已经完善，环境布局由师生根据对空间理念的学习理解动手完成，文化布置格调高雅、富有美感、各具风格与特色。生活美学在校园文化的积淀中起着重要的作用，在美育教学中也起到了引领和示范的作用。

2. 美学思维的创造者

学校精选的生活美学工作坊项目，遵循学生自然发展规律，追求探索新鲜事物，传承民族传统文化，符合新形势下大美育的学习提升。充分地引导学生学习了解茶文化、纸文化、陶文化、染文化等内容和知识，让孩子们不再只是普通的学习参与者，而是成为生活美学学习的创造者，成为拥有创造人格、善用创造思维、勇于创造实践，能将奇思妙想变为现实的生活美学创客家。

3. 美学文化的传承者

学校的生活美学创客校本课程，提供给学生一种生活之美、创客之美的课程架构，系统规划相对超前，立意新颖，是目前国内较具创新和前瞻性的校本课程。通过生活美学的创客教育理念，给学生以“生活即教育”的学习，把握中华民族传统文化的丰富内涵，突出礼仪习惯、文化渗透、创新创造、评价展示、综合探索等环节，让校本教材更好地传达生活美学的主旨，更好地让学生研习传统文化。

4. 美学生活的体验者

厚植“生活与艺术相结合”的思想，让学生在活动中发现美、创造美、体验美、传递美，从小培养学生对生活的审美能力和审美情趣。

五、效果和影响

（一）生活美学创客校本课程系列丛书发行

学校“生活美学创客校本课程系列丛书”由中国旅游出版社于2019年7月出版发行，首次发行的5本书分别是《品茶》《赏花》《粘土》《染布》《玩纸》。整套校本教材于2019年9月亮相海峡两岸图书交易会。

（二）教育科研共研，优秀教研成果获奖

在生活美学创客校本课程的开发与研究过程中，学校扎实有效地梳理研究方向，积极地进行推广，形成了具有影响力的美育品牌。厦门市金安小学林华强校长在生活美学的基础上，提炼生成《基于生活之美的小学生成长体验研究》，该成果于2019年5月参加厦门市湖里区优秀教研成果奖评审并荣获一等奖，于2019年12月荣获厦门市优秀教研成果二等奖。

“诗意美学在金安”，立足当下，展望未来，厦门市金安小学的生活美学团队将继续沿着对美的追求，研发将生活美学与创客相融合的校本课程体系，实施纸艺、陶艺、扎染等艺术特色课程，营造与校本课程体系相辉映的校园特色文化，培养具有创客精神、具有生活美学美感的小学生，让孩子们在真实生命场域中，体验生活的乐趣，感知生命的真实，创造生命的精彩！

（撰稿人：汤美霞）

融合教育资源，传承“三线精神”[①]

重庆市南川区水江镇宁江小学

一、学校概况

重庆市南川区水江镇宁江小学位于南川区水江镇人民政府所在地，距离南川城区26公里，2014年8月经南川区人民政府批准成为独立建制学校。学校占地面积13000平方米。

学校依托原国营宁江机械厂子弟校校址办学，有“三线”文化背景和“三线”文化底蕴（见图1）。学校以“三线精神”为核心，提炼出“守正出新”办学理念，确立“行正道，做正事”的校训，传承“艰苦成就卓越，奋斗书写人生”的“三线”文化核心精神，树立“传承、包容、弘正、自强”的校风和“敬业、精进、正己、奉献”的教风，以“培养品正而自信的现代人”为目标。

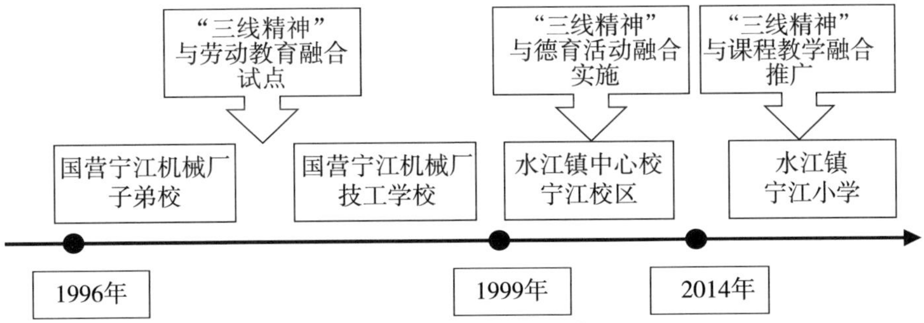

图1　传承“三线精神”的探索历程

① “三线精神”的内容可简要表述为“艰苦创业、无私奉献、团结协作、勇于创新”。

二、目的和意义

学校生源主要来自周边农村子弟和外来务工人员子女，对水江本土文化及学校历史缺乏了解。学生学习习惯、生活习惯、行为习惯需要纠正和引导，兴趣爱好及特长需要着力培养。学校“三线”主题文化课程的构建旨在服务学生发展需求，同时传承“三线精神”，充分发挥学科间综合育人功能，开展跨学科主题教育教学活动，将相关学科的教育内容有机整合。

通过校园“三线”主题文化课程整合，有利于丰富课程资源，完善学校课程体系，增强课程育德实效性；传承和弘扬“艰苦成就卓越，奋斗书写人生”核心精神，培养学生高尚的道德情操和正确的价值取向；优化教学资源，整合教师力量，促进教师专业成长；创建学校文化和课程品牌，助推学校内涵发展、特色发展。

三、内容和对象

学校坚持全面发展的教育方针，聚焦核心素养，把立德树人作为根本任务，围绕学校办学理念和育人目标，梳理学校课程内容，找准传承“三线精神”与学生发展需要的最佳契合点，整合教育资源，从整体育人的高度顶层设计学校课程体系，将“三线精神”与学科课程融合教学。

（一）将“三线精神”融入课程体系

学校开展“三线精神”教育要素挖掘和课程资源开发工作，将国营宁江机械厂三线建设发展历史和“三线精神”内涵进行系统解构、优化组合，找准“三线精神”传承与学校课程的契合点，坚持系统思维，从德智体美劳五个方面，围绕奋斗、睿智、阳光、趣雅、敏行的核心素养，开发以“铭记三线、善思三线、健体三线、尚美三线、探究三线”为重点的“五位一体”课程体系，实现“三线精神”传承课程化（见图2）。

图 2　宁江小学“五位一体”的课程体系

（二）整合课程设置与课时安排

课程设置与课时安排严格按渝教基〔2012〕21 号文件执行。国家课程一、二年级设置 19 节，三、四年级设置 24 节，五、六年级设置 25 节。地方及校本课程一、二年级设置 7 节，包括书法、体育、艺术、科技、手工各 1 节，其他 2 节；三、四年级设置 6 节，包括书法、体育、艺术、科技各 1 节，其他 2 节；五、六年级设置 5 节，包括书法、体育、艺术、科技各 1 节，其他 1 节。一、二年级一周总课时 26 节，三至六年级一周总课时 30 节。

其中铭记三线、善思三线、健体三线、尚美三线、探究三线对应拓展课程分别纳入地方课程（校本课程）、科技辅助、体育辅助、艺术辅助和综合实践课时进行教学。

（三）整合学科课程内容

学校通过整合国家、地方和校本课程，根据不同课程领域将课程划分为“人文与道德”“数学与科技”“体育与健康”“艺术与审美”“劳动与实践”五大课程群落。根据不同课程功能，将群落内课程横向划分为基础课程（国家课程）、拓展课程（三线+学科）、选择课程（社团活动）和综合课程（实践活动）；根据不同学习形式，将群落内课程分为必修课程（基础课程、拓展课程）、选修课程（选择课程、综合课程），逐步细化完善课程内容，实现国家课程校本化、校本课程特色化（见表1）。

表1　宁江小学守正课程内容

课程名称	学习领域	基础课程（国家课程）	拓展课程（三线+学科）	选择课程（社团活动）	综合课程（实践活动）
铭记三线	人文与道德	语文 英语 道德与法治	诗意三线 故事三线	国旗队 解说员 金话筒	宣讲三线
善思三线	数学与科技	数学 科学 信息技术	思维三线 科技三线	数学天才 科技视界 程序员	科学三线
健体三线	体育与健康	体育健康 心理健康	游戏三线 律动三线	武术　田径 篮球　象棋 卫生保健	重走三线
尚美三线	艺术与审美	音乐 美术 书法	印象三线 咏唱三线	合唱　鼓乐 绘画　书法	展演三线
探究三线	劳动与实践	综合实践	手工三线 种植三线	烹饪 锦绣	践行三线

1. 铭记三线

基础课程包含语文、英语和道德与法治三门国家课程；拓展课程包含诗意三线和故事三线两门“学科+课程”；选择课程包含国旗队、解说员和金话筒三门社团课程；综合课程为宣讲三线实践课程。

2. 善思三线

基础课程包含数学、科学和综合实践中的信息技术三门国家课程；拓展课程包含思维三线和科技三线两门“学科+课程”；选择课程包含数学天才、科技视界和程序员三门社团课程；综合课程为科学三线实践课程。

3. 健体三线

基础课程包含体育健康和心理健康两门国家课程；拓展课程包含游戏三线和律动三线两门“学科+课程”；选择课程包含武术、田径、篮球、象棋和卫生保健五门社团课程；综合课程为重走三线实践课程。

4. 尚美三线

基础课程包含音乐、美术和书法三门国家课程；拓展课程包含印象三线和咏唱三线两门“学科+课程”；选择课程包含合唱、鼓乐、绘画和书法四门社团课程；综合课程为展演三线实践课程。

5. 探究三线

基础课程包含综合实践一门国家课程；拓展课程包含手工三线和种植三线两门“学科+课程”；选择课程包含烹饪、锦绣两门社团课程；综合课程为践行三线实践课程。

四、程序和方法

（一）课程准备阶段

通过阅读相关史料、走访三线建设遗址、参观三线建设博物馆，邀请“三线人”进校园、举办三线建设报告，邀请中国三线建设研究会和重庆三线建设研究会到校开展座谈会等活动，了解三线历史，学习“三线精神”，找准“三线精神”与课程的契合点。组织教师对课程整合进行调研、分析，学习有关理论，收集三线建设相关资料，整合资源，开展教师、学生问卷调查，初步确定课程实施方案。

（二）课程实施阶段

通过教师个人构想—集体研究—总结确定流程，整理和分析有关资料及资源整合情况，有目的、有计划地开展课程教学研究活动。

1. 国家课程校本化实施

深研课程标准。强化各科课程标准学习研究，明确各学科对本学段课程学习的基本要求，并进一步细化课程标准。对各段各学科的课程教学提出明确要求，如小学一年级要做好课程的幼小衔接，注重书写规范；三年级语文课程要加强习作指导等。

做好学情分析。多渠道、多形式开展学生学情分析，建立学情档案，针对性地调整和强化课程内容。如针对学生数学计算差，增设“巧算练练练”课程，强化计算能力培养；针对学生英语学习兴趣淡，增设“英语歌曲听唱”课程，强化学生兴趣培养；针对学生行为习惯差，引导学生走出教室和学校，融入社区，增强公德意识。

转变课堂教学。学校实施六步教学法，即要求教师按照明确目标、自主学习、合作探究、精讲点拨、当堂测试、总结拓展六个步骤进行教学设计和教学，发挥学生学习主体作用，营造师生良性互动的课堂氛围。推广使用学习卡，对师生课前、课中、课后等环节进行精心设计，提高教师课堂效率和学生学习效率，增强课堂的有效性。

加强课题引领。组织教师开展各级科研课题工作，重点抓好市级和区级教育规划课题，结合教情学情抓好小课题研究，为教师提供研究平台，引荐专家指导培训，提升教师教科研水平和能力。

整合利用资源。借助“乡村少年宫”项目平台，促进各类活动课程有效开展；管好用好“班班通”多媒体教学设备，提高课程教学效率；利用校外教育实践基地，丰富学生学习内容；聘请法治副校长，开展系列法治安全教育；聘请水江本土文化人、宁江机械厂退休老工人和有专业特长的家长担任校外辅导员，促进特色课程有效落实。

2. 拓展课程特色化实施

立足校史校情，开发校本课程读本。立足校史，开发“三线”系列校本课程读本。组建德育校本课程开发小组，挖掘学校独特的“三线”文化资源，传承“三线精神”中爱国爱家、自立自强、艰苦奋斗、无私奉献等核心精神，形成独具特色的“三线”教育读本，寻找“三线精神”与国家课程及活动课程的契合点，整合相关内容开展教学，弘扬传统文化，充实学生心灵。立足本土文化，开发“水江美”系列校本课程读本。组建“水江美”系列校本课程开发小组，依托水江地域文化，结合学生年龄特点开发以“话说水江”“欣赏水江”“展望水江”为主要内容的“水江美”系列校本课程，涵盖水江历史、名人、饮食文化、自然资源等内容，增强学生对家乡的热爱之情。

探索性实施课程整合。结合学校课程设置与课时安排，调整全校课时，整合音乐、语文、英语、美术、体育、道德与法治以及校本课程的部分课时，将整合后的课程学习时间集中安排在每周二、周四下午，利用两个半天的时间集中开展，探索实施课程整合。一是整合语文、道德与法治、音乐、美术等学科资源，挖掘其中品德高尚、努力奋斗的感人事例开展教学活动。二是收集“三线”诗词，形成“三线”诗词汇编读本，开展教学活动。三是开展“过去的三线，永恒精神”“艰苦成就卓越，奋斗书写人生”为主题的阅读活动、演讲、故事会、手抄报等活动。四是整合德育主题活动资源，开展参观“三线”遗址、参加综合实践基地活动、参加劳动实践等主题活动。五是结合全区“四有八为”德育教育体系及学校“守正养习惯，奋斗毅童心”德育品牌计划，分年级开展主题班队会，评选“奋斗少年”“奋斗班级”。六是邀请校外辅导员进校开展“三线”主题报告活动。

3. 选择课程多元化实施

学校外聘有专业特长的学生家长或社会人士作为课程建设学术顾问，负责部分课程开发与教学，他们利用自己的专业知识提出课程改进建议，甚至帮助学校修订课程内容、完善课程实施。同时，学校利用社区的公共场地开展讲“三线”宣传活动、“三爱”教育活动、劳动实践等；通过唱“三线”、跳“三线”、演“三线”等“三线精神”进社区活动，开展尊老爱幼的传统孝道教育，老人们也为学生讲述他们劳动奋斗的故事。这样的变革，让家长、社区由以往的被动配合学校教育转变为家长配合教育、社区协作参与的新模式。

（三）课程评价阶段

1. 课程设置及课程实施评价

课程设置评价：结合学生学习效果，通过教师座谈会、学生问卷调查、家校联系等方式，收集教师、学生、家长对课程实施的意见以及改进建议，对课程及课程内容设置进行评价。

课程实施评价：一是通过巡课、听课、查阅课程实施过程性资料等方式，对教师课程实施进行评价；二是通过学生问卷调查、家校开放日活动等方式，收集学生与家长对教师实施课程的意见和建议，对课程实施进行评价。

2. 学生学习评价

结合各级质量抽测、学生综合素质评价等活动，从意志品质、学习、生活、劳动等方面，对学生学习过程、学习结果进行全方位评价。

此外，根据平时表现、课程学习效果、主题活动展示，结合每期末学生行为习惯综合评价活动，开展教师评价、学生互评，同时综合家长反馈意见，开展“奋斗少年”“奋斗班级”评比，适时给予表彰。

（四）总结优化阶段

对整合课程实施情况进行总结，对后期工作进行规划。分析原始数据和资料，进行对比，找出前期研究中存在的问题进行研讨，提出改进意见。根据阶段总结所提出的整改方案，进一步优化整合课程结构，调整课程教学计划和教学方案，努力提高课程实施的科学性、规范性和有效性，并形成物化成果。

五、效果和影响

经过多年的探索和实践，学校“三线”主题文化课程在学生的心中播下了历史和精神的种子，学生意志品质、学习、生活、劳动等习惯有了极大的改观，在重庆市艺术类大赛及征文大赛中多次获奖。学校“《铭记三线》校本课程开发与实践研究”等 4 项国家级、市级课题结题或立项；学校在重庆市教育学术年会、成渝地区双城经济圈基础教育协作会等会议上交流“三线精神”传承经验。“守正养习惯，奋斗毅童心”被评为南川区德育精品课程，多位教师获南川区课改先进个人，学校获评南川区课程改革先进集体、教学质量先进集体、教育系统先进集体。学校“三线”特色文化建设、特色课程的开展也丰富了学校课改成果，助推了学校内涵发展、特色发展，让“三线精神”在新时代绽放光彩。

（撰稿人：熊刚）

“三线并行”，共寻传统文化之美

上海市金山区朱行中学

一、学校概况

上海市金山区朱行中学是一所乡镇初级中学，始建于 1958 年。自 1995 年秋起，学校确立了以创造教育为抓手，全面推进素质教育的办学思路，2004 年 3 月被命名为“创造教育先进实验基地”。在对学生进行传统文化教育的过程中，如何改变以往单纯采用的讲授方法，增强青少年的情感体验与理性思考，实现书本知识的内化和认知向行为的转化？在对该问题的探索中，朱行中学逐渐走出了自己的一条道路。

在传统文化活动中，学校积极转变传统文化教育理念，以扎染课程为立足点发展课程群，从单纯的传统民族技艺传承拓展到范畴更广的中华传统文化传承，从内容上逐步实现传统文化“晕染式”传播，并逐步将传统文化作为校园“微”文化品牌建设重点项目。在参与主体上，朱行中学从教师、学生、家长三个方面着手，采用“三线并行”的传播模式，发挥大众传媒在传统文化传承中的功用，将相对枯燥难懂的传统文化转化为学生能够理解并乐于接受的形式。朱行中学多形式、多途径地开展传统文化教育，深入浅出地将传统文化的精髓通过学生喜闻乐见的方式传递给他们，从而进一步影响、渗透和引导学生共寻传统文化之美，不断丰富其知识结构、提升核心素养。

二、目的和意义

朱行中学以扎染课程为立足点，由点及面地推进传统文化课程，依据设立种子—特色—示范“微项目”的成长纬度和从个体逐级至社会的推广路径，将其优良效应推广辐射到更多的师生、家长，旨在构建家校社协同育人的长效机制，激发学生、教师、家长等不同群体的动力，不断优化学校德育工作。在实施传统文化教育的过程中，学校以学生为本，意在突出学生的主体地位和创造作用；强调师生互动，用教师自身的学识去影响和带动学生，延展师生交流的时间和空间；坚持立足课堂，拓展课外，走出校门，通过开展多彩的文化活动把学生带入传统文化的知识殿堂。

三、内容和对象

（一）依托各类资源构建传统文化课程体系

朱行中学将传统文化作为校园“微”文化品牌建设的重点项目，依托扎染课程群完善传统文化课程资源建设，围绕扎染艺术发展与各类学科课程、社会实践活动的再生点，促使不同学科相互学习、融会贯通，在实践中整合传统文化知识，促进学生各方面能力的提升。学校依托线上媒体实现传统文化课程资源共享，利用微信、读书软件等平台交流共享诗词歌赋等传统文化知识，提升教师和学生的文化素养。学校还通过家长研学课堂实现传统文化课程资源创生，并利用学校微信公众号等平台积极宣传学校开展传统文化活动的重要性和成果，鼓励家长一同领略传统文化的魅力。

（二）教师、学生、家长“三线并行”

学校“微”文化品牌主要以教师、学生、家长三个层面作为受众对象，以各种“微”项目建设作为抓手，在线上与线下将教师、学生、家长紧密联系，形成教师、学生、家长“三位一体”，线上与线下“两线联动”的新型校园文化格局，为校园文化建设提供了新机遇，提升了校园文化的渗透力（见图 1）。

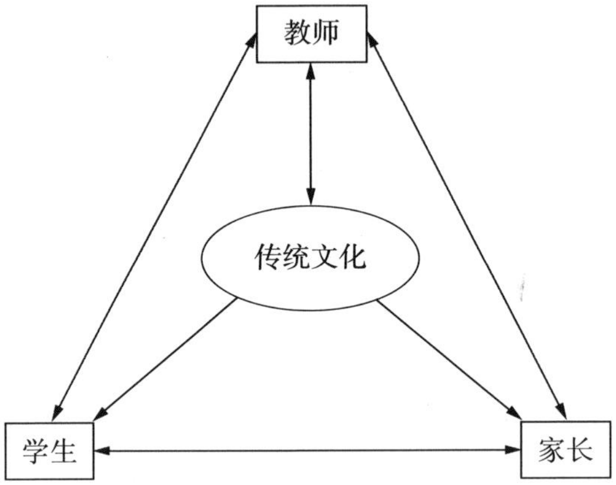

注：“⟷”表示通过各种线下及线上活动互相传播

图 1 “三位一体”与“两线联动”的新型校园文化格局

第一条线：教师。首先，以语文基础课程为主阵地，将经典文学类传统文化带入课堂。在语文教学活动中，教师重拾传统文化，使之渗透并植根于学生的思想深处，形塑其文化自信，使社会主义核心价值观内化在每一位学生心中。其次，以拓展课、非遗项目等课程为辅阵地，组织学生进行课外延伸。学校有相关才艺的教师将技艺类、民俗类传统文化教授给学生，让学生感受到乐趣，能够自觉传承，并加以创新。最后，青年教师成立诗词社，每月开展一次活动，带动学生参与其中，形成浓厚良好的氛围。

第二条线：学生。学生既是受众者，也是传播源。学生一方面学习接受传统文化，同时也将他们认可的传统文化通过多种方式传播给同伴。学生还可以通过学校、社区、某些社会机构和场所组织开展的亲子活动，将传统文化传播给家长，进而感染家长。

第三条线：家长。家庭对学生影响至深，重视家庭资源的开发与利用尤为重要。学校建立家长微信群、在学校微信公众号中开辟“家校互动”板块，积极推动学习型家庭的建设。家长可以主动参与亲子活动并在微信平台及时反馈心得体会，带子女参观、体验和实践。学校鼓励有传统文化方面爱好的家长先动起来，用自己的行动感染子女，也带动其他家长。

四、程序和方法

（一）依托扎染课程群完善传统文化课程资源建设

1. 以创造与融合为理念，完善扎染课程群建设

由语文教师、团委、大队部、年级组、扎染工作室等组织开展丰富的活动，抓好主、辅阵地建设，以拓展课、兴趣小组、城市少年宫、"一班一品"等教育教学活动为载体，以"创意扎染"为核心，与学科教学整合，建立"创意扎染"课程群（见表1），教师的创意在课程建设中得到了淋漓尽致的体现，也充分展现了学校课程文化。美术、物理、化学、语文、科学、生命科学、信息科技、地理、历史、体育等学科教师将学科与扎染艺术进行融合来实施课程教学，不同学科相互学习、融会贯通，在实际教学中不断整合，形成网状知识结构，促进学生各方面能力的提升。学校形成了玩转扎染、扎染衍生产品的开发与利用、扎染拼贴画、植物染料的研发与利用、美文妙染、创意书法扎染、扎染服饰设计与表演、扎染布艺设计等课程。每一位课程开发者将学生在课堂上的作品收集好，将富有创意的优秀作品汇编成册，让学生相互借鉴学习，提升扎染的文化影响力，如美文妙染使学生文化素养和艺术修养都有了很大的提升，给予了学生人文涵养，也使学生的扎染作品更有内涵；创意书法扎染，通过书法与扎染的相遇，丰富了扎染的表现形式，拓宽了书法的书写材料。

表 1　“创意扎染”课程群

具体项目	课程简介
玩转扎染	探索扎染创新工具材料的研发与运用和套色扎染的开发，挖掘扎染作品中的主题，让作品不再停留在技艺层面，让创作赋予扎染更多内涵，让传统技艺焕发新的生机，呈现一幅幅印象画和抽象画
扎染衍生产品的开发与利用	将扎染元素运用到生活用品上，让扎染从纯粹艺术回归到现实生活中，以此设计扎染衍生产品，如围巾、布袋、线装本等
小课题	从生活中发现相关的小课题，如怎样对乡土文化进行保护，如何传承和发展扎染等
扎染拼贴画	利用扎染的零碎布和生活中的各种“艺术垃圾”，发挥各种材料的色泽和纹理等特性创作作品
植物染料的研发与利用	探索植物染料的奥秘，通过榨汁或浸泡等方法提取植物色素，研究酸碱指示剂、温度、浓度、时间等对染色效果的影响
创意书法扎染	用扎染技法表现书法字，以扎染书签为载体进行书法创作，丰富扎染的表现形式，拓宽书写材料
扎染服饰设计与表演	收集家中旧衣物，用扎染的方法让“旧衣”换“新颜”，学习服饰搭配技巧，将扎染作品和啦啦操表演、走台秀相结合
扎染布艺设计	以布为原料，集民间剪纸、刺绣等制作工艺为一体，将传统布艺进行改良，使其自然地融入现代装饰中
美文妙染	一画一美文，将文学作品内涵融入扎染创作，让扎染创作不单单停留在技艺水准，提升作品内涵和层次，丰富扎染创作素材，提升学生的人文涵养

此外，学校每周一次开设的拓展型课程“魅力书法”和“古诗文鉴赏”，也与学校非遗特色“创意扎染”相结合，形成“美文妙染”等课程群，使学生多视角了解不同门类文化之间的艺术魅力，提高鉴赏和实践能力，传习传统文化、民族技艺（见图 2）。

图 2　有趣的创意扎染作品

2. 以学生为本，拓宽传统文化课程资源

学校组织各类活动，促进学生对传统文化的认识。团委、大队部、扎染工作室组织学生参与以弘扬优秀传统文化为主题的活动，开展参观公共文化机构、与社区联动的实践活动，深化中华优秀传统文化教育，营造弘扬中华优秀传统文化的教育氛围。同时利用博物馆、文化遗址、名胜古迹和爱国主义教育基地等场所，进一步挖掘、拓宽学生思想道德、人文素质教育渠道，使其成为学生丰富多彩、直观生动的校外课堂，促进学生对于中华优秀传统文化的认同。例如，学校预备年级前往荣欣书院进行社会实践；学校扎染工作室组织学生参观古陶馆、纺织博物馆，与金山工业区社会治安综合治理委员会联合开展创意法治扎染等，并经常向社区宣传学校活动，让居民了解其重要意义。

（二）依托线上媒体实现传统文化课程资源共享

1. 通过微信公众号推送朗读作品

近年来，央视频道开办的“我们的节日”栏目，每逢佳节就举办诗文朗诵会，再加上火爆的“中华诗词大会”“朗读者”等优秀栏目的引领，以古诗文为代表的传统文化热在国内持续升温。为了与这种文化潮流相适应，为了提升教师个人素养，增强教师之间的沟通，学校开设教师“创e”诗词社、书法培训班和读书会，并在学校微信公众号上定期推送内容。诗词社以“赏中华诗词、寻文化基因、品生活之美”为基本宗旨，通过对诗词知识的赏析、临摹，带动学校师生重温那些朗朗上口的古诗词，分享诗词之美，感受诗词之趣，从古人的智慧和情怀中汲取营养，涵养心灵。比如，开春之际，学校教师分成5个工会小组，分别朗诵了《我和春天有个约会》《春天组诗》《远方》等改编和原创的诗歌，用声情并茂的朗诵，展现了朱行中学教职工的风采和精神面貌，以读书为伴，在书籍的滋润中陶冶情操、提升素养，达到“腹有诗书气自华”的境界。

2. 通过摩天轮阅读App线上线下学习经典

学校各年级组织开展摩天轮经典阅读项目，开设专题讲座，引导学生关注课外整本阅读。如预备年级读《鲁滨孙漂流记》，初一年级读《骆驼祥子》，初二读《傅雷家书》，初三年级读《毛泽东诗词探究》等。在此基础上，教师还向学生推荐《论语》、《唐诗宋词鉴赏》、四大古典名著等书籍，以及这些古典书籍的助读性读物或视频，如凤凰卫视的《国学天空》，引领学生走进更广阔的传统文化精神家园。

（三）依托家长研学课堂实现传统文化课程资源创生

“问计于童”是开展丰富多元的传统文化活动进而吸引学生的一大“利器”。学校在学生中广泛征集活动方案，其中涌现出很多“金点子”，比如利用“家长研学课堂”自主开展活动，进行走访、实践等。为了让家长感受到活动的价值，促使家长支持这些活动，学校经常利用家长会、学校微信公众号、家长微信群宣传学校开展传统文化活动的重要性和成果，校德育主任撰写的展现学校创新做法的《创新家长会形式，构建“学校+”教育格局》论文荣获区级中学组一等奖。另外，学校在微信公众号中开辟“智慧家长・每周‘益’语”板块，由家长、教师、学生撰稿，校办、政教处审稿，专人在后台负责编辑，讨论并开展“我身边的好家风好家训”展评活动。在“六一”儿童节、世界读书日、读书节活动中，各班班主任邀请家长作为志愿者或组织者参与其中。在学生开展外出实践和调查前，指导教师事先给家长发告家长书，发动家长参与到活动中来，带领学生去参观走访实践，让家长在与孩子一起活动中感受到传统文化的魅力。学校在学期结束后会评选优秀家长志愿者并对其进行表彰，鼓励家长的积极性，同时带动其他家长热心投身此类活动。

孩子是家校互动的纽带。学校在读书节、金山情主题教育月、学习践行弟子规等主题教育活动中开展形式多样的诵读比赛及家庭录音活动，通过“教育一个学生，带动一个家庭，推动整个社会”的教育理念，使家长了解开展诵读经典活动的重要性及深远意义，同时还把家庭诵读经典美文作为创建学习型家庭的内容之一。家庭成员共同学习、构建学习型家庭成为时代的要求。由于现代传媒的发展，孩子有可能比家长更快速、更早和更全面地了解信息，孩子知道的家长未必知道，加上家庭民主氛围的逐渐形成，家长更容易倾听子女的意见。家庭成员共同制定学习目标，制订学习计划，查找资料，一起动手实践等，通过这些共同学习活动，不仅可以增进家长与孩子的感情交流，而且可以带动孩子的学习热情，还可以使家庭成员增长知识和经验，活动的开展也能进一步得到家长和社会的支持。

五、效果和影响

更好地传承和弘扬中国优秀的传统文化有赖于独具魅力的活动形式。上海市金山区朱行中学以“扎染与传统文化”建设为抓手，把握“切入点”，找准“着力点”，不断优化传统碎片化、单一化、点状化的德育活动，深入挖掘学生、教师、家长的动力源，倾听他们的想法，将他们创意新、切口小、占时少的活动项目设立为“种子微项目”，并不断创新项目的载体、形式和过程，扩大影响力，打造出了朱行中学的校园文化品牌，激活协同育人真本源，于 2016 年在中国优秀传统文化研习中，获得了上海市非遗进校园优秀传习基地的荣誉。

通过“种子微项目”的大量前期工作，学校筛选出了具有较强文化渗透影响力和高认同度的“微项目”，将其培育成“特色微项目”和“示范微项目”。从“微项目”种子的发现、“微项目”主题的确立到“微项目”实施的优化，学校得以将优良德育效应推广辐射到班组、年级组、校级层面，实现学校德育工作的不断优化和与时俱进，形成校园文化品牌。学校通过整合教师、家长、社区资源等，利用各类综合实践活动，使学生走出校门，接触社会，在与社会的对话中，激活原有的知识储备，唤起学生、教师、家长的内生力量和道德情感。

在这个“晕染式”生长的过程中，学校强调师生互动、家校互动，“家校协同式”传承、“师生卷入式”传承，小角度入手，小口径切入，学校—学生—家长“三线并行”，使传统文化传承以点带面，纲举目张，全面提升学生核心素养。学校坚持每月在少先队活动课与节假日期间，积极开展丰富多彩的主题活动，以趣味多样的活动内容和活动形式，赢得了学生们的喜爱与支持，使学生们在传统文化学习中品味、体验、成长、提升。例如，学校在 11 月举行“美丽中国梦 · 最炫扎染风”美术作品展示评选活动，1 月开展“节目缤纷竞风采，青春张扬闹跨年”迎新文艺会演，2 月开展“我们的节日”传统文化节庆风俗活动，4—5 月开展国学小达人知识竞赛。学校也利用暑期时间，开展为期三天的扎染夏令营活动，并于重阳节时组织初二年级开展形式多样的敬老活动。以上各类活动受到了师生、家长的好评，其中“我为扎染代言”的公众号投票多达 7000 多人次，校本课程创意扎染自 2012 年发展至今硕果累累。

六、经验和体会

传统文化的教育与传承需要转变思想，不断创新教育与传播方式，让更广泛的人群了解和学习中国传统文化，从而提升中国传统文化的吸引力和影响力。朱行中学由点及面，“晕染式”地推进传统文化课程，依据设立种子—特色—示范“微项目”的成长纬度和从个体逐级至社会的推广路径，将其优良效应推广辐射到更多的师生、家长。

今后，学校将不断创新工作思路，彰显传统文化教育，深入推进两纲教育。学校也将通过三个依托（扎染课程群、线上媒体、家长研学课堂）的开发完善逐渐生长出具有一定影响力的系列活动。在这个生长的过程中，学校强调师生互动、家校社互动，通过整合教师、家长、社区资源，发掘学生、教师、家长的智慧，并且充分运用这些宝贵的德育资源，一方面提升学生核心素养，另一方面，引领师生乃至家长，互相支持，互相助力，对学校的办学理念认同度更高。学校旨在形成家校社协同育人的长效机制，唤起学生、教师、家长的内生力量和道德情感，把“人人是德育工作者”真正落到实处，解决真问题，积累新经验，使德育工作持续保持活力。

（撰稿人：钟茜）

“百日成长活动”体系的构建与实践

黑龙江省哈尔滨市第八中学校

一、学校概况

黑龙江省哈尔滨市第八中学校始建于 1949 年，其前身是北新小学校，1957 年改为高级中学。学校现有教学班 25 个，教师约 106 人，在校学生 1300 多人。第八中学校秉承“真善勤义”的校训，旨在培养具有中华传统美德与适应现代社会并具有健全人格的学生。围绕立德树人的根本任务，学校结合既往开展的教育工作成果与经验，从现实基础出发，以学生的成长需要和终身发展为指导，形成了适合学校情况与学生发展特点的“百日成长活动”体系（见图 1）。

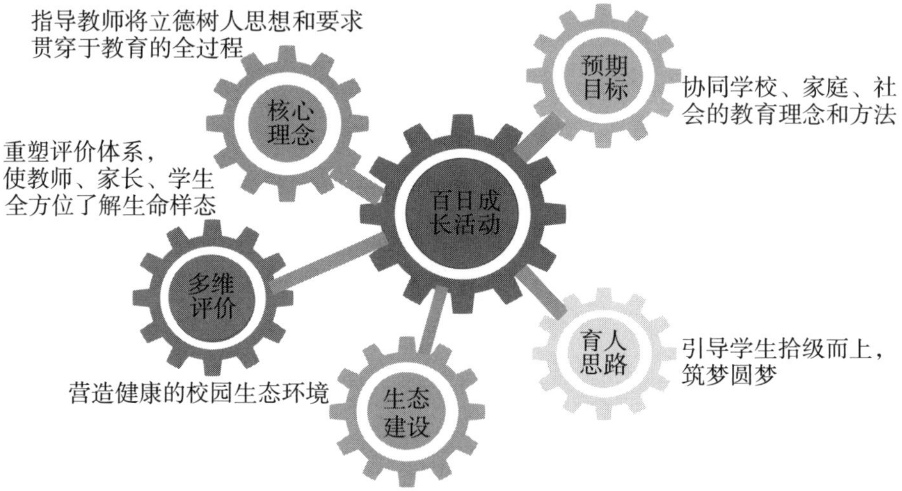

图 1 “百日成长活动”体系框架设计

这一活动体系的建设、落实与改进体现了科学性与实践性，与高中学生的成长发展步调一致，是为学生量身设计的、具体的、生动的、递进式的综合成长引导活动。活动中，学生的成长样态由原先的单一化、片面化转向多维化，师生之间的联系渠道更加多样化，方便教师对学生多维评价的开展。与此同时，“百日成长活动”使得教师与学生家庭的联系更加多样化，提供了家长参与学校教育的途径，加深了学校、学生、教师与家长之间的联系，能够充分发挥家校协同的教育作用。学校以“百日成长活动”为纽带，拉动高校、社会对学生成长的关注，为学生的成长提供多元的路径、多样的通道，打开学生的视野。此外，学校持续探索，将以高考为终点的结果性评价，转化为关注学生成长的多元化评价，并在立德树人落实机制建设中将此具体落实，支持学生在多样发展中成长，实现道德品质提升、个人认知发展等多样化的教育成效。

二、目的和意义

（一）“百日成长活动”体系建设目的

1. 加强教师对学科德育的理解

学校建设“百日成长活动”体系，旨在落实立德树人根本任务，在活动中给予学生成长的力量，提高学生的成长质量，使学生能够具备多种成长能力，平稳度过不同的人生阶段。然而，除了建设德育机制发挥作用外，高中阶段的学生还需要来自师长的循循善诱。因此，学校开展的“百日成长活动”，一方面发挥对学生成长的综合作用，另一方面也包含了对学校教师的期盼。在“百日成长活动”体系建设过程中，学校努力加深教师对学科德育的深度理解，改变教师传统认知中德育工作任务在于班主任与学校两种途径的狭窄认知，增强教师对自身任教学科蕴含德育内容的认同，促进各学科教师拓展课程内容，积极挖掘其中的德育内涵，承担起引导学生的责任。

2. 为学生提供内涵深厚的成长环境

“百日成长活动”体系建设，旨在为学生提供内涵深厚的成长环境，为学生的综合成长提供全面保障。高中生正处于世界观、人生观与价值观树立的关键时期，学校需要向学生传递正确的价值观念，实现对学生的正确引导。“百日成长活动”与立德树人根本任务相符合，将德育教育的内容隐含在具体的德育活动中，在增强学生参与感受的同时，也在潜移默化中完成预期教育目标。

3. 提升家校协同的德育工作效果

“百日成长活动”的落实，能够强化师生之间的亲密关系，加强学校教育与家庭教育之间的联系。立德树人这一教育理念与学生家长朴素的教育观念高度重合，能够增强对家长的支持吸引力度，真正实现学校、教师、学生、家长等协同一体的教育工作体系建设，将各方的教育理念与方法、期盼等集中到立德树人机制建设中，提高效率，改善教育效果，实现优势互补，提升家校协同的德育工作效果。

（二）“百日成长活动”体系教育意义

1. 提升学生的综合素质

“百日成长活动”体系建设将学生从传统教育理念与教育模式中剥离出来，为学生提供了选择更加多样、内涵更加丰富、层次更加鲜明的教育体系。这一教育体系使得学生的个人成长客观要求和学生成长过程中的主观要求都能够得到满足，加之学校、教师、家长与社会力量的积极协助，源源不断地为学生提供各种支持，学生的综合素质能够在这一体系建设中得到不断提升。

2. 建设和谐美好、积极向上的校园生态环境

“百日成长活动”体系建设重视学生的成长与发展，为学生的能力提升与个人进步提供支撑。校内外的教育力量实现统一，尤其是在学校内部，教师与学生的联系前所未有地增强，师生发展目的一致，师生关系更加和谐，校园生态环境建设更加和谐美好、积极向上。

3. 塑造广泛联动的家校合作环境

“百日成长活动”体系建设在学校内外联系加强方面也发挥了重要作用，将处于不同实践与不同空间的教育力量联系在一起，进一步加强了学校与学生家庭之间的联系。教师向家长阐释立德树人根本任务的教育理念，转变家长原有的教育观念，为家庭教育提供支持，使家庭教育与学校一道，共同保障学生的成长质量，塑造出广泛联动的家校合作环境。

4. 落实立德树人的根本任务

“百日成长活动”体系建设是学校落实立德树人根本任务的教育体系建设结晶，体现了学校、教师对促进学生成长所做的积极努力。在“百日成长活动”开展过程中，学校从学生的道德品质、思政认识、知识素养、个人认知等发展角度着手进行设计与落实，使学生的个人素质得到全方位提升。

三、内容和对象

（一）“百日成长活动”体系建设内容

“百日成长活动”是指以一百天为周期开展德育教育活动，学校引导来学校就读的每一位学生，每一百天设立一个小目标，敦促学生朝着既定的目标努力，让学生真切地感受到自己在学校生活中的改变与提升，从而领会成长的意义，汇聚成长的动力，迎接成功的到来。学校在开展“百日成长活动”的过程中，以“成长比成功更珍贵”教育理念为指引，聚焦学生高中阶段不同学科的核心素养，创新学校原有德育教育途径，围绕学子六艺，即“读、说、学、礼、艺、体”的培养目标，构建了“百日成长活动”的德育课程体系（见图 2）。学校以立德树人为出发点，为学生搭建了百日成长的舞台，为学生提供提升自我才能的机会。同时，学校在此基础上为学生提供了与知识学习联系紧密的拓展活动，如无人机、橄榄球、美术、书法、声乐、表演等，培养学生多元发展的意识与积极向上的人生态度，使学生在丰富多彩的活动中收获成长。

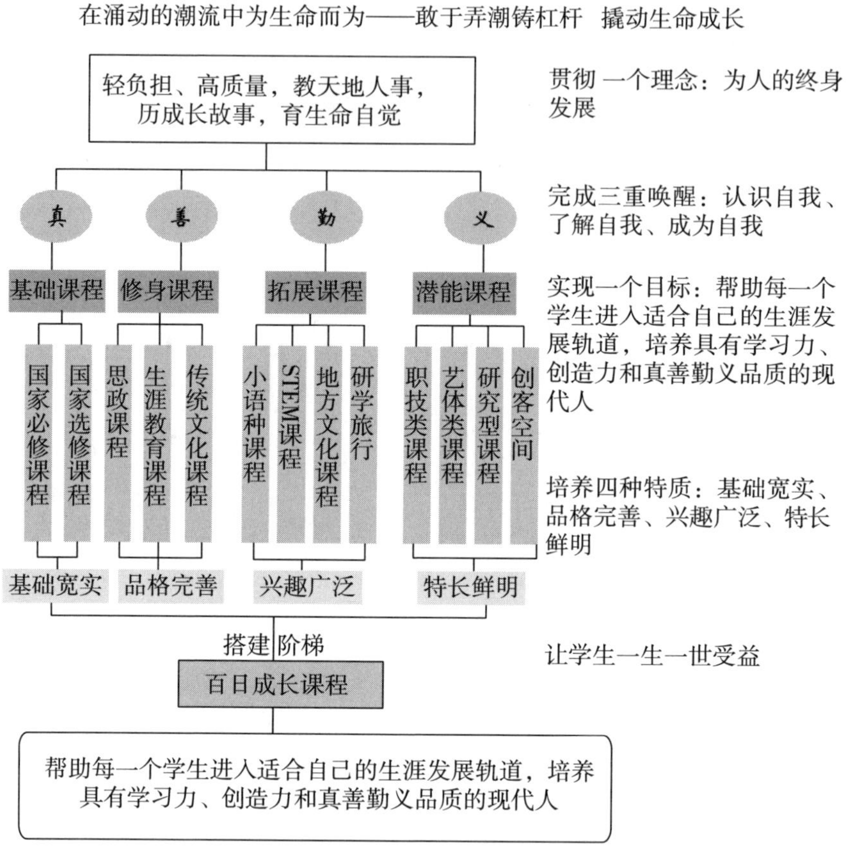

图2 “百日成长活动”的德育课程体系

学校为每一位学生量身制作了《百日成长手册》。手册注重“小目标”的引领，注重教师的客观性评价，并设置有学生互评与自我评价的不同板块，使学生在手册中记录自己参与学校百日成长活动的经历、感悟与收获，并与教师评价、同学评价以及学生的自我评价相互对照，使学生不仅在活动中得到综合历练，还能够得到对自我的全面认识，对于提升学生实际学习能力、提高学生成长质量大有助益。

（二）“百日成长活动”体系作用对象

“百日成长活动”是综合性的德育品牌活动，在活动中，处于学校内外、与学校教育相关的因素都会受到这一品牌活动的积极引导。本活动能够作用在学校领导层，使学校领导更加深入意识到立德树人根本任务的落实所需要的因素以及如何将立德树人这一任务落实在学校教育教学工作中。本活动体系作用于学校教师，使学校教师意识到学科德育的重要性以及具体的操作落实方法；作用于学生，能够促进学生的个人能力发展与内在素质的提升；作用于学生家庭与外界社会，能够带动学生家庭教育环境的转变，为学生建造一体化的教育环境，为广大社会提供德育教育典型体系的示范。

四、程序和方法

（一）“百日成长活动”体系落实环节

“百日成长活动”体系主要分为四个部分，第一部分是学校开展丰富多彩的活动，第二部分是学校组织建设多种课程，第三部分为教师面向学生开展积极评价，第四部分为学校与家长之间开展科学的家校沟通工作。上述四部分内容，既为学生在学习原有知识课程时，提供课堂学习内容的深度拓展，又在类型多样的活动中使学生感受到多方面的德育教育引导，提升其综合素质。

（二）“百日成长活动”体系实践方法

“百日成长活动”在实践过程中通过了解活动体系、实践总结、多维评价、协同育人理念等途径加以落实。一方面，教师、学生、家长在参与活动过程中逐渐深入了解“百日成长活动”体系的内涵，更新成长理念，收获活动本身带来的知识与能力，达成对学生能力发展的提升作用。另一方面，在活动与课程完成后，学生在撰写手册的过程中回顾反思，得到一定的德育教育启发。随后，教师评价与其他学生评价的加入，进一步丰富学生的自我认知。最终，在学校与学生家庭相互联系中，通过家庭环境与学校德育环境的统一，进一步落实学生的素质提升和品质培养（见图3）。

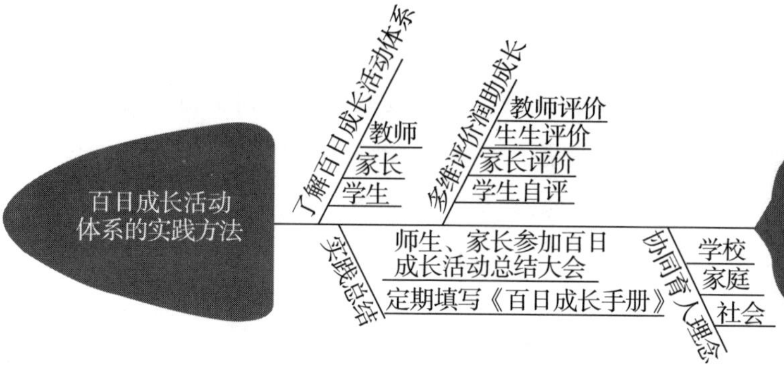

图 3　“百日成长活动”体系实践方法

五、效果和影响

（一）促进学生成长

依托“百日成长活动”体系的建设，学校与教师共同为学生打造了层次丰富的活动以及课程，这些活动的举办和课程的开展与学生在高中阶段的成长需要较为符合，满足了学生对知识的探究欲望和学生拓展个人素质的主观要求。在一般性知识学科学习中，许多学生完成了自己设定的目标，收获了远高于平常的成绩且保持了稳定。在兴趣课程中，学生发现了自己感兴趣的课外知识，设立了多种兴趣社团，并且在教师的指导下，参与各种级别的比赛，并取得一定的成绩，涌现出了无人机国家比赛获奖者、黑龙江省英语大赛一等奖获奖者以及西安游学团队获奖者等。此外，学生在课程探究中掌握了探究知识的多种方法，在兴趣活动中通过与其他同学的合作掌握了多种多样的知识，提高了与他人沟通交流合作的技巧。在完成这种学习成长状态转变的过程中，学生与自我产生联系的途径更加多样化，对自我的认知更加清晰，更加客观。他们在活动中看到自己真正的兴趣所在，增加了成长动力，积极追求进步。

（二）促进教师职业发展

教师群体在“百日成长活动”中得到职业发展的更多力量。一方面，学校教师对立德树人的根本任务有了更多了解；另一方面，在落实“百日成长活动”过程中，教师与学生的距离进一步缩小，学生的特点被教师更多地掌握，而教师也在评价学生的过程中将学生的教育收获与改变，与学生原来的状态相对比，进而得到对“百日成长活动”的更多思考，对于启发教师开展学科德育工作的思路具有积极的影响，有利于提高教师职业发展质量。

（三）促进学校建设发展

学校“百日成长活动”的开展，为学校师生提供了广阔的成长舞台，使得学校对高中阶段学生成长特点以及学生的需求有了更加清晰的认知，为学校在今后的教育教学工作中进一步落实立德树人根本任务提供了明确指导。此外，学校内部师生综合素质的提升，为学校的整体发展带来了源源不断的动力。因此，“百日成长活动”对学校发展而言，能够从长远的角度为学校提供动力，包括为学校各项活动的开展和课程建设提供力量，能够使学校整体发展质量更上一层楼。

（四）更新家长教育理念

学校在积极举办“百日成长活动”过程中，重视与家庭的联系，科学引导家庭教育力量参与到学校德育教育整体工作当中，尤其是在立德树人教育机制落实过程中，家庭教育成为“百日成长活动”的重要支持力量，而家庭教育也从“百日成长活动”中得到了正向反馈，家长的教育理念在参与“百日成长活动”过程中发生了许许多多的转变，变得更加科学，与高中学生成长特点、成长规律、成长需要等更加契合。

（五）发挥社会示范作用

“百日成长活动”对学生个人成长与教师职业发展都发挥了积极作用，也为家庭教育质量提升提供了保障，同时，这一活动以及立德树人教育机制落实的整体工作，能够对社会形成广泛的积极影响，为其他学校开展落实立德树人教育机制提供了较为全面的启示和借鉴。

六、经验和体会

（一）“百日成长活动”体系建设经验

1. 坚持尊重学生成长规律

在建设立德树人教育机制过程中，学校充分尊重学生的成长规律，以学生为主体，将立德树人的根本任务落在实处。学校坚持从学生的成长阶段特点出发，尊重学生的成长规律，组织内容丰富的成长活动，进行多样化的课程建设，为学生提供全面成长的保障，不断增强学生的成长质量。

2. 坚持“立德树人”教育理念不放松

学校领导及教师对如何落实立德树人根本任务进行了广泛深入的探讨。在开展“百日成长活动”及其他拓展课程建设过程中，学校坚持“立德树人”这一教育理念不放松；在与家长的联系中，坚持向学生家长渗透这一教育理念，争取家长的支持，不断深化“百日成长活动”的教育内涵，使得立德树人的根本任务能够通过“百日成长活动”体系加以体现，达到对学生的教育效果。

3. 坚持多样化探索不停歇

学校开展“百日成长活动”的思路较为开阔，领导及教师都认为学生在高中阶段的成长不能局限在原先的单一化、片面化的体系当中，应当与学生的知识学习相联系，与学生的学科核心素养培养相联系，构建出类型丰富且数量多样的活动与课程，满足学生在高中阶段的学习需要和主观要求，从而形成更加丰富、更加全面的教育活动。

4. 坚持以学生全面、健康、综合成长为导向

学校以“百日成长活动”为依托，带动学生在高中阶段沉浸在对知识的多样化探索当中，为学生展现了成长的多种面貌，吸引学生积极参与，使学生从中收获多方面教育，身心共同发展，综合素养不断提高，核心素养不断进步，将立德树人根本任务落到实处。

（二）“百日成长活动”体系改进设想

面向未来，学校在构建科学德育教育机制过程中，将立足在“百日成长活动”体系建设中已取得的德育教育成果，并结合学校教师以及全体学生在活动中所展现出来的精神风貌进行改进。

首先，改进“百日成长活动”体系，使其与学生的成长发展更加适配。学校会加强与学生的多渠道交流，广泛收集学生在高中阶段不同年级产生的成长困惑与学习问题，并充分发挥各学科教师学科德育工作的优势，全面了解学生的成长状态，综合两种因素构建出与学生成长发展更加匹配的德育活动，真正将立德树人这一根本任务落实到学生成长发展的每一步。

其次，学校在开展“百日成长活动”体系改进工作中，将会更加尊重学生的意见与建议，不仅通过多种渠道收集学生的看法与意见，还将设计更多的互动性活动，使学生进一步感受到学校对学生自身发展的重视，将学生期望得到的教育德育活动加以实现。

最后，学校会更加注重发挥主观能动性，为学生建设更有层次与创新性的德育教育活动，不断扩充“百日成长活动”体系建设的内涵与层次，使之成为学生成长道路上的积极引导。

（撰稿人：张静）

第二编

体制创新，功能优化

合力润德，沁研学之行

重庆市南川区青少年示范性综合实践基地

一、基地概况

重庆市南川区青少年示范性综合实践基地（以下简称“南川基地”），地处南川区国家级生态农业大观园金龙村内。2014 年 10 月，南川基地获教育部、财政部审核批准，成为国家级示范性综合实践基地之一，系国家级示范项目，也是南川区委管理下的综合实践学校。南川基地致力于学生综合实践能力的提升、核心素养的培养，是德育的滋养地。南川基地现建成活动场馆楼 4 栋，生活用房 3 栋，室内场馆 9 个共 2000 余平方米，户外拓展项目近 20 项。为进一步健全立德树人落实机制，建构以供给侧改革为统领的合力机制，南川基地在各级研学旅行相关政策指引下，主动加强与旅游、交通等部门的联动合作，依托南川金佛山自然和文化遗产资源、重庆红岩联线的红色教育资源，在区教委的引领下，主动对接区内各中小学校，积极推动资源共享，探索打造精品研学路线，合力实施研学旅行，让学生在研学的路上润德沁行。

二、目的和意义

随着社会经济水平的提高，家长、学生对于走出去学习有了更强的主观需求，全国各地纷纷掀起研学热潮。2016 年《关于推进中小学生研学旅行的意见》提出德育与研学的紧密关系，2017 年教育部印发《中小学德育工作指南》，要求“把研学旅行纳入学校教育教学计划，促进研学旅行与学校课程、德育体验、实践锻炼有机融合，利用好研学实践基地，有针对性地开展自然类、历史类、地理类、科技类、人文类、体验类等多种类型的研学旅行活动”。各个研学文件的出台，体现出国家对学生综合实践活动的重视，以及对研学的逐步规范。南川基地通过专业教师团队打造研学活动，使德育具有体验性、全面性、自然性、生活性、可触性等特点，恰好可以弥补传统德育的不足，做到做中学、做中教、做中求进步，从而有效达到知行合一的目的。通过研学旅行的开展，学生得以从书本的学习转换到实践体验活动中，学生在参与活动体验的同时，其道德体验感和认同感有效增强，活动育人、环境育人、全民育人得以实现，五育并举在实践中自然生成。

三、内容和对象

南川基地主要对接区内各中小学校，依托南川金佛山自然和文化遗产资源、重庆红岩联线等红色教育资源，设计相应的研学活动，打造精品研学路线，实施研学旅行。教师通过红色教育、科技教育和人文自然等教育渗透人生观、价值观等德育内涵，学生在研学课程中与他人合作、锤炼体能，在探究中得到美的陶冶、品德的陶冶，在研学中脑力劳动与体力劳动有机结合，学生能够实现自然成长。

四、程序和方法

（一）因势而行，打造研学课程

1. 课程开发，确保“研学”与“德育”共融共通

研学旅行的开展要结合当地区情、校情；研学旅行课程的开发，要结合具体的地理位置、参训学生的具体学情。为全面落实立德树人根本任务，校准德育方向，南川基地组织区内学生在寒暑两个假期参与研学活

动。这两个假期给孩子们走出去提供了时间，通过研学活动，也是对孩子们体能、耐力的磨炼。研学活动中，教师带领学生走出去增长见识，将书本理论付诸实践，同时渗透榜样教育、环境教育、人文教育等内容，提升学生道德认识，坚定其道德信念，提升学生团队合作、吃苦耐劳等各方面品质和能力，能够达到德育润行的效果。

2. 主题研学，增强研学旅行体验性、德育性

遵循研学旅行层次性、多样性、主题性特点，依托自然和文化遗产资源、红色教育资源和综合实践基地、大型公共设施、知名院校、工矿企业、科研机构资源，探索创建“核心基地+”研学旅行实践基地群，为“研学旅行+”活动的广泛开展提供丰富的学习资源，以满足个性化、多样化的研学旅行教育需求。南川基地根据学生学段和活动时间的差异性，分别设计了两天、五天的研学课程。两天的研学课程主要集中在红色教育和行走家乡两个板块，五天的研学课程设计四个主题板块，以培育和践行社会主义核心价值观为指导，从红色圣地、科技系列、自然与人文四个方面建构“红色教育”“科教兴国”“行走家乡”“探秘世界”课程体系，引导学生增强社会参与，强化社会责任，增进国家认同和国际理解，全面助推核心素养培育落地落实的课程目标。

（二）合力联动，确保研学有保障

1. 外部联动，确保德行“有源”

（1）教育系统资源共享

南川基地既是教育部批准建设的国家级示范性综合实践基地，也是南川区委管理下的综合实践学校。在区委领导下，南川基地大力开展区内研学活动。从研学活动文件的下达到研学活动的组织，离不开区教委各级领导的重视和支持，同时各级各类学校认真落实文件，组织各校学生参加研学活动，在本区教育系统内部形成研学活动群，形成区内学校研学联合机制，让研学活动有生源保障。各级各类学校也为研学做好准备工作，让学生有备而研，在研学中渗透德育。

（2）各级单位资源共通

南川区处于渝黔边陲，地属丘陵地带，山水自成一体，地理资源丰富，区内有金佛山、喀斯特地貌、方竹等极具地方特点的资源；重庆人文资源丰富，有白公馆、渣滓洞、烈士墓等极具育人意义的红岩精神代表；同时市区科技馆、博物馆、中医药研究所等皆可合力教学。南川基地课程部搜集整合基地周边自然、文化以及大型公共设施、博物馆、科技馆、工矿企业、旅游等资源，开发出具有地方特色的研学旅行课程（红色教育系列、科技系列、大自然系列和人文系列），形成研学资源链，实现资源共通互融。

2. 内部建章，确保德行“有制”

（1）建立研学旅行组织管理机制

按照教育部要求，依据有关法律、法规、政策和本地实际情况，南川基地制定中小学生研学旅行工作规程，制定切实可行的研学旅行安全保障方案及应急预案，形成行之有效的事故处理、责任界定及纠纷处理模式，以及具有指导性和操作性的研学旅行活动管理模式及规章制度体系。同时，南川基地也成立专属机构，加强对研学旅行引领指导和督促检查，并成立“研学部”，针对不同年龄阶段学生研学旅行活动落实专人负责安全管理、课程开发、路线研发等，确保课程策划有层次，活动开展有落实。

（2）建立研学旅行协同配合机制

试点地区教育行政部门和学校与当地财政、旅游、交通、文化等部门进行沟通协调，探索建立政府、学校、社会、家庭共同承担的多元化经费筹措机制，充分发挥家长委员会作用，形成常态化、高效率的社会协作机制。本着立德树人、五育并举的教育指导思想，南川基地一室六部分工合作，全力出动做研学。办公室协调各单位、各公共设施等研学涉及的各个地点，提前做好研学路线联系；研学部做好研学考察，统一规划研学线路；课程部结合考察报告和前期准备，召集教师进行研学课程的设计，备好研学课程；安全部做好安全措施，备好安全预案，确保研学安全；后勤部做好研学物资准备，为研学活动打好物资基础；财务部提前把研学资金申请到位，为研学做好财务准备。

（3）建立研学旅行安全保障机制

人身安全是保证教育实施的前提条件，也是德育工作开展的一个重要方面。研学旅行需要制定科学有效的安全保障方案，探索建立行之有效的安全责任落实、事故处理、责任界定及纠纷处理机制，实施分级备案制度，做到层层落实，责任到人。其中，教育行政部门负责督促学校落实安全责任，审核学校报送的集体活动方案（含保单信息）和应急预案。学校要做好行前安全教育工作，负责确认出行师生购买意外险，必须投保校方责任险，与家长签订安全责任书，与委托开展研学旅行活动的企业或机构签订安全责任书，明确各方安全责任。市场监督等部门加强对研学旅行活动涉及的住宿、餐饮等公共经营场所的安全监督，公安机关依法查处运送学生车辆的交通违法行为。保险监督管理机构负责指导保险行业提供并优化校方责任险、旅行社责任险等相关产品。

安全是第一要义，南川基地在研学旅行管理中，确保做到“活动有方案，行前有备案，应急有预案”。备案是通过家长委员会、致家长的一封信或召开家长会等形式告知家长活动意义、时间安排、出行线路、费用收支、注意事项等信息；加强学生和教师的研学旅行事前培训和事后考核，通过签订《研学旅行合作协议》《学生研学旅行协议书》等，明确机构、学校、家长、学生的责任和权利。

（4）建立研学旅行经费保障机制

南川基地积极探索建立政府、学校、社会、家庭共同承担中小学研学旅行的多元化经费保障机制。交通部门对中小学生研学旅行活动公路和水路出行严格执行儿童票价优惠政策；保险机构对中小学生研学旅行活动有关投保费用实施优惠措施。同时，南川基地也鼓励通过社会捐赠、公益性活动等形式支持开展中小学研学旅行活动。南川基地共开展十余期“共享蓝天、公益研学”活动，经费来源于公益性活动中国家公益彩票基金。资金来源于公益，运用于公益事业。公益研学的对象是优秀贫困生和留守儿童，这类学生在参与研学后增长了见识、提升了自我，学会自立、自强、自尊、自爱，能更加自信地面对今后的人生风雨，这正是德育润行的效果。

（三）多维评价，确保德行“有成”

1. 基地考核，教师研中有德

南川基地成立了督查考核小组，组长由基地负责人担任，健全督查制度，严格执行督查行为，加强督查力度，确保研学课程让学生研有所得，研有所值，研有所动。德育是督查考核的一项重要的内容，也是真正检验研学活动成功与否的标尺。

2. 成果收获，学生研中有得

南川基地开展研学活动，在活动前会提前让学生知晓研学大概内容，在研学活动中会有研学任务卡和研学活动手册，这些都是帮助学生研学的重要手段，避免学生停留在只旅不研的状态，从知识层面、精神层面让学生有更进一步的升华。从学生的研学记录、研学日记、研学展示中皆可清晰看到学生在研学中的思想、行为、情感等方面的提升，真正做到润德沁行，研中有成。

3. 全民直观，社会反馈有佳

南川基地组织研学活动，惠及千万家庭。在研学活动中各单位部门的加入，让研学成果宣传渠道变广。学生放下手机，走出校外，到红色教育基地接受爱国主义教育，到科技馆感受科技的魅力，到大自然中探秘自然生态的神奇，学生在开阔视野的同时也锻炼了身体，增强了意志，学会在团队中合作、互助，形成了爱国、爱家乡、爱家人、爱自己、爱大自然等优秀的品质，得到了家人乃至社会的肯定。南川基地的每期活动都得到了来自不同群体的赞美和表扬，社会对研学活动的认同，学生在活动中德智体美劳的发展，让基地研学课程具有永久的生命力。

五、效果和影响

（一）学生核心素养得到发展

在研学活动中，学生正确的世界观、人生观、价值观逐步形成，为成长为具有家国情怀、国际视野、德智体美劳全面发展的社会主义建设者和接班人奠定了坚实的基础。在基地开展的研学活动中，学生通过红色教育包括参观红岩魂陈列馆、悼念革命烈士、参观革命先辈们曾经被关押施刑的地方等活动，内心得到洗礼，更加珍惜当下的美好生活，也对民族荣辱有了更深刻的感知。

（二）研学旅行活动课程体系更加优化

南川基地形成了以培育和践行社会主义核心价值观为指导，以“学天下、行天下、成天下”为主线，以家乡、祖国、世界三个层面为路径，以地方、校本课程为载体的研学旅行课程体系，引导学生增强社会参与，强化社会责任，增进国家认同和国际理解。例如，在蓝色科技路线中学生探秘奇妙的金佛山，进一步了解家乡文化。在探秘的过程中，学生不仅掌握了家乡的特色，更从中增长了见识，增强了自信。

（三）研学旅行活动基地系统初步形成

南川基地造就一批研学旅行精品线路，创建具有重庆特色的“乡情、市情研学旅行实践课堂”，体现了研学旅行层次性、多样性、主题性等特点，能够满足个性化、多样化的研学旅行教育需求。两天和五天研学课程针对的对象不同。如对于低段学龄的学生，南川基地的研学课程以了解家乡文化、锻炼身体、走进自然为重点，让学生感知家乡美，同时增进学生对红色文化的了解，让红色精神在小学生中萌芽生长。从实际出发、从实践出发的课程设计让学生真切感知世界、接触历史，能够帮助他们树立正确的价值观和人生观。

（四）研学旅行活动管理全面规范

南川基地健全完善研学旅行运行管理机制、协同配合机制、安全保障机制、经费保障机制、多维评价机制，形成责任清晰、多元筹资、保障安全的研学旅行管理系统。研学即“研究性学习”的简称，它本身就是综合实践活动的一个重要模块。研学旅行是落实立德树人根本任务和培养学生核心素养的方法和渠道。学生在研学旅行过程中的参与、体验、总结和反思，能够使学生在文化基础、自主发展、社会参与等方面的素养得到提升，让学生真正赢在教育的路上。

六、经验和体会

学校不是教育的唯一阵地，教育即生活，学习也依赖更多的社会实践。研学为社会实践教育开启了新的方向和路径，开启了教育的新局面。南川基地着眼于学生实践意识的培养，强调学生的动手操作和亲身体验，力求学生综合实践能力的提升。南川基地开展的研学旅行是基地课程六大板块之一，课程化研学旅行既是一门课程，也是一项社会实践活动，它兼具知识传授和实践创新的双重任务。针对学生核心素养的发展，南川基地通过创设各具特色的主题活动，让学生在主题鲜明的教学活动中得到熏陶和发展，让学生在活动中提高自身素养，在社会实践中完成立德树人的教育目标。

教育要做到因材施教、因地施教就要大胆创新，不拘泥于形式，不固化于思维。教育应跟上时代步伐，顺应时代对人才的综合能力特别是德育的需求，才能培养具有时代特点的接班人。教育不能离开教育的初衷，坚持对学生核心素养的培养，坚持五育并举、德育为先的教育观念不能动摇，只有思想统一，才能更好地帮助学生学有所成、学有所用，才能为中华复兴贡献自己的力量。教育需要结合一切可以结合的力量来扎实教育的根基，合力利用现有的教育资源，形成合力机制教育资源链，让更多的有生力量加入立德树人的教育大军中。南川基地的研学课程是顺应时代的产物，是提升教育质量的手段，是德智体美劳五育并举的有力实施路径。

（撰稿人：郑延柳、韦虹羽、罗秋云、夏红梅、杨明娅）

区域统筹，多方联动，劳动育人

上海市金山区青少年实践活动中心

一、中心概况

上海市金山区教育局历来重视劳动教育。2016 年金山区建成并开放上海金山区青少年实践活动中心（以下简称“中心”），“中心”自建成运行以来，通过整合周边资源并提升课程建设，将研学实践与日常生活劳动、生产劳动和服务性劳动相结合，与红色教育、高新科技、非遗文化等方面相结合，有目的、有计划地组织学生开展多种形式的社会实践活动。贯彻落实全国教育大会精神，坚持立德树人理念，培育和践行社会主义核心价值观，金山区以“中心”为核心，以劳动教育为抓手，把“研学实践教育纳入人才培养全过程”作为中小学研学实践课程建设的基本出发点，深入挖掘政府机构和社会企业等各类优质校外劳动教育资源。“中心”将劳动、实践、活动三者相结合，将家庭、学校、社会有机融合，建立“劳动立德，实践树人”的有效机制，促进学生的全面成长，推动教育质量的全面提高。

二、目的和意义

金山区通过落实劳动教育资源共享、师资互培、动态评价等举措，将学校教育和校外教育有效衔接，强调学思结合、知行统一，有目的、有计划地组织学生在学习系统的文化知识之余，到村居农场、工厂企业、文化场馆等地参加日常生活劳动、生产劳动和服务性劳动，让学生在实践场所动手实践、出力流汗、接受锻炼、磨炼意志，培养学生正确的劳动价值观和良好的劳动品质；让学生在劳动实践中学会动手、动脑，学会生存、生活，学会做人、做事，理解和形成马克思主义劳动观，牢固树立劳动最光荣、劳动最崇高、劳动最伟大、劳动最美丽的观念；让学生产生劳动创造美好生活的感悟，热爱劳动，尊重普通劳动者，培养勤俭、奋斗、创新、奉献的劳动精神。

三、内容和对象

落实劳动教育资源共享，关键要立足于“劳动育人”的价值理念。解决“如何共享”的问题，根本上就是要在全社会建立一套共享机制，即建立健全劳动教育系统化落实机制。“中心”积极探索具有金山特色的劳动教育模式，本着“合力建设、成果共享、服务学生”的原则，与金山区各级政府部门、企业协同构建了以“劳动育人”为核心理念，政府支持、企业配合、“中心”主动作为的三方联动、责任分担、融合发展的合力育人机制，系统推进劳动教育的贯彻落实。

（一）寻求保障

政府的支持是劳动教育落实的重要保障。作为劳动教育理念的执行者，金山区各级政府部门担当使命，引导、支持劳动教育的有效落实，解决制约劳动教育落实的问题。针对劳动教育实践场所不足等问题，“中心”积极寻求并发挥金山区各级政府部门的力量，在上级职能部门的支持努力下，协调了包括廊下镇、吕巷镇、张堰镇等优质劳动教育资源，极大地满足了金山营地劳动实践活动的课程建设实施需求（见图 1）。

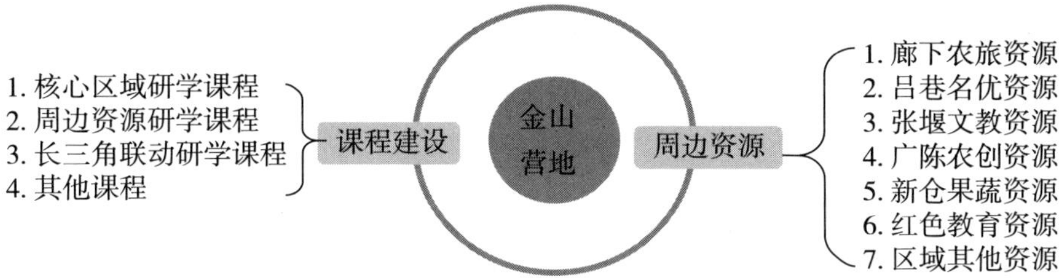

图 1　劳动教育资源与课程建设需求

（二）做好纽带

“中心”作为劳动教育落实的关键“纽带”，形成以“中心”为核心，距“中心”路程 15 分钟、30 分钟、90 分钟为范围的劳动基地合作区、联动区和辐射区。为丰富劳动教育形式以保证劳动教育结果的高效性，“中心”主动筹划，谋求政府机构、企业、园区等支持，开展多线路实践方案，在促进劳动教育提质增效中有力地保障了劳动教育实践活动的贯彻落实。

（三）疏浚通源

社会资源配合是劳动教育落实的力量源泉。在共享劳动育人机制中，“中心”主动作为，下沉到社会资源宣传“开门办劳动教育”的社会价值和未来价值，引导社会资源明确自身定位。社会资源为学校组织学生深入田间、工厂，与普通劳动者共同经历劳动过程，提供了各种劳动教育实践场所和各项服务。

四、程序和方法

为保障中小学劳动教育实施的场所，在“中心”的争取下政府机构、企事业单位和社会团体提供各类校外劳动教育资源，打造营地内外、体制内外的资源贯通，突出“营地即社会，社会即营地”的责任感和归属感。“中心”在探索中不断积累、总结、提升，逐步完成了构建资源共享体系、创建多方联动模式、搭建师资共享平台、建构“绿色+”课程体系、建成孵化基地范式、形成立体评价系统的目标。

（一）合力构建劳动教育资源共享体系

金山区依托上海金山现代农业园区（47 平方公里）的丰富农业资源，构建“梦想田园”劳动教育基地共建联盟；依托金山区丰富的社会资源，结合东、中、西部的不同特色形成劳动教育基地合作区；立足长三角区域一体化发展，结合沪浙“田园五镇”（255 平方公里）的丰富劳动教育资源，构建长三角毗邻区域优质劳动教育资源合作联盟，开展跨区域的学生劳动教育实践与交流活动，形成劳动教育基地联动区。

（二）合力打造以学生为本的劳动教育课程

“中心”作为大本营，将营地资源、社会资源和学校资源相互融合、相互渗透，其形成的合力育人机制，既联合多方、统一谋划，又使各方共同分担劳动教育责任。社会资源在“中心”的引导下，筛选自身优质资源，根据“中心”的劳动教育课程体系、课程要求，结合劳动的教育性和实践性特点，研发设计系列主题突出、目标明确的劳动教育课程。社会资源通过和“中心”、学校的交流沟通，形成了“校内+校外、室内+户外、中心+社会资源”的研学实践教育方式，真正将劳动教育落到了实处。

目前，“中心”在坚持劳动育人准绳的基础上，依托金山丰富的农业资源优势，开发了以“绿色+”为主体的劳动教育课程体系。“绿色+”指的是将中心现有的丰富农业资源与其他多种业态融合发展，这既是提升金山农业资源再开发再创新的驱动力，也是农业资源扩展外延服务的推动力。

拓展“绿色+科技”劳动教育课程，即借助新时代劳动工具、劳动技术、劳动形式从事农业生产，如金山果蔬园的管道生菜种植技术、天母果园的生态酵母制作技术以及广泛采用的无人机检测技术，旨在扩展学生对劳动教育的认知，形成正确的劳动观。

拓展“绿色+文化”劳动教育课程，即通过开发“中心”周边的枫泾古镇、农民画村、非遗文化城等与农业相关并兼具传统文化特色的基地（场馆）开展实践活动，让学生在做中感受金山的民风民俗和中华文化的博大精深，在做中学习传统匠人精益求精的匠心精神，在做中体验艺术传承的不易与艰辛。

拓展“绿色+创意”劳动教育课程，即在劳动教育中充分发挥学生的主体性作用，使其结合自身所学所知进行自主劳动，亲历创造性劳动。“中心”打造了中国农民画村、青檐版画艺术中心、金山棐园等与农业相关的活动基地，学生在此可进行农民画创作、体验版画设计、DIY 制作香草精油等活动。这一过程旨在让学生直面真实的劳动过程，体验劳动者的生活，进而感受劳动的快乐，加深学生热爱劳动、热爱劳动人民的感情。

拓展“绿色+管理”劳动教育课程，即在劳动实践过程中，通过设立自主管理委员会、班级自主管理小组让学生进行自主管理。“中心”一方面将包干区、宿舍、食堂卫生的清扫问题交给学生自己解决，另一方面在实际劳动操作过程中也以小组为单位，由小组共同商谈各成员的任务。此项劳动教育课程的开展一方面旨在通过生活劳动增强学生的生存能力，另一方面力图让学生学会分工合作，体会平等、和谐的劳动关系。

（三）合力构建队伍建设体系

“中心”打破“课程一定要专职教师担任”的传统思维，拓宽队伍建设方式，构建多元师资体系，打造研学实践队伍，有效解决了校外教育单位“师资少，难管理”等困局。

1. “中心”自培模式

通过搭建劳动实践教育自培平台，邀请校外实践教育基地负责人、村居干部、企业负责人、农业专家、高校教授等参与其中，定期组织走访、互访、体验、讲座、专题集训等方式，从不同角度分析解读教育现状、研学发展、学生需求，提升负责人对实践教育的理解与认识，让更多的社会优质资源为研学实践所用。

2. 辅导员互培模式

劳动实践教育中，“中心”实践部的辅导员和社会资源的辅导员起到了很关键的作用。“中心”实践部的辅导员组织协调、沟通能力较强，但对于课程涉及的专业领域研究不够。社会资源的辅导员普遍专业能力强，但组织协调、交流表达能力较弱。为此，“中心”结对互助，创建中心实践部的辅导员和社会资源的辅导员课程研讨、专题培训、示范交流的共建机制。以“请进来、走出去”的方式，定期开展双向互动，相互学习、相互进步，逐步让辅导员规范化、专业化。辅导员互培模式不仅可以解决辅导员供需矛盾和专业性不足的矛盾，同时也为学生在研学实践中与“生产者”零距离接触打下了良好的基础。

“中心”通过辅导员互培模式实现了科学的教育转化，培育出了一批合格的辅导员队伍，为“生活即教育，社会即学校”打下了坚实的基础。

（1）专家引领模式

A. 师资全域化

“中心”开创性地采用“教育师资全域化”，联合区教育学院、区学校少年宫联盟、各级学校，挖掘在编在校的优秀师资，从学生需求、教育需要的实际出发，形成了名师工作室团队和项目教师团队，进一步促进不同学段知识与实践课程的横向结合。

B. 专家团队化

“中心”根据劳动实践教育研究发展需求和课程专业领域需求，寻求高校资源，建立专家项目化团队，分别对课程开发人员、辅导员以及研究人员精心带教。

（2）展示交流模式

A. 搭建特色平台培育教育领头人

“中心”牵头，组建社会资源领头人沙龙、辅导员沙龙、成果分享会等活动，在展示交流中培育教育领头人。

B. 通过共建共研系列学习，提升队伍素养

“中心”组织社会资源领头人、课程开发人员、辅导员以及研究人员到区外、市外的研学基地、劳动教育基地和国家级研学营地学习研讨，共建共研合作关系。通过教科研交流、公开课教学研讨、课程共建等提升队

伍素养。

（四）合力建成校外劳动教育评价体系

“中心”从学生参与劳动教育的劳动态度、劳动认知、劳动价值观、劳动知识与技能等不同维度构建劳动教育多元评价系统。

1. 对活动预期的评价

在活动前对即将开展的活动、活动要求及目标进行介绍，让学生在认知上对活动产生了解和憧憬。

2. 更多关注学生参与劳动实践的过程评价

过程评价包括学生的出勤情况、学习态度、文明礼仪、生活管理、协作精神、创新能力、动手能力、学习成果以及发现问题解决问题的能力，坚持定性评价与定量评价、静态评价与动态评价相结合的原则。

3. 教师、学生、教官辅导员、研学辅导员四方参与劳动实践活动评定

注重把考核目标分解到各个阶段，注重劳动过程和结果双考核。

五、效果和影响

自 2018 年被教育部评审为全国中小学生研学实践教育营地，“中心”先后接待了教育部、市教委、30 多个省市的教育行政部门和社会实践基地（营地）负责人的考察交流，30 多万学生的研学实践教育活动。“中心”解构了校外劳动实践育人过程中资源、师资、课程、评价各环节要素，建立有效机制，以一育带五育，与树德、增智、强体、育美相结合，实现了以劳培智、以劳育人、以劳树魂的目标。“中心”通过机制保障，构建了“生活劳动类、生产劳动类、生态劳动类、农业劳动类、创意劳动类、文化劳动类”多类课程，先后开发了 5 条研学实践教育线路、30 个校外研学实践教育基地，在承担中小学劳动教育实践方面发挥了重要作用。

（一）建设开放式运行模式

金山区以总占地面积 332 亩的上海市金山区青少年实践活动中心为核

心区，47 平方公里的上海金山现代农业园区为合作区，构建“梦想田园”劳动教育基地共建联盟，开展服务性劳动、生产性劳动和综合性劳动等劳动教育实践活动，成为课程实施的重要承载区；以廊下镇、张堰镇、吕巷镇、广陈镇、新仓镇 255 平方公里沪浙“田园五镇”的丰富资源为联动区，构建长三角毗邻区域优质劳动教育资源合作联盟，开展跨区域的学生劳动实践教育与交流活动。

金山区充分利用高等院校、科研院所、高新企业的产学研优势建立开放式的劳动教育实践场所；培育和建立劳动教育实践师资联盟，形成开放式的校内外劳动教育实践师资队伍；建立与区、校两级劳动教育场所的互通互联机制；建立与国内外劳动教育相关机构、团体的交流合作机制，为金山乃至上海市及长三角地区的青少年提供丰富的教育实践资源。

（二）构建多元化课程体系

金山区整合“中心”内外丰富的劳动教育资源，构建与大中小学各学段学生身心健康相适应，与德育、智育、体育、美育相融合，与学校、家庭、社会互通的系列劳动教育实践课程；构建与学校课程相衔接、与高校资源相互补、与上海科创中心建设要求相呼应，由营地必修课程、选修课程和学生自主开发课程组成的劳动教育实践课程体系。

（三）实现学生自主管理

金山区基于互联网大数据的学生自主学习和管理平台，形成了学生自主选课、自主学习、自主活动、自主评价、自主管理的模式，实现了学生与营地、学校、家庭、社会的互联互通，实现了与上海市中学生综合素养评价平台的数据共享。

六、经验和体会

自 2017 年“中心”成立以来，依托金山现代农业园区，“中心”在结合周边劳动资源的基础上建设了两大类研学课程。基于劳动形态的不同，研学实践课程可细分为六大类：生活劳动类、生产劳动类、生态劳动类、农业劳动类、创意劳动类和文化劳动类。“中心”融合、渗透营地资源、社会资源和学校资源，结合研学实践的教育性和实践性特点，有效地开发和利用了社会资源，将社会资源转化为优质劳动教育资源，实现了跨区域合作和校外劳动教育资源共享，形成了“校内+校外、室内+户外、中心+社会资源”的校外劳动教育合力机制，真正实现了政府、学校、社会等多方面的效益最大化。

金山区区域化劳动育人合力机制的创建实施，体现了“劳动教育”和“研学实践”的有机结合，从资源和内容上致力于提高广大中小学生的劳动素养，促进他们形成良好的劳动习惯和积极的劳动态度。目前，作为劳动教育营地，“中心”正在深入研究中小学劳动教育研学课程的评价标准，将围绕劳动教育核心素养目标，确定各劳动项目的评价指标，最终形成适合校外劳动教育的评价标准。

（撰稿人：许育梅）

深化区域教研机构改革，健全立德树人落实机制

内蒙古自治区兴安盟科右前旗[①]教师发展中心

一、中心概况

2020年，兴安盟率先进行区域教研机构改革，取得阶段性成果，不断引领区域教育向高质量发展，将立德树人根本任务落到实处。科右前旗教师发展中心自2020年3月31日重组成立，聚焦“立德树人”根本任务，秉承“为教师服务、为学生服务、为学校服务”的宗旨，遵循“精准、开放、融合、创新”的原则，发挥“研究、引领、指导、服务”的职能，以提升教师素养为着力点，以教科研为先导、以教研为引领、以培训为中心、以信息技术为支撑，通过线上与线下相结合的混合式研修方式，着力在调研、教研、科研和考研上下功夫，努力实现“教师专业水平增值，学生综合素养增值，学校教学质量增值，教师发展中心服务水平增值”。面对全面深化课程改革的新形势，教师发展中心强调教研工作结合地区实际，实现教研工作指导思想转型、工作任务转型和工作机制与方式转型，从提高教育质量出发，落实立德树人根本任务。

二、目的和意义

百年大计，教育为本；教育大计，教师为本。教研员作为中国基础教

① 全称是科尔沁右翼前旗。

育领域一支独特的专业支持力量，以成就教师、发展学生为己任。教研机构职能的转变要求教研转型，需要聚焦构建德智体美劳全面培养的教育体系，健全立德树人落实机制，围绕如何突出德育实效、提升智育水平、强化体育锻炼、增强美育熏陶、加强劳动教育等方面重点问题，强化学科整体育人功能，深入开展内容、策略、方法、机制研究，指导学校将德智体美劳全面培养的要求有机融入教育教学全过程，促进学生德智体美劳全面发展、健康成长。

为了更好地贯彻落实《中共中央国务院关于全面深化新时代教师队伍建设改革的意见》、《中共中央国务院关于深化教育教学改革全面提高义务教育质量的意见》、《教育部关于加强和改进新时代基础教育教研工作的意见》及《中共内蒙古自治区委员会内蒙古自治区人民政府关于全面深化新时代教师队伍建设改革的实施意见》中“逐步推进旗县（市、区）教师发展机构建设与改革，到2020年全面实现旗县（市、区）教师进修学校、教研、电教、科研等部门职能和资源整合，促进区域内教科研训一体化”的要求，科右前旗大胆创新，进行教研机构改革，优化教育资源配置，实现优质资源共享，努力建成“以教科研为先导、以教研为引领、以培训为中心、以信息技术为支撑”的教师发展机构，全面提高教师管理和培训水平，促进教师终身学习和专业化发展，全面提高中小学教育教学质量。

三、内容和对象

科右前旗原有教师进修学校、教研室、远程教育管理中心各一所，三部门在编在岗职工128人。其中，教师编121人，工勤编7人，近3年退休26人。在余下的百人队伍中，45岁以下、全日制本科及以上学历、高级职称、获得盟级以上荣誉的教师占50%的比例，上述机构人员老龄化严重，学科人员短缺，教研员、教师工作积极性不高，带动示范引领作用发挥不明显等问题凸显。三个部门长期分设，造成研训分离、资源分散、管理和培训脱节，已经不适应新形势下教育发展的要求。一大批近乎闲置的优秀教师亟须激发内生动力，向新时代教研员角色转换。进行区域教研机构改革，组建专业的教师研训机构，采取创新、实效、落地的研训措施，健全立德树人落实机制势在必行。

四、程序和方法

（一）改革教研机构

1. 借鉴经验、听取民声、优化结构

2019 年，借京蒙协作契机，教育局党组成员多次到北京市海淀区教师进修学校（以下简称“海淀进校”）就改革一事取经；旗委委托旗人大组织相关人员赴南京市玄武区、北京市海淀区开展专题调研。调研组在对南京市玄武区教师发展中心、海淀进校考察学习的过程中，通过座谈、实地观摩、聆听两地负责人对中心（学校）的概况介绍，深入了解了中心（学校）组建过程、办学模式、规模、领导设置、内设机构、研训员选聘配置等方面情况，使调研组对科右前旗进行机构整合的总体架构逐渐清晰起来。而先进地区的成功经验和典型做法表明，成立教师发展中心对教师教学能力和教学水平的提升，对提高教育教学质量有着显见的作用，这更增强了科右前旗进行教研机构改革的决心。

旗人大召开专项座谈会，通过“开门纳谏”，倾听一线教师的心声，广泛听取意见和建议。旗教育局班子成员，教师进修学校、教研室、远程教育管理中心三个单位的正副职领导及老中青教师代表，城区各小、初、高学校校长及调研组全体成员参加座谈。拟整合的三个部门领导及教育局班子成员分别汇报发言，参会人员紧紧围绕人员安置、机构设置、运行管理等重点关心和亟须突破的问题进行深入交流互动，使参会人员对“为什么改、怎么改、改成什么样”有了明确思路。编办及人社部门负责人的交流发言明确了此次改革不同于以往的改革，不涉及人员分流及下岗，解除了教师代表对编制、人员去向、职称评定的忧虑，与会人员进一步达成了“教师队伍建设改革势在必行”的共识。最后，经科右前旗政府常务会议研究审核，撤销“科尔沁右翼前旗教师进修学校”“科尔沁右翼前旗教学研究室”“科尔沁右翼前旗远程教育管理中心”三个机构，整合优化职能、选聘人员，组建科尔沁右翼前旗教师发展中心。新机构按照职能定位内设党务办公室、德育教学研究办公室、课程教学研修办公室、教师发展培训办公室、资源建设办公室、综合服务办公室等六个职能部门，建立健全工作部门协同、教科研训一体融合、教师整体调配的工作机制（见图1）。

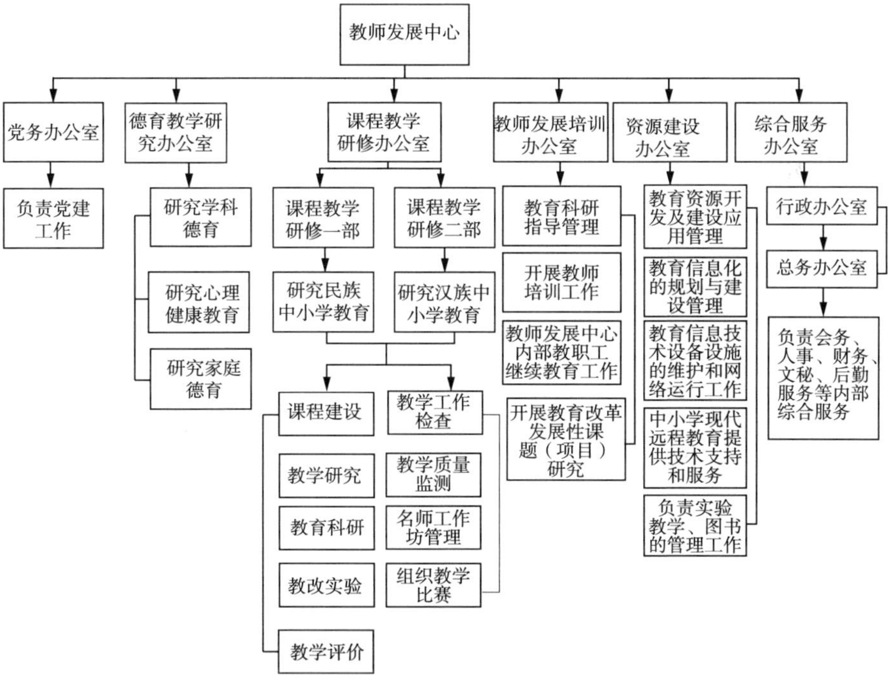

图1　科右前旗教师发展中心组织结构与职能

2. 坚持原则、有章可循、完善功能

依据科右前旗编办批复的“三定”方案，立足科右前旗教育发展实际，严格制定《科右前旗教师发展中心组建方案》，方案经科右前旗政府常务会议研究审核通过，坚决做到有章可循、有据可依。根据组建部门的职能要求科学设定岗位，坚持“人岗相适、因岗定人、能岗相符”的原则，按照“程序不走样、人员选聘不将就”的标准，采取“个人申请、公平竞争、择优选聘”的方式进行。新机构的成立不是简单的整合组建，而是对现有资源和职能的优化与深度融合。新组建的科右前旗教师发展中心整合原旗教研室、教师进修学校和远程教育管理中心三个部门的教学研究、继续教育培训和信息技术设备管理的职能，集“课程指导、教学研究、教育科研、教师培训、质量评价、资源建设”等功能于一身，切实承担科右前旗幼儿园、小学、中学、职业教育教师的分阶段专业发展任务，为区域基础教育发展做出贡献。

（二）科右前旗教师发展中心的新举措

1. 构建1+6+N教研新体系

这里的“1”指的是《科右前旗教育教学工作指南》。教师发展中心成立之初，通过大量的调研了解，借鉴兄弟旗县的经验，在原有的教研基础上，在海淀进校的帮扶指导下，依据科右前旗实际，历时五个多月的时间，制定出台了《科右前旗教育教学工作指南》。这一文件中涉及教学常规管理、德育管理、教学研究、科研引领、教师培训、评价体系、资源建设等7大方面19项指导意见，这些指导意见让学校工作更有抓手，行动更有方向。

“6”指的是“六个一”常规研训活动。安排常规研训活动的目的就是要改变原有的教研现状，使教研规范、系统、整体协调推进。所以教师发展中心聚焦关键问题，以解决问题为突破口，构建“以校为本、区域协作、旗级引领、网络支持”的教研模式。这里的“六个一”指的是：每周一次校本教研活动；每两周一次研训员内部研修活动；每月一次学科研修活动；每两月一次区域教研活动；每学期一次学科工作坊展示活动；每年一次教学干部论坛活动（见图2）。以此为依托，教师发展中心使教研活动常态化、规范化，切实提升教师的业务素质和研究能力。

通过“专题+问题”互助式研训，“课堂教学+基本功”展评，“阅读+反思”等形式，深入探讨教学设计、作业设计、学生辅导等，切实提升教师学科育人的业务素质和研究能力。教师发展中心始终把研读课标教材、

图 2　“六个一”常规研训活动

挖掘育人价值作为教研内容的重中之重。课程标准是课堂教学的方向，教材是课程标准的代言人，只有对二者熟知深谙，才能正确处理教什么、怎么教的问题，才能创造性地使用教材，根据教材内容设计大概念、大任务、大单元、大项目学习，促使学生开阔视野、增长见识、培养品格。

“N”指的是阶段性专项研训工作。教师发展中心在不同阶段重点抓不同的专项工作，如大力推进课程建设、深化课堂教学改革、扎实推进统编教材工作、积极开展全民阅读工作、做好毕业班专项工作、做好入校视导专项工作等。

大力推进课程建设工作。为了拓宽立德树人的宽度，教师发展中心在保质保量上好国家课程的基础上，大力推进课程建设。科右前旗现有 15 所课程建设联盟校，按照科右前旗教师发展中心制定的《课程建设指导意见》，制定学校课程规划、研究课程纲要、研发课程指南，有效落地实施。自 2020 年 6 月起，教师发展中心多次深入课程联盟校进行指导，帮助学校在原有基础上，梳理凝练了能促进学生全面发展的校本课程，构建了比较完备的课程体系、课程纲要和课程指南。如科右前旗二小在和美文化大美教育哲学下，构建了真善美课程体系，包括美之根、美之语、美之智、美之韵、美之创、美之健等六大类、覆盖 66 个社团的课程。察尔森中学在教育哲学“梦想教育”的引领下，构建了“追梦人”课程体系，包括梦之魂、梦之育、梦之慧、梦之新、梦之悦五个课程群，开设了36个活动课程。接下来教师发展中心将以第一批联盟校中的优秀学校为引领，推动5所学校进行课程改革。对于进度较快的学校，要不断梳理和提炼经验，反复修改完善，形成成果，推广借鉴。

扎实推进统编教材工作。2020年8月，自内蒙古自治区开始推行使用统编教材起，教师发展中心第一时间召集中小学语文研训员，在海淀支教教师的帮助下，利用一周的时间研制出台了《科右前旗民族语言授课学校小学一年级和初中一年级使用国家统编语文教材推进方案》，从师资队伍建设、语文教学指导、优质教学资源建设、结对帮扶教研、断层知识衔接等方面进行了详细阐述，具有很强的针对性和可操作性。这一方案得到了盟旗两级领导的高度赞誉。与此同时，中心切实做好推进方案培训工作。比如：对全旗民族语言授课小学和初中语文教师进行课程标准、教材解读、教学设计与实施等方面的培训；借助“国培计划（2019）”开展课例研讨活动；以“统编语文课堂教学研讨”为主题，开展了区域教研活动和入校视导工作等；合力录制优质课程资源，建立蒙文资源平台，实现资源共享。目前，道德与法治和历史学科教师培训工作已陆续开启。

2. 创新培训体系，优化培训内容

教师发展中心结合前旗现状构建了“四·三·四”教师培训课程体系和“三·三·N”干部培训课程体系，进行多层次、立体化、菜单式培训。

一方面是落实“四·三·四”教师培训课程体系。“四”是指“四进阶”，一是面向新入职教师的“雏鹰起飞”培养计划；二是面向骨干教师的“雄鹰展翅”培养计划；三是面向学科带头人的“苍鹰奋飞”培养计划；四是面向名师的“金鹰翱翔”培养计划。“三”是指“三维度”，结合教师内核需求，从三个维度制定培训内容，即专业道德修养培训、专业知识培训、专业能力培训。“四”是指“四段式”，将培训内容划分为集中培训、跟岗培训、网络研修和返岗实践四个阶段。通过对全旗教师进行分层分类培训，提高教师的道德修养和专业能力。

围绕这个计划，2021 年 3 月，教师发展中心开展了以“交流赋能，助力素养提升”为主题，共计 2700 人参加的大型培训。这次培训分为通识类培训与学科类培训。通识类培训专注于提升教师的信息技术能力、教科研能力、师德师风、心理健康等专业素养；学科类培训聚焦于课标解读、教材解读、教学设计等提升教师专业能力的内容，覆盖中小学所有学段、所有学科教师。本次培训受众面大，培训效果好，通过专家讲座、模拟课堂展示、经验分享、工作坊研修等形式，使教师对德育工作有了更清楚的认识，对所任教的学科课程标准和教材有了更深入的理解，为更好地落实立德树人根本任务提供了保障。

另一方面是落实“三·三·N”干部培训课程体系。第一个“三”是指“三进阶”，一是环节干部的基础培训；二是业务校长的提高培训；三是主要领导的高端培训。第二个“三”是“三维度”，指根据干部培训现状，结合学校干部内核需求，从三个维度制定的培训内容，即政治素养培训、专业能力培训、领导力提升培训。“N”是指“N 段式”，将培训内容划分为集中培训（智慧分享、邀约展示）、跟岗培训、返岗实践、自主实践、专题沙龙等阶段，通过对不同层级教学干部的培训，提高其政治素养及专业能力。

3. 探索多维评价，构建科学评价体系

在学生评价方面，为了构建德智体美劳全面发展的教育体系，科右前旗深入研究和实践“四种评价”样态，即改进结果评价，强化过程评价，探索增值评价，健全综合评价。教师发展中心注重小中高学段衔接，构建系统的跟踪评价体系。小学采取低段年级乐考，即采用情景化、模块化、游园式、多学科、重整合的形式进行综合评价，让学生充分体验“玩中考、考中乐、乐中学”，将紧张压抑的考场变成了欢乐的海洋。小学中段跟踪抽测，为在小学阶段进行增值评价积累数据。初中采取七年级抽测，八年级跟踪检测，为在中考时进行增值评价积累数据。科右前旗在根据北大专家团队研发出的各学科关键能力的基础上，结合全旗学生的实际，依据学生学习理解、应用实践、迁移创新的三个能力层级，研究出“中小学各学科 3+X 能力图谱”。每次命题时，教师发展中心都精心组建团队，设计蓝图，组织材料，规划研磨，制定评价标准等。充分利用信息技术，提高教育评价的科学性、专业性、客观性。每次学业水平检测后，中心不仅关注结果，更关注过程，既有横向比较，又有纵向对比，分析数据，更分析关键能力培养情况。借助大数据平台，对各校学生的学习理解、应用实践、迁移创新三个能力层级中的各关键能力培养情况进行全面分析，找出试题背后学科课堂教学中学生关键能力培养方面的薄弱点，对下一步教学工作提出科学、合理的改进建议。数据带来了教育的转型，数据成为支撑教育变革的动力，数据让教育“以人为本”成为现实，数据让教育回归促进人全面发展的本源。

在教师评价方面，一是建立个人成长档案，将教师校本培训、专业标准、基本功训练、学科培训等记录在册，折合为分值，每学年开展一次评优活动，表彰先进，树立典型；二是注重成果产出，每年组织一次外出人员学习汇报会，交流分享，激励鞭策，加工提炼优秀学习成果，形成经验，为大家所用；三是加强对培训工作的领导、协调、管理、考核等，把各校的培训出勤情况、材料质量与各校年终考核相挂钩。

五、效果和影响

教研机构改革后仅仅一年时间，教师发展中心在海淀进校的专业引领下，在各级教育行政部门的正确领导下，明确了工作思路，找到了前沿的发展路径，正在不断发挥着服务行政、服务学校、服务教师、服务教学的专业支撑作用，已经得到社会各界人士，尤其是学校、教师、学生、家长的充分认可。例如，杨金辉主任参加了由海淀进校承办的第四届教师专业发展学术会议和第三届世界教育前沿论坛，分别做了题为《唤醒 引领 赋能 成长》和《网络环境下的校本教研的实践与思考》的报告，既展示了教师发展中心的做法，也在交流中得以提升。2020 年 9—10 月，教师发展中心组织了历时50天的“国培计划（2019）”——内蒙古自治区兴安盟科右前旗青年教师助力（送教）培训项目，采用磨课、讲课和研讨相结合的形式，全旗1052人参加，共涉及全旗中小学38个学科，285节示范课，56场讲座。这次培训学科覆盖面广、教师受众面大，通过培训，全体参训学员更新了教育观念，优化了教学方法，实现了专业成长。2020年9月，教师发展中心成功举办了初中教师基本功大赛，涉及初中14个学科，评选内容包括课堂实录、教学设计、说课稿等，本着优中选优的原则，66名评委利用一天的时间推选出56节优质课上报到兴安盟参加比赛并获得了可喜的成绩；9月末，教师发展中心成功举办了科右前旗美术教师教学技能比赛，共有39名教师报名参赛，并遴选8名教师参加了全盟美术教师教学技能比赛，最后获得7个单项一等奖、6个单项二等奖、4个全能一等奖、4个全能二等奖，取得团体总分第一的好成绩；10月末，教师发展中心举办了科右前旗首届汉授小学班主任核心素养大赛，22名班主任认真准备，积极参赛，最终推选4名优秀选手参加兴安盟比赛，其中3名班主任取得盟级一等奖的好成绩。

教师发展中心的成立是适应基础教育教学改革的需要，是旗委、政府贯彻落实国家基础教育改革、新时代教师队伍建设、加快推进教育现代化等方针政策的重要举措，是科右前旗教育部门优化机构、激励人才、发挥部门职能作用的改革举措，更是教师培训模式创新，提高全旗教师专业化水平，最终惠及学生的民生举措。

（撰稿人：张荷花）

发挥地域资源优势，打造特色教育共同体

山东省烟台开发区实验中学

一、学校概况

烟台开发区实验中学坐落于山东半岛黄海之滨，当地历史悠久，风光秀丽，经济发展极具活力，是我国首批 14 个国家级经济技术开发区之一，并于 2019 年划为山东省自由贸易试验区烟台片区，经济的快速发展为优质教育提供了沃土，也促使烟台开发区实验中学在落实立德树人目标方面做了很多积极的探索。多年来，学校始终以各类资源整合为抓手落实立德树人目标，并取得了良好的效果。

二、目的和意义

烟台开发区实验中学致力于通过整合区域内人、财、物、时、空等资源，优化提高区域内教育水平，凝聚教育合力，助力区域教育发展；通过发挥地域资源优势，落实立德树人目标，促进学生全面、自主发展。

三、内容和对象

为充分利用好烟台开发区得天独厚的社会资源，使之成为学校教育的有力支持，学校通过对驻地周边区域分散化、碎片化的各类资源进行挖掘、走访，建立了系统的资源档案。

（一）人才资源

1. 优秀教师团队

烟台学校教师均来自全国各重点院校，经学校有针对性的培养，涌现出一大批齐鲁名师、烟台名师、烟台名班主任、烟台市教学能手等，在国家、省、市等各级各类评比评选活动中均取得优异成绩。

2. 杰出家长资源

学校的部分学生家长来自开发区各行各业，涵盖企业高管、业界领军人才、专家学者等高层次人才。

3. 卓越人才储备

烟台开发区业达人才库包含了各类精英人才，涉及科技、法律、金融、公安、医疗等领域，以及社会上大量的关心和支持教育事业的爱心团队。

（二）财力资源

1. 学校资源

烟台开发区实验中学创建于2003年，占地面积15万余平方米，总投资2亿多元。现两个校区拥有66个教学班，教职工200多名，在校学生3300多名。

2. 财政支持

伴随自贸区强劲的经济发展势头，充足的政府财政拨款为学校的正常办公办学提供了有力保障。

3. 社会赞助

由于学校拥有较好的社会声誉和社会影响力，自贸区内的国内外知名企业及爱心人士积极为学校的发展提供物资及技术服务方面的赞助支持。

（三）场馆资源

1. 政府配置类

烟台开发区城市展示中心融知识性、科技性、趣味性、互动性于一体，通过城市现代化这条主线，全方位、多角度、立体化地呈现了开发区建区以来的沧桑巨变，重点展示了城市规划及建设成就，是展示城区历史、现状、远景的“名片”，是公众参与城市规划、推进“阳光规划”的重要媒介，也是市民休闲、信息交流、集会活动的重要公共场所，为学生课余生活提供了好的去处。

2. 知名企业类

万华消防体验馆通过模拟环境，针对容易出现安全问题的地方进行现实演示，让学生通过自身参与体验，强化安全认识。上汽通用东岳基地总占地 166.7 万平方米，投资总额为 136 亿元。其参观场馆为学生提供了“零门槛”的实地体验和交流互动平台，让学生近距离感受高科技的汽车生产线，增长课外知识，丰富学生的课余生活。

（四）文化传承资源

1. 历史传说

“磁山民间故事·传说”最早的文字记录源于明万历年间的《福山县志》，至今有 400 多年的历史，经过磁山周边老百姓一代代的口传心授，形成了特点，在以磁山为中心的烟台开发区、福山区、蓬莱市等地广泛流传。

2. 文化场所

王懿荣纪念馆是山东省优秀社会教育基地、烟台市爱国主义教育基地，地理位置优势也让它成为学生的综合实践活动基地。

3. 区域特色

烟台开发区的初旺渔灯节、芦洋渔灯节、八角渔灯节被公认为渔灯节的代表，2008 年被列入国家级非物质文化遗产名录。

四、程序与方法

（一）提升、汇聚人力资源

学校的人才资源配置在于高素质的教师队伍、烟台开发区的各界优秀人才、学生家长中各行业的优秀代表、支持教育事业的企事业单位、社区服务人员和志愿者团队等。

教师层面：学校组织教师进行业务学习及教科研工作，在教学理念上进行创新和突破，提升教师的教学水平和科研能力，传播和实践新的教育方法，以激励学生树立远大的理想和抱负。

家长层面：自贸时代的开发区是一方蓬勃发展的热土，各行各业都有优秀的家长代表，每周一的“诚毅”讲堂，学校都会邀请家长代表进行主题演讲，让学生真切了解父母的社会责任及工作对自己学习生活的意义。学校每天上下学都会通过家委会安排家长志愿者到学校门口进行交通安全导护，以无声的教育传递给学生责任和担当。

社会层面：学校的教育离不开社会的支持。烟台开发区的业达人才库拥有各类精英人才，学校定期邀请高层次人才进校对学生进行职业宣讲和人生规划指导。聘请法院的律师为法治副校长，到校为学生讲述法律知识；聘请公安干警到学校为学生讲解安全防护知识；开发区的交警大队、消防大队、街道派出所、环卫局、市场监督管理局等单位经常到学校进行督导工作；辖区内的民警，每天风雨无阻来学校协助上下学安全防卫工作，是学校门口亮丽的风景线；学校所在社区也会安排志愿者加入学校的日常导护，组织学生参加周末的社会公益实践活动。

（二）财力保障

学校是公益类事业单位，经费都来源于政府拨款，烟台开发区管委会对教育的资金保障做了充分的预算，最大限度地满足教育教学的需求。除此之外，烟台开发区管委会为义务教育阶段的中小学生提供了免费的营养加餐、四次四季校服、免费作业本等优待。

烟台开发区良好的营商环境吸引了国内外的著名企业，这些企业热心教育事业，为开发区的教育贡献了自己的力量。如舒朗服饰和万华化学在疫情期间捐赠的口罩、防护服和消毒液，乐金显示捐赠的电视、电脑和显示屏，LG 集团捐赠的桌椅等，使得学生在享受丰富的教育资源的同时，也懂得感恩国家和社会。

（三）物资保障

烟台开发区管委会非常重视教育设备的采购和投入。学校定期派教师参加教育装备展，使教师了解最新的教育装备产品，学校的各类特色教室和场馆均配备高水平的设施设备。学校周边的教育类场馆和社会实践基地也很丰富，从分类上看，主要分为政府公益类场馆和企业类实践基地。学校的周边有福莱山文化公园、图书馆、档案馆、城市规划展览馆、文化馆、城市党校、青少年宫等，新建的哈尔滨工程大学烟台研究（生）院也建有国家级展览馆，为学校学生的社会实践活动提供了丰富的资源。

烟台开发区内的知名企业开设了各类教育实践基地，如万华集团的消防安全体验馆、东岳基地的整车装备展示中心、欣和食品的产学研基地等，学校定期组织学生研学参观，感受和认知烟台开发区的制造装备业及特色行业，了解科技企业人才需求，做好人生规划。

此外，烟台开发区还拥有丰富的自然资源及人文资源。自然资源中，磁山是胶东名山，山脚下建有地质博物馆，磁山在当地留下了独特的人文习俗和神话传说等教育资源。万米金沙滩是烟台开发区的招牌旅游资源之一，靠海的渔民在长期的生产生活中留下了渔灯节、开海节等独特的民俗。著名的甲骨文发现者——王懿荣先生就是烟台开发区的历史名人，当地也建起了王懿荣纪念馆。学校挖掘区域特色文化，整合了山水人文资源，开发了山海系列的校本课程，编写了教材。

（四）改善空间资源

烟台开发区在 1984 年之前还是个默默无闻的小渔村，30 多年的时间里，逐渐发展成了现代化的城市，基础设施和城区面貌的变化日新月异。随着蓬莱机场的建设和八角湾码头的建设，烟台开发区海陆空立体交通网的建设更上一层楼。近年来，烟台开发区新建的中小学和幼儿园就有十几所，各类优秀的民办教育不断涌入，学校的办学环境也在逐渐改善，周边的绿化、地下人行通道、消防工程、供热工程相继升级改造，工人们辛苦的付出，让学生体验到了生活在美丽的城市和花园式学校的安全感、幸福感。

（五）巧用时代资源

烟台是全国文明城市、宜居城市、旅游城市，烟台开发区更是国家级自贸区，这是改革开放新时代的优秀成绩，也是中国特色社会主义发展新时代的伟大产物。学校通过文化创建、课程建设、活动开展等多种形式，让学生深刻认识到社会主义制度的优越性及其带来的巨大生产力，根植社会主义核心价值观，牢记中华民族伟大复兴的时代使命。

五、效果和影响

（一）增强社会参与

培养人的本质属性——社会性。社会参与，重在强调能处理好自我与社会的关系，养成现代公民所必须遵守和履行的道德准则和行为规范，增强社会责任感，提升创新精神和实践能力，促进个人价值实现，推动社会发展进步，发展成为有理想信念、敢于担当的人。

培养责任担当。主要是培养学生在处理与社会、国家、国际等关系方面所形成的情感态度、价值取向和行为方式，具体包括社会责任、国家认同、国际理解等基本要点。

培养实践创新。主要是学生在日常活动、问题解决、适应挑战等方面所形成的实践能力、创新意识和行为表现，具体包括劳动意识、问题解决、技术应用等基本要点。

（二）巩固文化基础

文化是人存在的根和魂。巩固学生文化基础，重在强调能习得人文、科学等各领域的知识和技能，掌握和运用人类优秀智慧成果，涵养内在精神，追求真善美的统一，发展成为有宽厚文化基础、有更高精神追求的人。

人文底蕴主要是学生在学习、理解、运用人文领域知识和技能等方面所形成的基本能力、情感态度和价值取向，具体包括人文积淀、人文情怀和审美情趣等基本要点。

科学精神主要是学生在学习、理解、运用科学知识和技能等方面所形成的价值标准、思维方式和行为表现，具体包括理性思维、批判质疑、勇于探究等基本要点。

（三）引导自主发展

自主性是人作为主体的根本属性。引导自主发展，重在强调能有效管理自己的学习和生活，认识和发现自我价值，发掘自身潜力，有效应对复杂多变的环境，发展成为有明确人生方向、有生活品质的人。

引导学生学会学习主要是学生在学习意识形成、学习方式方法选择、学习进程评估调控等方面的综合表现，具体包括乐学善学、勤于反思、信息意识等基本要点。

引导学生健康生活主要是学生在认识自我、发展身心、规划人生等方面的综合表现，具体包括珍爱生命、健全人格、自我管理等基本要点。

六、经验和体会

（一）学校教育是学生思想道德形成的基础

教师是人类文化的传递者，也是学生心灵的塑造者。学生从入学之日起，就受到教师一言一行的感染，教师良好的道德素质和修养及为人处事的方式会被学生仿效。教师系统、精深的专业知识会吸引学生，使他们感受学习知识的乐趣。作为培育人才的学校，要提供有利于学生思想道德成长的优良环境，让学生既学到科学文化知识，又提高思想道德品质，成为社会主义事业的建设者和接班人。

（二）家长资源是学生思想品德形成的助力

父母是孩子的第一任教师，学生性格、品德在很大程度上会受父母的影响。在家庭教育方面，父母需要为子女树立正确的榜样，起好模范带头作用，以自己的言行来影响和教育子女。曾任教育部部长的陈宝生说：“家庭教育不到位，不仅会抵消学校教育的效果，还会给孩子发展造成一定的消极影响。”学生良好品德的形成，家庭教育起着不可估量的作用。

（三）社会环境是学生思想品德形成的关键

社会好似一个大熔炉，可以把青年一代锻炼得刚强、坚毅。人们常说的环境育人，是指优美的自然环境和良好的社会环境能陶冶人们的情操，催人积极向上，使人们有健康的体魄，以满腔的热情迎接新生活。任何一个人，他总是生活在一定的社会环境之中，而且和周围的人有着千丝万缕的关系，脱离社会生活的人是不存在的。学生生活在社会环境中，就要求社会环境向着有利于他们的身心健康、有利于他们思想品德积极健康的方向发展，使他们能够承担起建设社会主义祖国的重任。

（撰稿人：姜承志）

基于学生成长需求，构建各要素贯通的育人机制

山东省济南第一中学

一、学校概况

山东省济南第一中学（以下简称“济南一中”）是一所具有近 120 年历史传承和深厚文化底蕴的百年老校。秉承“勤学致知，敦品励行”的校训，学校始终坚持以德为先、全面发展的教育理念，立足学校百年文化传统，厚植品德，以文化人，引领学生树立正确的社会主义核心价值观，培育具备扎实的人文素养和德才兼备的优秀学子和社会合格人才。近几年，学校全面贯彻习近平总书记系列重要讲话精神、党的十九大及《中小学德育工作指南》等政策精神及要求，积极探索适合高中学生身心发展特点的育人机制，真正将立德树人根本任务落到实处。经过多年的探究和实践，学校初步构建了以学生成长发展的内在需求为核心、各要素相贯通的育人机制。

二、目的和意义

立德树人是一项大的系统工程，构建学校各要素贯通的育人机制，就是以学生为主体，将影响学生成长和发展的各因素和力量转化为整体合力，真正把立德树人落到实处，提高育人实效。依据教育规律和学生成长的内在需求，培育和践行社会主义核心价值观，构建符合学校教育实际、具有济南一中特色的学校德育工作新格局；将“立德树人”目标融入各学

科教学中，贯穿于学校教育教学全过程，五育并举，形成全员育人、全科育人、全程育人、全方位育人的工作新机制；整合学校、家庭、社会教育资源，形成完整的德育工作新体系；着力提升学生爱国精神和社会责任感、创新精神和实践能力，培育德智体美劳全面发展的社会主义建设者和接班人。

三、内容和对象

学校以学科教学为依托，以思想政治课程为着力点，整合有助于学生成长发展的校内外各类因素，融合立德树人目标，以全校学生为对象，培养学生良好的道德品质和行为习惯，引领学生全面发展。

四、程序和方法

（一）课程育人、打造体系，力促价值观教育入脑入心

1. 以“思政课”为抓手，使价值观教育进教材、进课堂

2019 年 3 月 18 日，习近平主持召开学校思想政治理论课教师座谈会，他强调，“思想政治理论课是落实立德树人根本任务的关键课程”。学校组织语文组、政史组等教师共同开发了学生思政教育网络视频课程和必修课程，同时根据思政教育贵在“入脑入心”的特点，优化教学方式，注重启发性教育，引导和培育学生践行社会主义核心价值观。

2. 积极打造“四位一体”德育课程体系，增强育人实效

学校坚持用课程的理念深化育人工作，开发符合学校特色、学生特点的德育课程体系，先后开设了研学旅行社会实践课程、高中生涯规划教育、高效沟通等德育校本课程，编制完成德育主题教育校本课程，对零散的德育目标进行了整合，在实施途径上突出德育主题教育的年级化、模块化，内容上涵盖了中学生理想信念教育、人生观价值观教育、中华传统文化教育、生态文明和心理健康教育等五大模块 22 个主题的系列内容。通过学校德育主题教育一体化课程设计，构建了方向正确、内容完善、年级

衔接、常态开展的四位一体的德育课程体系，促进了育人工作的规范化、实效化。

（二）管理育人、厚植品德，培育学生良好品格

1. 落实德育常规教育，培养学生良好品德

从严从实加强学生常规管理。从日常行为规范入手，加强对学生的文明礼仪和道德品质教育，外塑行为，内化素养，形成良好的道德品质和行为习惯。

学规范，行有所规。学校充分利用校会、主题班会、升旗仪式等时间节点加强学生对《中小学生守则》、《中学生日常行为规范》、《中小学文明礼仪教育指导纲要》和学校《学生在校一日常规》等制度、规范的学习，使学生有规可循。

严督查，有错必纠。细化学校规范要求，明确责任部门和检查标准，针对课堂规范、自习纪律、宿舍秩序、文明交往、形象仪表、出勤管理等关键节点，加强宣传和督查，营造氛围，将不文明行为扼于未发；加强师生对教育部《中小学教育惩戒规则（试行）》条例的宣传和学习，制定学校实施方案，对违反学校管理规定的学生给予恰当的批评和惩戒，规范教育行为，增强学生的规则意识和自律精神。

树榜样，示范引领。以文明校园为抓手，全面开展“文明班级”“文明学子”创建及表彰活动，表彰先进，树立典型，引领学生正面发展；深入开展班级、学校“济南一中学子文明形象大讨论”，充分发挥学生会、班干部的作用，就“济南一中学子的外在形象和内在素质”“哪些是最不受欢迎的行为”等主题进行探讨，形成集体意识，自觉抵制不良行为，引领学生主动发展。

2. 完善年级序列教育，塑造学生积极品质

高一年级以“自律、养成”为目标，通过主题班会、自主管理等方式注重学生行为常规、文明礼仪、学习常规的训练与养成；高二年级以“自信、规划”为目标，开展以学风建设、自我规划为主题的各类活动，培养乐学的学生；高三年级以“自强、奋发”为目标，通过专题讲座、誓师大

会等活动增强高中毕业生的社会责任感和使命感、坚韧不拔的斗志、奋发有为的精神。

3. 深化自主管理教育，培育学生自主精神

学校将继续深化德育品牌的实践育人功能，将学生自主教育与社会主义核心价值观教育相结合，与特色学校创建相结合，做好顶层设计，合理规划，打造三个年级上下衔接的自主教育课程体系，真正提高学生的自主教育意识和主动发展能力。

（三）活动育人，引领学生学做结合、知行合一

1. 丰富校园文化活动，促进学生个性化全面发展

打造校内节日品牌活动，营造多彩文化氛围。学校先后创建和完善了校园读书节、学科节、合唱节、体育艺术节、科技环保节、班主任节等多样化、群体性的校园节日活动。通过活动，营造浓厚的校园文化氛围，展现学生风采，陶冶学生情操，促进学生全面发展。

推进多彩社团活动，弘扬个性特色发展。学校大力倡导学生自主创办社团，学生自由选择、自我组织、自主发展，社团数量目前有 50 多个，吸纳成员 1000 余人。每年 9 月份，学生社团联合会都要组织开展一次“社团纳新”活动。为确保社团活动健康有序发展，学校还为每个社团配备了指导教师，提供了活动场所，安排了专门活动时间。学校定期举行社团展演活动、各种节日文体活动及各级各类现场会、参观考察的讲解均由学生自主完成。下一步学校将继续丰富各类社团活动，提升活动质量，加强教师指导和场所管理，使更多的学生找到自己能力展现的舞台，增强自信、陶冶情操、多元发展。

2. 开展校内外实践活动课程，突出实践育人功能

构建校内外结合、多学科整合、多领域融合的实践活动课程体系，真正使学生在实践中体悟成长、知行合一。学校在环境保洁、学习互助等方面设置勤工俭学岗位和学习互助志愿服务岗位。通过这些学生自主服务工作，增强学生自我管理的意识，达到“加强自主管理、提高自我服务能力，加强自主学习、提高自我学习能力”的目的。

学校与历城区福鑫苑社区共同创建了“济南一中学生社区实践基地”，并联合开展了学生假期“阳光课堂”志愿服务活动；与济南市泉城路新华书店、山东博物馆、山东省科技馆、济南医院、山东书城等单位联合创建了“济南一中学生校外实践基地”并连续多年开展假期学生志愿服务。

（四）文化育人，养育学生人文精神和家国情怀

学校 2018 年确立将“以品立校、人文见长”作为学校的办学特色，以“培育品格学生，塑造品位教师，创建品牌学校”作为办学的价值引领，积极探索行之有效的人文教育的基本途径和策略。围绕特色创建，开展校园文化设施和环境布置、学校核心文化内核提炼、学校制度文化提升等活动，使学校文化成为塑造灵魂、规范行为的教育力量。

1. 开展书香校园建设，让书香陪伴学生成长

学校 2019 年启动实施了书香校园建设工程，工程启动以来，学校已经举办马瑞芳读书专题报告 1 场，开设教师读书论坛 9 场，济南新华书店“闫讲读书会”进校园 2 场，在第九届读书节期间举办诗词大会 1 场，开设演讲课程，举办系列演讲活动。学校为教师购买书籍共花费 3 万余元。济南新华书店为学校学生发放购书券近 8 万元。学校在每层教学楼设立四方书舍 12 个，2020 年订阅了各类学生喜爱的书籍 100 多种，营造校内浓厚文化氛围，让书香滋润学生心灵，陪伴学生成长。

2. 完善主题教育课程，传承红色基因、传统文化

完善德育一体化课程教育，深入开展“扣好人生第一粒扣子”主题教育、理想信念教育、传承红色基因和中华传统文化教育等各项德育主题教育活动，夯实学生思想根基和文化根基；紧抓重要节日、重大历史事件、重大德育契机等开展爱国、爱党革命传统教育，增强学生“四个自信”和爱祖国、跟党走的决心。

3. 充分挖掘校史资源，培养学生爱校、爱国精神

充分挖掘济南一中百年老校独有的爱国精神历史资源，以史为鉴，文化育人，学校将校史馆、邓恩铭广场作为对全校师生进行爱校、爱国教育的重要基地，通过厚重的文献资料、珍贵的历史遗迹，激发学生的爱校、

爱国思想和民族责任意识。此外，学校把参观校史馆，倾听校史、党史教育专题讲座，列为每年新生入学教育第一课，以了解中国近代革命发展历史，传承科学性和革命性的优良传统。

（五）全员育人、协同育人，形成立德树人合力

1. 一岗双责、教书育人，增强全员育人意识和育人能力

学校以培养职业情操高尚、人文底蕴深厚、学识学养丰富、生活品味高雅的教师作为教师队伍建设目标，不断提升教师道德素养和育人能力，夯实学校发展基础，使教师成为学生健康成长的引路人。

学校组织全体教师认真研究和解读立德树人相关文件精神，树立教书育人一岗双责意识，同时认真贯彻落实省德育课程一体化实施指导纲要，积极改革和创新教育教学方式方法，增强教育教学吸引力和感染力。教师在课程教学中要充分把握育人契机，提高课程育德质量；教育教学辅助人员也要坚持言传身教，做好行为示范和表率。此外，组织开展“济南一中主题班会比赛”“德育渗透教学案例评比”等系列活动，促进教职工的育德能力和课程实施水平。

2. 以班主任为主体，打造德育领军团队，提升育人水平

实施班主任“青蓝”育青工程。为培养一批有智慧、有担当的德育管理团队，打造一支高素质、能力强的班主任队伍，学校通过“青蓝”育青工程，采取以老带新、结对帮扶、助力成长的方式，加快青年班主任的成长。每年教师节，学校均举行隆重的班主任拜师结对仪式。根据《济南一中青年班主任导师制实施方案》的要求，青年班主任和见习班主任要在导师指导下，参与班级工作规划和每学期工作计划的制订，掌握班级管理制度和班级管理办法，配合导师做好学生思想工作等。

以双领军团队建设为核心，实施“班主任能力提升行动”。在2020年济南市“立德树人双领军团队”首批评选工作中，学校陈建龙、闫玉良入选济南市首批“双领军团队”人选。以此为契机，学校随即选拔组建了济南一中双领军团队，出台了培养管理和团队建设方案，旨在培养更多有教育情怀、具备一定育德能力的班主任和教师，实现学校育人工作的专业化

和实效化。学校全面开展“班主任能力提升行动”，着力提升班主任四大能力：通过班主任论坛、主题班会大赛、专家讲座等活动，提升班主任在班级管理工作方面的共情与组织能力；通过心理专家讲座、班主任沙龙等活动，提升班主任在新育人形式下分析问题与解决问题的能力；通过家长进校园、参加家庭教育论坛和培训等活动，提升班主任在家校合作方面的思维格局与协同育人能力；通过班主任代表成长感悟分享、班主任团建和拓展等活动，提升班主任在德育团队成长中的沟通与协作能力。

3. 推进家长学校的规范化建设，提升协同育人水平

加强家长学校的软硬件建设和规范化建设，全面提高家长学校的组织管理水平和教学质量。加强对全体班主任和家长学校专兼职教师的常态化培训，不断提高家庭教育师资水平。全面落实全员家访，以班级家长会课程为主，充分利用“泉家共成长”家庭教育线上课程、家长讲座、团体辅导、家长沙龙、案例分享和亲子课程等多种形式，帮助家长树立正确的家庭教育观念，掌握科学的家庭教育知识和方法，指导家长做好孩子的家庭教育，做好家校联合育人。

五、效果与影响

经过多年的探索和积累，学校以关注学生思想、情感、品格、人文情怀等内在素养为核心的学校各因素贯通育人机制取得了良好效果，学生真正在课程中、活动中和实践中理解和感悟到了自身承担的社会主义建设者和接班人的责任和使命，对中国传统文化、党的领导和民族发展有了深切的认知和情感认同，学生的价值理念、思想品德和精神风貌都有了积极的改善和提升。

学校积极开展的各项育人活动得到了《齐鲁晚报》、《济南时报》、新华网等多家新闻媒体的关注和报道，2019 年、2020 年《中国教育报》连续两年对学校的育人活动进行了整版专题报道，“深化生涯规划教育，引领学生成长发展”项目成果获评 2020 年度教育部首批“一校一案”典型

案例。

贯通育人机制将学校分散的资源和力量转化为教育的整体合力，促进了师生共同成长，日益提升的教育教学质量和积极向上的教育氛围也赢得了社会的广泛赞誉：学校连续两届获得“济南市德育品牌”称号，并获得了济南市“家长满意学校”“中小学德育工作先进单位”“创建全国文明校园先进学校”“山东省未成年人思想道德建设工作先进单位”“全国青少年道德培养实验基地”“全国生涯规划教育先进单位”等多项荣誉称号。2021 年，学校从全市申报的 412 所家长学校中脱颖而出，成为全市首批 100 所“家长学校示范校”之一。

（撰稿人：逄坤敬、赵娟、马营）

乐善天使在行动

重庆市南川区北京师范大学南川附属学校

一、学校概况

北京师范大学南川附属学校是由北京师范大学、南川区人民政府、北京融尚智典投资管理有限公司合作创办的一所十二年一贯制非营利性体制创新型学校。2016年9月1日，学校正式开学。学校规划占地总面积230亩，建筑总面积10.8万平方米。学校现有学生2600名，教学班级64个，吸引贵州及本市内武隆、万盛、巴南、酉阳等区学生310余名入读；学校专任教师185名，分别来自重庆、四川、黑龙江、新疆、海南等14个不同地区。北京师范大学南川附属学校始终秉持顾明远先生所倡导的“教书育人于细微处，学生成长在活动中”的理念，以党建引领全员全方位全过程育人。

学校围绕“培育和践行社会主义核心价值观”这条主线，通过党支部联动的六大模式，做到党对教育工作的全面领导与保障（见表1）。

表1 学校工作理念、主线、目标、载体及模式

一个理念	“大党建”工作理念
一条主线	培育和践行社会主义核心价值观
六大目标	铸魂建设好支部、存志浸润好教师、守礼涵养好少年 扬善熏陶好品行、好学开启好人生、共建营造好氛围
六大载体	乐治、乐业、乐礼 乐行、乐学、乐和

续表

六大模式	党支部+校委会+党员活动室+宣讲员 党支部+家委会+知行交流苑+师德师风监督员 （梦想课堂） 党支部+学生会+礼仪长廊+礼仪体验管理员 党支部+群团+党团队志愿服务站+志愿者 党支部+学生成长中心+城市少年宫+特长生 党支部+校园文化工作组+校园+全校师生

其中“乐善天使在行动”既是对区域德育课程的落实，又是立德树人的有效载体，还体现了学校党建引领、统筹资源、合力育人的特色。

二、目的和意义

学校围绕南川区“八为”德育课程，即“我为祖国骄傲”“我为集体添彩”“我为家庭尽孝”“我为自己鼓掌”“我为生命负责”“我为学习加油”“我为规则点赞”“我为社会服务”这八个德育课程，致力于让学生口中有德、眼中有人、心中有爱、行中有善。结合学校实际，开发“我为社会服务”精品德育课程，以培育和践行社会主义核心价值观为主线，策划开展系列志愿服务活动，打造“乐善天使在行动”德育品牌，不断建设优良的党风、校风、教学、学风，推动文明创建在校园落地生根，引导学生树立和塑造正确的世界观、人生观、价值观。

“乐行”，代表志愿服务，牵手参与。以“乐善承美·文明润校”为主题，以“党员+团员+少先队员牵手志愿服务”为抓手的“党建+”工作理念，通过创新一种模式、采取一种举措、探索一种机制、搭建一系列平台、开展一系列活动，达到“教育一个学生，引导一名教师，带动一个家庭，影响一个学校”的目的。通过开展以“乐善天使在行动”为主题的素质教育研究与实践活动，以及构建以“乐善——扬善熏陶好品行”为核心的学生自主发展德育体系，探索一条能唤醒、激活学生自主意识，能充分调动学生自觉性、自主性和创造性的教育教学新途径，培养和塑造具有自主发展意识、责任担当意识和思维创新意识的一代新人。

三、内容和对象

（一）志愿服务活动与学校德育工作相结合

志愿服务活动是学校开展德育工作的有效形式，学校从小学阶段就开展系统的志愿服务精神教育，培养学生的志愿服务意识。

一是开发更多适合中小学生的志愿服务岗位。学校根据实际和学生年龄特点，积极探索学生志愿服务活动的有效组织形式和实施方式，特别是在校内外就近就便地开辟一些志愿服务基地或者志愿服务岗位，不断搭建志愿服务的实践平台，推动志愿服务常态化。

二是通过创造更多的契机持续营造志愿服务的良好氛围。比如，针对中小学生，专门设立公益服务项目、志愿服务活动月，同时结合传统文化节日或有特殊意义的纪念日设立经常性的志愿服务日。目前，每年3月是学雷锋志愿服务月。

学校还创作了红、蓝、黄、绿四种颜色的志愿者胸牌（见图1），每种颜色代表不同的身份，胸牌集身份识别、服务计时、培训记录等功能于一体，成为志愿者参与志愿服务的“一卡通”。建立志愿服务嘉许回馈机制——时长兑换机制，根据志愿者的服务时长和服务质量，制定施行志愿者优惠、优待政策，激发参与热情。

（二）志愿服务活动与家校、社会教育相结合

为避免学校、家庭、社会教育脱节的问题，发挥学校、家庭、社会教育的相互促进作用，学校鼓励家长和孩子一起参加社会志愿服务，参与“亲子共读”，引导家长履行教育责任。同时，通过开展“党员+团员+少先队员牵手志愿服务”活动，学校也找到了立德树人的切入点，变过去“被动抓”为现在“主动抓”，既调动了家庭、社会的积极性，又形成了“三位一体”的教育合力。

图 1　乐善志愿者胸牌

（三）志愿服务活动开展实施形式

为全力打造学校“党建+”及“大党建”品牌建设工程，丰富全校师生的课外生活和实践能力，积极响应参加志愿服务活动的社会任务，塑造全校师生良好品德，推崇奉献、友爱、互助、进步的志愿者精神，学校以党员活动室为核心，党团队志愿服务站为亮点，知行交流苑为平台，乐善长廊为依托，与乐善志愿大道相串联。“党员+团员+少先队员”的九大项目团队是“乐善天使在行动”课程的主要实施者。其中，九大项目均由2—3 名党员为项目负责人，带动 3—5 名团员和 N 名少先队员参与其中；学校目前成立的九大志愿服务队分别为：（1）乐善 · 牵手少年宫（见图2）；（2）乐善 · 天使助飞；（3）乐善 · 助老计划；（4）乐善 · “1+1”帮扶；（5）乐善 · 文明行；（6）乐善 · 集市义卖；（7）乐善 · 田园行；（8）乐善 · 小法官培育；（9）乐善 · 亲子行。

图 2　乐善 · 牵手少年宫志愿服务队

四、程序和方法

工作方式：党员带头、固化品牌。

工作模式：党支部+群团+党团队志愿服务站+志愿者。

工作条件：党支部+团委+少先队+全校志愿者+唐仲英爱心小分队+学校家委会—建立学校志愿服务站—打造志愿服务活动品牌+完善志愿服务系统。

工作思路："闻征音，使人乐善而好施；闻羽音，使人整齐而好礼。"学校坚持"大党建"工作理念，以探索"党建+"治理模式为抓手，立足中华传统美德的继承和弘扬，以"立德树人润物无声"为根本，以"乐善天使在行动"为主题，以丰富多彩的"党员+团员+少先队员牵手志愿服务"活动为载体，把社会主义核心价值观浸润到学校教育教学之中，形成课堂教学、社会实践、校园文化多位一体的育人平台，铸造好少年、好品行、好人生、好氛围，让"文明之花"在师生心中、校园内外盛开绽放。

工作措施：

1. 一身份

根据党员、团员、少先队员、家长等四种不同身份，制作发放红、黄、蓝、绿四种颜色的志愿者胸牌和帽子，记录志愿服务时长，展示志愿服务风采。

2. 一实践

党员带头组建 9 个志愿服务队，每学期讨论确定 9 个志愿服务项目，制订志愿服务活动计划，定期组织开展志愿服务活动，全校各班常态化组织开展独具特色并适宜本班的志愿服务活动，分享交流志愿服务经历。

3. 一探索

探索志愿服务社会认同机制——时长兑换机制，对完成规定志愿服务时长的志愿者，根据超出时长的长短兑换奖品，正向激励志愿者。

4. 一街区

新建 4 个志愿服务平台。用好党团队志愿服务站，配置电子触摸屏，设置心愿墙，建立志愿服务登记注册管理电子系统；建设知行交流苑，开展培训，交流心得；建设志愿服务大道，设置立德亭，提供免费充电、饮水、指路等服务（见图 3）；用好志愿服务长廊，集中展示志愿服务活动风采。

图 3　乐善立德亭

五、效果和影响

北京师范大学南川附属学校率先打造了南川区第一个集志愿者注册培训、项目管理、查询服务于一体的党团队志愿服务工作站。党建引领不仅统一了认识，还形成了条块清晰的矩阵管理模式，有助于发挥学校各类主体的能动性。

以志愿服务、牵手参与为核心，达到教育学生、引导教师、带动家庭、影响学校的目的。创设南川区首个未成年人志愿服务管理平台，先后建成党团队志愿服务站、知行交流苑、乐善志愿大道、乐善长廊四大阵地，建立立德亭，为开展个性化志愿服务提供场所。采用“1 名党员+N 名团员+N 名少先队员+N 名家长”的新模式组建 9 支志愿服务队，常态化开展志愿服务活动，实现学校、家庭、社会相互联动，党员、团员、少先队员相互牵手。作为一所新学校，学校充分调动了社会、家长的教育资源，同时扮演教育枢纽的作用，为家长、社会提供专业支撑。

目前，9 支校园乐善志愿服务队的参与人数已达 2000 余人次，已服务群众 5 万人次，活动开展情况多次被《重庆日报》、《南川日报》、南川电视台等媒体报道，营造了行善立德、关爱温暖的校园文明新风，构筑起志愿服务的亮丽风景。2018 年 4 月，学校被中共重庆市委宣传部评为“岗位学雷锋示范点”；2019 年 5 月，学校被中共重庆市委宣传部、重庆市精神文明建设委员会办公室、重庆市教育委员会评选为“第一届重庆市文明校园”；学校“乐善天使行动德育实践活动”被重庆市教委评为重庆市级德育品牌，2020 年 12 月被纳入南川区 2020 年度新时代文明实践示范性志愿服务扶持项目，获得 3 万元扶持资金。

六、经验和体会

（一）有利于落实“德育为先”，增强育德意识

志愿服务活动是一项十分有效的学生道德体验活动，是培养学生现代公民意识和公益精神的重要途径。志愿精神是一种不计报酬参与推动社会进步、促进人类文明发展的公益精神，是个人对世界、人生的一种积极态度，是公众参与社会生活的一种重要方式。开展志愿服务，有利于引导中小学生关注社会、体验社会、参与社会，发展良好的道德品质。

学校把未成年人志愿服务作为学校特色德育工作的突破口，通过新阵地、新队伍、新模式、新证件、新机制推动活动常态化，既提升了未成年人服务社会、关爱他人的能力，又打造了全区首个未成年人志愿服务品牌。

（二）有利于深化课程改革

通过破解课堂培养模式单一化的问题，由“课堂”为主向“课堂”与“实践”互补的教育模式转换。在重视课堂教育的基础上，更加关注学生的感受和体验，创设各种现实生活场景，通过在梦想课堂开展“传统文化进校园”等形式多样、内容丰富的主题教育活动，满足学生日益增长的个性化、体验式教育需求，引导学生自觉践行社会主义核心价值观。

（三）有利于提高学校育德能力

广泛组织开展志愿精神教育和志愿服务活动，不仅有助于丰富学生课外、校外活动，而且有助于推动学校德育建设，提高学校育德能力，同时也是发展学生社团组织、张扬学生个性、引导学生自主管理的重要切入点。多层次的志愿服务教育和活动，可以引导中小学生做良好社会道德风尚的传播者、实践者、推动者，带动家长、家庭乃至社区也参与其中，有利于在全社会宣传志愿服务理念。

（四）有利于丰富立德树人载体

在“智慧之爱，创造无限可能”办学理念的引导下，学校通过实施一

系列志愿服务活动，引导师生崇德、尚智、向美、笃行，增强爱国情感，增强民族自豪感，增强做中国人的骨气和底气，不断推进社会主义核心价值观内化于心、外化于行。实现党建工作与学生德育、教师思政教育工作的深度融合，引导教师以德立身、以德立学、以德施教，引导学生做德智体美劳全面发展的社会主义事业的建设者和接班人，将学校建设成为文明校园。

通过整合校内实践资源、拓展校外实践基地、丰富立德树人载体，学校形成了管理育人、服务育人、实践育人、活动育人、教育育人、环境育人的“六位一体”育人体系，深化了师生对社会主义核心价值观的思想认同、自觉践行，有效落实了立德树人的根本任务。

（撰稿人：何素兰）

班级德育的新形式：“1+1+X”的班级工作组制

安徽省清华附中合肥学校

一、学校概况

清华附中合肥学校是一所由合肥经济技术开发区与清华大学附属中学共同筹办的公办学校，坐落于合肥市经开区南艳湖畔。从校园建筑风格到校训、校风、教育理念，从选人、用人到教学管理，学校发扬清华附中“自强不息，厚德载物”的精神，把清华附中行之有效的育人理念和教学实践落地到合肥，同时根据合肥的城市资源、生源特点因事而化、因时而进、因势而新，与时俱进，寻求基础教育的突破和创新。

学校德育的主体不仅包括学生，还包括学校中的每一位教师。这意味着不仅德育处、班主任要承担起德育工作的重任，科任教师也应该担负起德育工作的职责，通过全员德育共同落实立德树人的根本任务。清华附中合肥学校建立了“1+1+X”的班级工作组制（以下简称“班级工作组制”），意在改变班主任“孤军奋战”、科任教师“各自为政”的局面，实现班级管理工作的团队化。教师们通过“合作组织”，共同分担责任，分享成果，形成协同管理、协同育人的协调机制和联动机制，形成教育合力和管理合力，形成全员德育的良好局面，实现班主任工作、班级管理工作的团队化和效率的最大化。

二、内容和对象

清华附中合肥学校班级工作组制管理模式见图 1。在学校德育工作中，由若干名班级科任教师组成“班级工作组”团队，共同承担班级管理的工作任务。班级工作组设置第一召集人 1 名、第二召集人 1 名和其他成员若干名，即“1+1+X”模式。

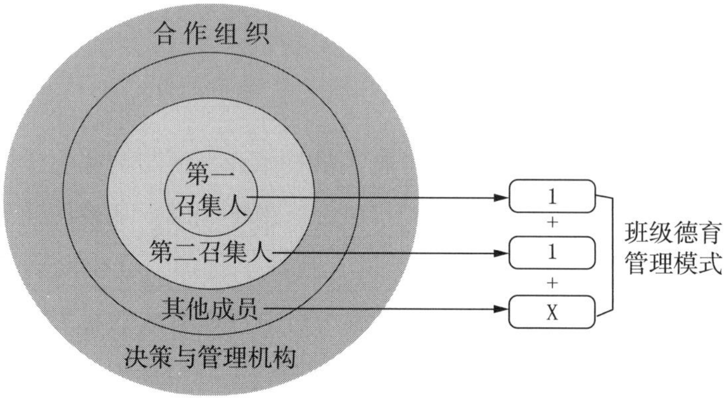

图 1　“1+1+X”的班级工作组制管理模式

为增强教师作为德育工作者的意识，团结协作、形成合力，班级工作组制的对象为学校里的所有教师，即每位教师都有属于自己的班级工作组。班级工作组在第一召集人的带领下开展班级管理工作，定期召开例会，明确职责分工，对学生的学习状况和综合表现进行共同分析，就班级日常工作及学生习惯、心理、成绩等问题共同协商，寻找原因，提出对策，从而实现班级管理团队化，真正落实“人人都是德育者”的理念。

三、程序和方法

（一）建立团队

综合学科性质、学科课时、教师人数、教师工作量等因素，学校在各年级组倡议的基础上统一安排各班班级工作组第一、第二召集人及成员。就目前清华附中合肥学校而言，根据实际的教师人数，初中部班级工作组现由5名教师组成，即“1+1+3”；小学部班级工作组由3名教师组成，即“1+1+1”。随着未来教师人数的增多，班级工作组的成员人数，即“X”也会随之改变，但“1+1+X”的模式保持不变。

（二）明确职责

班级工作组的基本任务是按照“立德树人”“五育并举”“三全育人”的要求，共同开展班级工作，全面教育、管理、指导学生，使他们成为有理想、有道德、有文化、有纪律、体魄健康的合格人才。

1. 确定各班工作目标，开展适宜的教育活动

根据党的教育方针和学校统一安排，围绕学校的培养目标，从班级实际情况出发，制定班级工作目标，开展各种适合学生不同阶段特点的思想教育活动。

2. 思想政治教育和道德教育

按照《中小学德育工作指南》对学生进行思想政治教育和道德教育，教育学生热爱祖国，逐步树立为人民服务的思想和为实现社会主义现代化而奋斗的志向，培养学生良好的道德品质和心理品质；教育学生遵守《中小学生守则》《小学生日常行为规范》《中学生日常行为规范》，全面促进学生身心健康发展。

3. 重视激发学生的学习兴趣，培养学生良好的学习习惯，教育学生努力完成学习任务

会同各科教师教育、帮助学生明确学习目的，端正学习态度，掌握正确的学习方法，提高学习成绩，督促、检查学生上好每一节课。确保每天早晨都有班级工作组成员在班级，及时了解学生在学校的情况，解决存在的问题。

4. 教育、指导学生参加学校规定的各种劳动，协助学校贯彻实施《体育卫生工作条例》

教育学生坚持体育锻炼，养成良好的劳动习惯和卫生习惯。组织管理

学生做好课间操，及时掌握学生情况，解决存在问题。

5. 丰富学生课余生活

关心学生课外生活，指导学生参加各种有益于身心健康的科技、文娱和社会活动。鼓励学生发展正当的兴趣特长。

6. 加强对学生的法制安全教育

安全警钟要长鸣，找隐患，保安全，及时记录、汇报。每次活动要精心组织、周密安排，确保人身安全。对学生加强乘车、交通安全教育，护送路队要认真组织，到岗到位。

7. 共同建立班级常规，并进行班级的日常管理

8. 做好联络工作

负责联系和组织科任教师商讨本班的教育工作，互通情况，协调各种活动；不定期与本班学生家长进行沟通，争取家长和社会有关方面的配合，共同做好学生教育工作。

（三）具体工作内容

班级工作组具体的工作内容分为两个方面：一日常规和一周常规。一日常规包括：做好晨检，掌握当日出勤情况；检查班级卫生，排查安全隐患；培养晨读习惯，营造读书氛围；督促课前准备，关注课堂纪律；课间杜绝追逐打闹，确保学生安全；培养文明行为，减少不良现象；组织课外活动，培养师生感情；放学提醒安全问题，进行一日小结等（见图2）。

一周常规包括：组织学生参加周一升旗仪式；做好一周德育考评；与任课教师及家长保持沟通交流；更新班级主题板报以及每周一次的班级工作组内讨论等（见图3）。

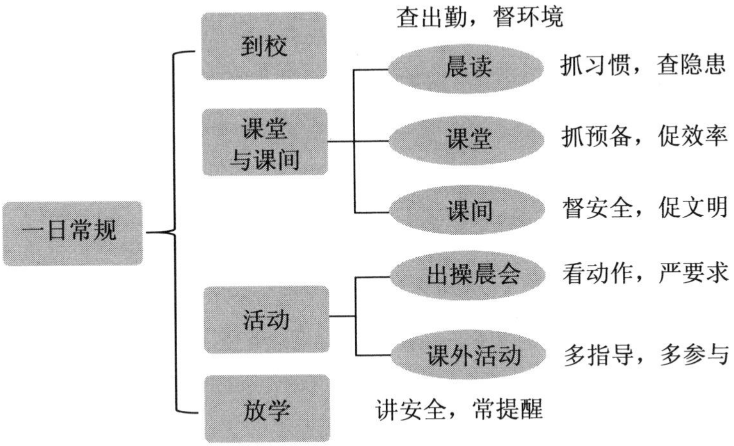

图 2　一日常规的具体工作内容

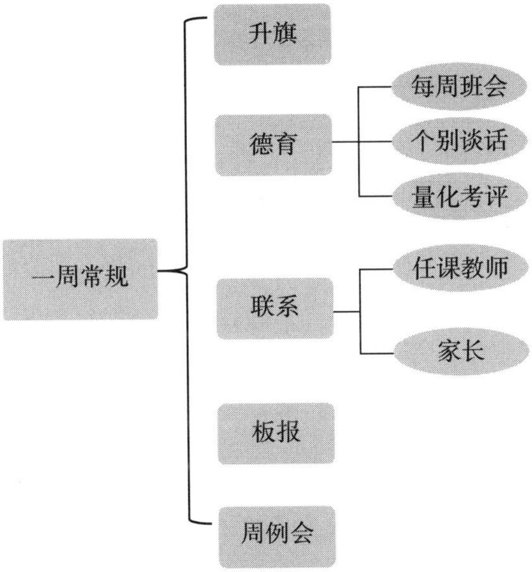

图 3　一周常规的具体工作内容

（四）运行与调试

学校制定和颁发《清华附中合肥学校班级工作组工作职责》和《班级工作组工作考核制度》，并在每学年（学期）制订班级工作组培训计划，要求全体班级工作组教师依照规定明确工作任务。具体运行和调试模式见图 4。

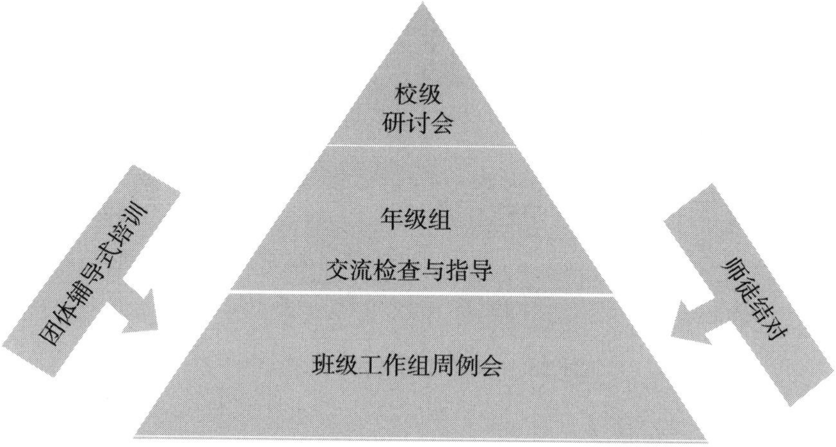

图 4　“1+1+X”班级工作组制的运行和调试模式

1. 班级工作组周例会

各班级工作组每周进行一次组内讨论，由第一召集人组织，时间由各班自主决定。在开学之初的例会中，第一召集人根据各成员的专业优势、性格特点、兴趣爱好及工作量等因素进行具体的任务分工，如班级文化建设、联系家长、活动策划与宣传、常规检查等，在征求其他成员意见后进行试运行。在之后的周例会中，各成员可以根据实际情况进行相关的调整，同时共同商讨和决策班级近期事务，团结协作，在不断的磨合中，共同建立奋发向上、团结友爱的班集体。

2. 年级组加强对班级工作组工作的检查与指导

年级组每月召开一次班级工作组交流会，在深入调研、了解情况的基础上，对班级工作中出现的问题及时向班级工作组提出建设性意见，促其改进。年级组坚持班级工作的抽查、随访制度，坚持过程与结果并重的原则，对班级工作组工作进行全面、客观的评价，并不断推出班级工作组工作的典范。年级组在每月的例会中，共同讨论班级工作组制的优点、运行中出现的共同问题以及对该模式的看法与感受，不断迭代，使之更加符合本年级的实际情况。

3. 班级工作组研讨会

学校每学期召开一次全校班级工作组研讨会，精心选择班级工作组研讨会学习资料，并组织高水平教育专家为班级工作组教师授课，交流班级工作组工作经验。

4. 班级工作组团体辅导式培训

由心理辅导中心设计，德育处组织实施，学校对班级工作组进行团体辅导式培训，并根据年级、班级的具体问题，针对性地对班级工作组进行团体心理辅导，在全校范围内开展团体辅导式主题班会的培训，增强德育工作的有效性。

5. 班级工作组师徒结对

学校建立年级内班级工作组拜师制度，通过师徒结对的方式，聘请优秀有经验的班级工作组作为指导工作组。在指导工作组的指导下，做好所带班级的各项工作，以“一帮一组”的形式促进青年班级工作组的快速成长，并召开班级工作组工作交流会，分享成长心得。

四、意义与挑战

（一）实施“1+1+X”班级工作组制的意义

1. 人人参与，提高教师自觉德育意识

提高学校德育工作成效的关键在于加强教师队伍的德育意识。在传统的德育管理模式下，部分教师习惯性地认为，学校德育是德育处和班主任的事，在行动上往往会摆出“事不关己，高高挂起”的态度。班级工作组的设立，从制度上给予班级工作组成员对班级进行管理的权力，每一位班级工作组成员，既是该班级的学科科任教师，又是该班级的德育管理人员，全程参与班级日常事务有助于提升教师的集体荣誉感与归属感，调动每位教师参与德育管理的积极性，培养教师的德育责任感。

2. 分工协作，充分发挥学校师资力量

班级日常管理工作相对琐碎，从一日常规的制定到校规班规的执行，从学生信息的收集到班级相关视频、文稿的整理，从班级活动方案的设计到节目的彩排等，无一不需要教师适度引导，需要教师花费时间与精力。在班级工作组制度下，班级工作组第一召集人可以根据班级自身实际，结合班级工作组教师的专业方向及特长，就班级各项事务进行具体而明确的分工，从而充分挖掘与利用教师资源，积极调动班级工作组教师为班级管理出谋划策，分担责任，团结协作。当班级第一召集人临时有事请假或缺席班级事务时，班级工作组第二召集人就默认履行第一召集人的相应职责。

3. 百花齐放，创造丰富多彩的班级文化

由于每个班级的班级工作组教师所任教的学科有所不同，教师与教师的性格及爱好特长等也有所不同，这样就使不同的班级逐渐形成风格迥异的班级文化。例如，在清华附中合肥学校的探索实践中，有的班级工作组教师中有体育教师，该教师经常组织班级体育竞赛等活动，班级学生在教师潜移默化的影响下，学习体育热情高，班级氛围活跃；有的班级工作组教师擅长摄影，在班级学生活动中积极发挥所长，为班级捕捉到很多精彩的瞬间，该班级的班级文化建设总是洋溢着艺术的气息；有的班级工作组教师学识渊博，侃侃而谈，擅长带领学生进行研究性学习，组织学生走出课堂，在参观、游玩中获得新知，该班级的学习氛围非常浓厚。

（二）实施“1+1+X”班级工作组制面临的挑战

1. 学校层面

（1）第一召集人的选择。由于班级工作组是在第一召集人的带领与组织下进行班级日常事务的管理，因而班级工作组制对第一召集人的综合能力提出了较高的要求。身为班级工作组这个团队的“秘书长”，第一召集人应当具备一定的组织领导和沟通协商能力。作为班级最直接的管理者，其教育教学理念应当与学校办学理念相一致。清华附中合肥学校作为一个刚成立不久的新学校，面对入职不久，彼此间相对陌生的教师群体，如何选择出合适的第一召集人是学校人事安排上面临的第一个挑战。

（2）班级工作组成员的配备统筹。面对不同学科抑或是兼任行政岗的老师，如何将他们合理地安排在相应的班级，使得大家在通力协作的同时又不影响到学校正常行政事务，这需要在人员安排上进行统筹协调。

（3）职称评比与岗位费用的衡量。作为一所新建的公办学校，清华附中合肥学校在教师职称评价体系上需要同其他学校保持一致，落实上级教育主管部门的具体要求。通常情况下，教师职称评比需要有一定的班主任工作年限。这就需要学校在实施班级工作组制前，明确指出当面对区级及市级考核时，优先考虑班级工作组中的第一召集人。德育岗位费用的分配公平与否，直接影响到班级工作组成员间工作效率的高低。这要求德育岗位费用的分配要既能够调动班级工作组成员的积极性，又应当有所区分。

2. 教师层面

不同的班级在班级管理事务上面临的任务是不同的，面对零零散散、琐碎而具体的任务，需要班级工作组成员之间相互沟通，合理分工。然而在实际操作中，当成员之间沟通的时间成本较大时，第一召集人往往会选择自己独自完成该项任务。一方面，第一召集人会觉得自己独立完成该项任务比同大家一起协商完成更节省时间；另一方面，第一召集人可能会碍于面子，不好意思给同事安排工作，这样做的结果是班级管理的事务实质上还是落到第一召集人一个人的身上。在清华附中合肥学校的实践中，还出现了另外一种情况，那就是当遇到相对比较强势的第二召集人时，第一召集人的职责存在被弱化的可能，这也会给班级工作组的任务分配带来挑战。

五、经验和体会

（一）观念转化，增进理解认同

班级工作组制作为源自教育教学一线的德育管理新模式，是学校德育工作者敢于突破常规的勇敢尝试，更是现代教育对群体管理的价值追求。尽管班级工作组制在初步的实践过程中不断出现新问题，存在诸多不完善的地方，但这均属于正常现象。在实际实施过程中，还是有不少教师习惯性地称第一召集人为“班主任”，这反映出转化观念仍然非常必要。

（二）压力排解，加强团队建设

班级工作组制的良好运行，离不开班级工作组教师之间的团结协作。面对来自家长、学校、社会等方面的不同声音，不同班级工作组成员之间，同一班级工作组的不同成员之间，大家或许在工作风格、班级管理能力、学生成绩表现等方面有所差异，这就容易给教师造成心理压力。在实践操作中，班级工作组成员之间要加强交流，增进互信，应强调合作意识，相互排解不必要的压力。

（三）动态评价，进行正面引导

每个班级工作组都有自己独特的风格，正是风格迥异的班级工作组才会造就丰富多彩的班级文化。相对应地，对班级工作组的考核与评价，不应当依据统一的标准与要求。学校德育工作领导者应始终以民主、开放、包容的态度，积极引导班级工作组根据班级管理的实际，制定符合自身的班级管理方案，对班级工作组的工作成效实施开放性的动态评价。

（四）资金支持，鼓励实践研究

班级工作组制的实施关键在班级工作组教师。为进一步加强班级管理，不断改进与完善班级工作组制，学校领导及相关教育主管部门应加强对班级工作组成员的培训，不断提升班级工作组成员的综合素质与能力，鼓励班级工作组教师积极参与实践研究，在实践中不断发现新问题，摸索新方法，寻求新思路。

（撰稿人：俞家新、何珊、荣晶晶、陈子乔、张峰、张莉）

合力构建“三品九育”的思政课程体系

云南民族大学附属中学

一、学校概况

云南民族大学附属中学是由云南省教育厅批准成立、云南民族大学与呈贡区政府合作创办的一所公办学校参与的混合所有制民办一级完全中学。为深入贯彻落实习近平新时代中国特色社会主义思想和党的十九大精神，贯彻落实习近平总书记关于教育的重要论述，全面贯彻党的教育方针，解决好“培养什么人、怎样培养人、为谁培养人”这个根本问题，学校深入挖掘学校的“莲花品质”文化意蕴，探索构建“三品九育”的立体协同育人机制，即围绕“品德好、品行正、品位高”的“三品”育人目标，通过三年的品质教育浸润，使毕业学子具有“健康、善良、诚信、担当、勤劳、自立、合作、创新、雅趣”九项素养；通过全面推进素质教育，达成“以学生成长为本，以教师提升为本，以学校发展为本”的立体协同育人机制。

二、目的和意义

为培养全面而富有个性的优秀学子，学校创办伊始，就对“培养什么人、怎样培养人、为谁培养人”这个根本问题形成学校共识，提出“做有生命温度的教育”的办学理念，以“小班化教育”的班级组织形式作为践行学校办学理念的载体，构建“三品九育”的思政课程体系，丰富学校莲花品质教育的育人内涵，致力于培养社会主义建设者和接班人。

三、内容和对象

学校以全体学生、教师为对象，合力构建“三品九育”的思政课程体系（见表1）。

表1　“三品九育”思政课程体系

培养目标	三品	九育	素养内涵	素养诠释
培养全面发展的人	品德好 品行正 品位高	健康	身心健康	乐观进取，阳光自信。
		善良	善爱为本	上善若水，仁者爱人。
		诚信	言信行果	诚者，天之道也； 思诚者，人之道也。
		担当	弘毅担当	天下兴亡，匹夫有责。
		勤劳	天道酬勤	焚膏继晷，韦编三绝。
		自立	刚毅坚卓	厚德载物，自强不息。
		合作	和衷共济	同舟共济扬帆起， 乘风破浪万里航。
		创新	盛德日新	苟日新，日日新，又日新。
		雅趣	雅量高致	山水怡情，诗书养性。

四、程序和方法

（一）上好一门思政课程

1. 研究新课程、新教材、新学习方式、新中高考

高中阶段开设“思想政治”必修课程，围绕习近平总书记最新重要讲话精神展开学习，开设“思想政治”选择性必修课程。初中阶段开设“道德与法治”必修课程，结合校本课程、兴趣班开设思政类选修课程。遵循学生的认知规律设计课程内容，体现不同学段特点，高中阶段重在开

展常识性学习，初中阶段重在开展体验性学习。

2. 课外活动以校本课程、兴趣班等形式开设思政类选修课程

充分利用课外活动、班会课等时间，以校本课程、兴趣班、兴趣小组、专题学习、视频推送等形式开设思政类选修课程。课程内容以家国情怀、道德修养、法治意识、文化素养等主题为重点，以爱党、爱国、爱社会主义、爱人民、爱集体为主线，坚持爱国和爱党、爱社会主义相统一，进行中国特色社会主义和中国梦、社会主义核心价值观、法治、劳动、心理健康、中华优秀传统文化等教育。

3. 编印两套校本教材

以《习近平新时代中国特色社会主义思想进课程教材指南》为指导纲要，结合思政课教材的政治性、时代性、科学性、可读性，研究编制适合初高中学生阅读的，涵盖中华优秀传统文化、革命文化、社会主义先进文化、科技创新文化及总体国家安全观等内容的教材（读本）。初高中校本教材（读本）各一套。教材内容取材于中华民族古代历史、革命建设改革时期英雄人物、先进模范、马克思主义经典著作、当代中国马克思主义理论著作、中华优秀传统文化典籍等。

4. 开展有学科特点的系列学科活动

如知识竞赛、读书活动、辩论赛、演讲、讲附中故事等活动，将学科教学与适宜的活动相结合，引导学生学习、内化学科知识。

5. 学校设立思想政治工作研究课题，大力支持思政课教师开展学术研究和教学改革

（二）打造两支高品质思政队伍

以班主任队伍、思政教师队伍为主体，打造两支政治强、情怀深、思维新、视野广、自律严、人格正的思政教师队伍。

1. 壮大思政课教师队伍

将班主任队伍纳入思政队伍管理；在与思政课教学内容相关的学科中（如语文、历史、英语等学科）选择优秀教师，进行培训后充实思政课教师队伍；鼓励专职党务干部担任思政课教师，聘任省内外知名专家学者为

学校思政课特聘教师。

2. 强化校内集体教研

集体教研是校内思政教师成长的主要平台，按照学校教研工作指导，学科组长作为总负责人，教科室、年级组督促落实落细。通过教改立项、德育沙龙、课题研究等形式开展教学研究，提升思政课教师能力与水平。

3. 多平台强化思政教师培训

定期举办“德育工作研讨会”“党支部书记专项培训班”等活动；组织青年教师开展教学比赛；积极联系高水平师范类院校、高校思想政治理论课教师研修基地，组织思政课教师参加研修活动，如学术交流、实践研修等；组织思政课教师在国内考察调研，在深入了解党和人民伟大实践中汲取养分、丰富思想；组织思政课骨干教师赴国外调研，拓宽国际视野，在比较分析中坚定“四个自信”。

4. 培养思政课教师队伍后备人才

通过青蓝工程、名师工作室等项目培养思政课教师队伍后备人才；加大发展党员力度，提高党员发展质量。邀请知名专家学者、老红军、思政课教师讲授中国历史、革命故事等；定期组织青年教师观看主流媒体的报道以及展示综合素质、具有社会影响力的时政节目。

5. 评优树先促进成长

开展评选表彰，积极选树优秀典型，发挥优秀教师示范带动作用；加大思政课教师激励力度；对立场坚定、学养深厚、联系实际、成果突出的思政课教师优秀代表加大宣传。

6. 实行不合格思政课教师退出机制

严把政治关、师德关、业务关，明晰与思政课教师教学科研特点相匹配的评价标准，增强教师的职业认同感、荣誉感、责任感。对不合格的思政课教师，实行严格的退出机制。

（三）点面结合，立体实施，协同育人

学校以思政课程建设为“点”，以五育并举工作为“面”，构建“三品九育”的思政课程育人体系。学校思想政治工作并非单向的线性工作，而应该是全方位的贯通人才培养体系，因此要发挥融入式、嵌入式、渗入式的立德树人协同效应。

实施四全管理。学校实施“全程管理、全员管理、全面管理、全域管理”的立体管理体系，涵盖时间、人员、要素、空间等多个方面。

确保六个到位。学校坚持思想认识到位、人员队伍到位、管理制度到位、设施保障到位、激励评价到位、舆情管控到位。

落实七条途径。学校坚持课程育人、活动育人、环境育人、管理育人、实践育人、文化育人、协同育人。

做好八个统一。学校坚持政治性和学理性相统一、坚持价值性和知识性相统一、坚持建设性和批判性相统一、坚持理论性和实践性相统一、坚持统一性和多样性相统一、坚持主导性和主体性相统一、坚持灌输性和启发性相统一、坚持显性教育和隐性教育相统一。

（四）举办一系列高质量主题活动

把显性、刚性、规定性、排他性的“课程”变成隐性、柔性、灵活的、参与性高的“活动”，有助于学生在自觉参与的活动中潜移默化得到浸润。学校“三品九育”思政课程体系遵循“强化价值引领增加力度、开展评优创建挖掘深度、呵护身心成长释放温度、优化育人环境拓展广度、团队凝心聚力提升速度”五个标准举办系列主题活动。

周活动：星期一大课间举办升旗仪式、主题演讲；周二至周六的大课间开展校园跑操、广播体操、健身操、民族舞、室内操、眼保健操等活动，强化学生体育锻炼；每周星期一开展一次主题班会。

月活动：学校每月开展一次班级协调会、一次学习经验交流会、一次黑板报评比、一次年级评优树先宣传以及至少一次的学生成长导师指导会。

学年活动：学校每学年开展一届体育运动会、一届智力运动会、一届文化艺术节；一次辩论赛、一次中文演讲、一次英文演讲、一次读书交流、一次诗歌诵唱、一次红色经典、一次班级大合唱、一次附中故事、一次历史革命故事；一次校园文化建设评比；至少两次家校联系会、两次学校评优树先宣传。

五、效果和影响

学校构建的“三品九育”思政课程体系，先后受到《昆明日报》《教育导刊》等多家主流媒体的报道。“以学生成长为本，以教师提升为本，以学校发展为本”的学校核心价值观得以践行，并办出了特色，形成了品牌。学校以思政课程为载体，通过立体协同育人机制，为学生量身打造独一无二的专属教育。经过七年的行动研究，探索出了以“班主任制”为基础的学生成长导师制，以“教学规程”为核心的多种教学策略，以“成长档案袋”为核心的多元评价体系，确保优质的教学质量。

六、经验和体会

（一）推动思政课程与课程思政相融合

学校改革创新探索思政育人模式，在上好思政课的同时，将思政教育全面融入其他学科课堂教学，全面融入日常管理，健全考核评价体系。

思政课重在塑造学生的价值观，知识是载体，价值是目的，要寓价值观引导于知识传授之中。思政课的教学目标、课程设置、教材使用、教学管理等方面有统一要求，但具体落实要尊重个性、因地制宜、因时制宜、因材施教。一些思政课堂运用小组研学、情景展示、课题研讨、课堂辩论等方式教学，注重启发式教育，引导学生发现问题、分析问题、思考问题，在不断启发中让学生水到渠成得出结论。

学校通过国旗下讲话、辩论赛、社会实践、知识竞赛、智力运动会、研学旅行等形式，既强化了思政课的教学内容，也潜移默化达成价值观的形成，实现形式与内容的统一。学校结合实际采用假期思政实践、周末劳动作业等方式，让不同类型的学生在实践中听懂学会，实现教育目的。学校通过法制安全教育、革命传统教育、清明祭扫活动、青春期心理健康教育、心理健康节、暑期社会实践等方式，把思政小课堂同社会大课堂结合起来，通过课程思政，教育引导学生把人生抱负落实到脚踏实地的实际行动中来。

（二）通过“四全管理”建立立体协同育人机制

学校强化统筹协调，打破思政教育单兵作战的窘境，树立一盘棋思想，实施“全程、全员、全面、全域”的全方位育人管理模式，把时间、人员、要素、空间等管理要素构建进思政课管理中，形成协同效应。一是全程思政，学校发挥小班化教育学生成长导师制的优势，为每位学生都配备成长导师，分阶段、分类别、有针对性地对学生开展正确的人生观、世界观、价值观教育，实现从入学到毕业思政教育的全程引导。二是全员思政，学校统筹校内教师资源，专任教师发挥学科育人功能，党、群、团等组织专职干部发挥管理育人功能，全体教勤人员发挥服务育人功能，形成人人关心学生成长、时时关注学生思想动态、处处服务学生发展的思政教育格局。三是全面思政，在学校150余门课程中，与思政教育直接相关的课程占70%，充分将思政课融入课程体系建设，实现思政课程与课程思政的统一；校内各种活动都与思政教育同向同行，利用传统节日、重大纪念日、莲花讲堂、莲花品质体育艺术节、文化建设评比、校园新闻联播、智力运动会、智慧校园等平台，开展“我是宪法小卫士”“莲畔歌扬、红船破浪”等形式多样的校园文化活动，传播主流价值，使思政教育无所不在、无时不有。四是全域思政，学校强化校园文化建设，让每面墙壁都会说话，社会主义核心价值观、中华民族共同体意识、优秀传统文化等元素交错布置，让学生无时无刻都接受主流文化的熏陶。

（三）思政育人与学校改革发展紧密融合

一是充分挖掘学校文化体系中的思政教育内涵。从“莲花品质教育”到“三品九育”的育人机制，从“莲花品质文化”的内涵到“四全五维”的思政活动外延，保障学校思政育人有效落实。学校是“云南省民族团结进步教育示范学校”，昆明市“平安校园”“绿色学校”“法律六进示范点”“心理健康教育示范学校”，呈贡区首届“名学校”，五华区“文明单位”。二是立体协同提高思政育人实效。学校思政工作的四全管理、五个维度、六个到位、七条途径、八个统一，落实全方位育人的思政教育要求。办学七年，学校晋升为云南省一级二等完全中学，11 人被清华、北大录取，40%的学生被“双一流”高校录取，涌现出昆明市“最美孝心少年”、五好少年等优秀群体。

学校的思想政治工作是一项长期、系统的工程，要真正达到落地落实、见功见效，必须长效化、常态化，落实落细、久久为功。

（撰稿人：李兴富、孟德飞）

以家庭实验室项目，完善个性化学习系统

北京亦庄实验小学

一、学校概况

北京亦庄实验小学是北京市十一学校与大兴区、北京经济技术开发区共同创办的一所小学，地处北京经济技术开发区。2013 年 9 月 1 日正式开班办学，学校课程设计对接十一学校的课程改革理念，提倡跨学科课程融合，全面推行教育实验改革，对学校管理和课程进行了全面重构与变革。

二、目的和意义

科学课堂学习往往无法满足学生自主探究的时间与空间，因此，基于对儿童学习认知的理解，学校开始实施家庭实验室项目。家庭实验室项目是通过家庭、学校和社区三方合作互动，引导学生以家庭为主要空间，自主进行科学实验、综合实践等长时段探究活动，从而提高学生科学探究能力，发展科学思维能力的学习系统。家庭实验室项目是学校、家庭、社区和企业资源整合的有效途径，也是学校个性化课程的重要组成部分。学校依托家庭实验室项目，组织学校、家庭和社区三方学习资源，构建个性化学习系统，从而为小学生实现个性化学习提供结构和功能性支持。

三、内容和对象

学校家庭实验室项目尝试通过精巧的设计，激发学生学习内动力，从而开启学生的元认知系统，启动自我学习过程，实现个性化学习。同时，将激发学生内动力的关键要素结构化和功能化，构建个性化学习的驱动系统，从而促进更多家庭实验室项目实现个性化学习。

个性化学习系统包括驱动系统、运行系统和保障系统，三者相互联系、相互作用，构成学生实现个性化学习功能的有机整体（见图1）。学校是驱动系统的加油站，激发学生的内动力，驱动整个学习过程是实现个性化学习的核心任务。因此，教师需要在驱动环节起到主导作用，通过聚焦核心素养的学习目标、源于真实情境的表现性任务与指引学习进程的一致性评估为个性化学习提供驱动力。家庭、社会则参与保障系统的构建，并在运行系统中发挥重要作用。

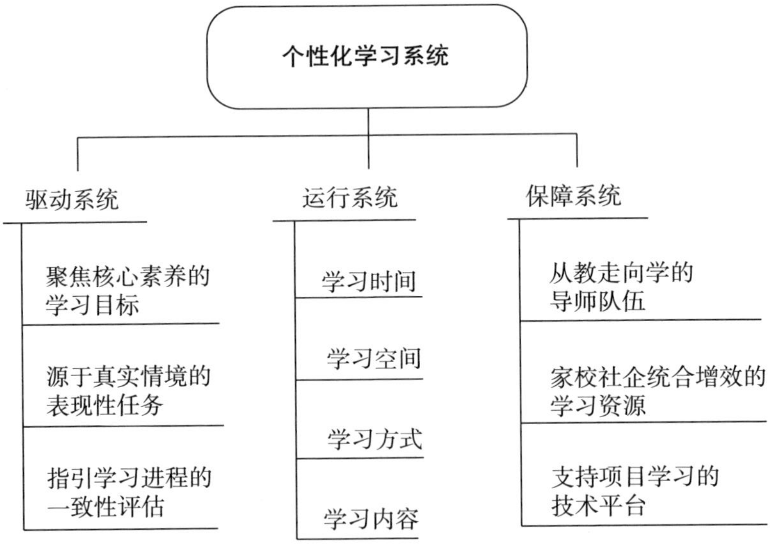

图1 个性化学习系统

（一）学习目标聚焦学科核心素养：激发学生内动力

家庭实验室项目是科学学科项目学习的拓展，更是学生个性化学习的具体承载方式。因此，科学项目的学习目标需要聚焦学科核心素养而非知识与技能，旨在从儿童心智发展的角度激发学生个性化学习的内动力。

第一步，学校以学科核心素养为逻辑起点建构《科学学习标准框架》（以下简称《框架》），横向以学科大概念为核心建构科学概念体系，纵向基于学习进阶，细化适合学生认知水平的目标进程（见表 1）。

表 1　《科学学习标准框架》结构示意

核心概念	物质及其相互作用
	物质的结构与性质
主要概念	物质具有一定的特征，材料具有一定的性能
G1-1	
G1-2	• 通过观察，描述物体的轻重、薄厚、颜色、表面粗糙程度、形状等特征。 • 根据物体的外部特征对物体进行简单分类。
G2-1	• 通过观察，描述物体的轻重、薄厚、颜色、表面粗糙程度、形状等特征。 • 根据物体的外部特征对物体进行简单分类。 • 辨别生活中常见的材料。
G2-2	• 辨别生活中常见的材料。
G3-1	• 能够使用简单的仪器测量物体的长度、质量、体积、温度等常见特征，并使用恰当的计量单位进行记录。 • 知道固体有确定的形状，体积和质量；液体有确定的体积和质量，液体的表面在静止时一般会保持水平；气体有确定的质量，但没有确定的形状和体积。 • 利用物体的特征或材料的性能，把混合在一起的物体分离。 • 知道有些物体的形状或大小发生了变化，如被切成小块、被挤压、被拉伸、纸被撕成小片等，构成物体的物质没有改变。
G3-2	• 能够使用简单的仪器测量物体的长度、质量、体积、温度等常见特征，并使用恰当的计量单位进行记录。

续表

核心概念	物质及其相互作用
	物质的结构与性质
G4-1	
G4-2	• 描述某些材料的导电性、透明程度等性能，说出它们的主要用途。
G5-1	
G5-2	• 观察常用材料的漂浮能力、导热性等性能，说出它们的主要用途。
G6-1	
G6-2	• 知道有些物体发生了变化，如燃烧后的纸、生锈的铁等，构成物体的物质也发生了改变。

第二步，将细化到学期的内容标准转化为学习目标。每一条学习目标均是“核心概念”“科学探究与工程实践”“交叉概念”的三维整合。以一年级上学期的第一条学习目标“我将在教师的指导下，计划和开展研究，来确定植物生长是否需要阳光和水”为例，学习目标的表述基本遵循：主语视角+方法、策略+内容+标准。学习目标的整合切实体现出核心概念、科学探究、科学态度和科学思维四项科学学科核心素养。

第三步，依据学情分析，为学习目标划分能力层级。基于对韦伯知识深度理论的学习，学校将上述学习目标注为 DOK3（实现本学习目标需要运用高阶思维来解决实际问题）。需要调动高阶思维才能完成的学习目标好比油门的踏板，轻轻用力动力十足。如果学习目标仅仅停留在“回忆与再现”的知识层面，例如“学生能说出植物生长需要水和阳光”，依靠记忆和简单观察就可以完成学习目标，则无法激发学生深入探究的热情和动力。整合后的学习目标见表 2。

表 2　学习目标整合

学习目标		
我将在教师的指导下，计划和开展研究，来确定植物的生长是否需要阳光和水。（DOK3）		
科学探究与工程实践	核心概念	交叉概念
计划和开展研究：合作计划和开展研究，用数据作为回答问题的证据基础。 分析和解读数据：运用观察结果（第一手资料）来描述植物生存的条件，从而回答科学问题。 与科学本质的联系：实证是科学知识的基础，科学家在观察世界时寻找模式和规则。	生物的物质流和能量流组织：植物的生存和生长都需要水和光。 信息处理：植物会对一些环境信息做出反应（如植物叶的向光性）。 生物的生长和发育：植物在不同的生长阶段具有可预测的特性。 植物的生长和变化。	原因与结果 事件有产生可观察模式的原因（如因为植物是有生命的，所以植物的生存需要水和阳光）

（二）源于真实情境的表现性任务：驱动学生探索

家庭实验室项目尝试用精巧的设计启动学生的自我系统，使学生获得自发的学习动力，从而开启学生的元认知系统，启动自我学习过程。而只有将学习内容与实际生活相关联，拉近知识与应用等关联，才能调动学生的主动性。为了提升学习任务的驱动力，学校运用 GRASPS（目标、角色、受众、处境、产品和成功标准）工具设计真实情境的表现性任务。为探究问题设置相应的情境角色和受众，描绘问题处境和产品要求，学生被导师带入角色后，则正式进入内驱探索的阶段。基于《框架》，学校开发学习目标、学习任务和学习评估样例，形成《科学学习目标—学习任务—学习评估样例集》（以下简称《样例》）。

（三）指引学习进程的一致性评估：助力个性化学习

个性化学习驱动系统中学习评估的意义在于为学生实现学习目标提供工具和策略，量化学生与学习目标的距离，学习评估将贯穿学习过程始终。学生在开启新的学习过程之前，并非一张白纸，学生的先验知识、认知水平、学习风格都存在很多差异。关注学生差异是个性化学习开展的先决条件。家庭实验室项目通过各类评估工具解决学生需求差异化的问题。学校充分借鉴项目学习的方法与策略，将评估工具分为“概念脚手架”“元认知脚手架”“资源脚手架”“学习实践脚手架”，与各类工具相对应的是具体的学习方法和策略。学生在导师的指导下自主地选择学习工具与策略实现学习目标，过程中不断对自己的学习进程进行评估和指引，通过脚手架为学生搭建实现学习目标的阶梯。学习评估过程见图 2。

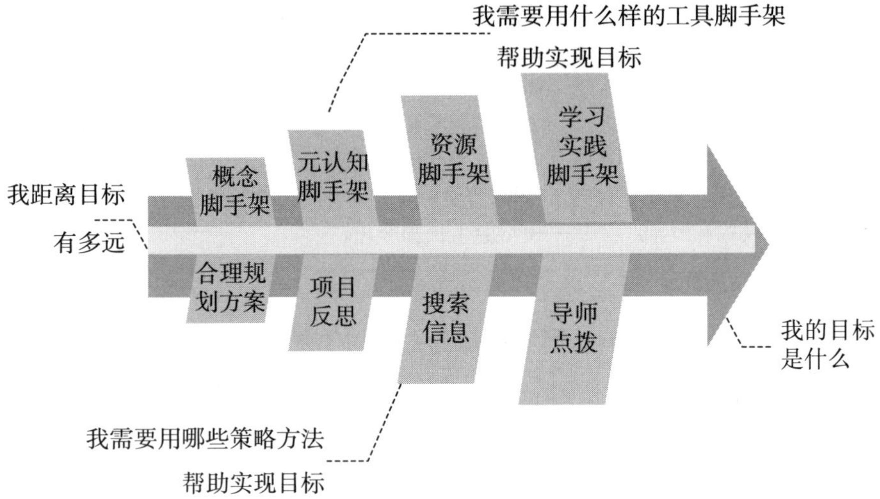

图 2　学习评估过程

四、程序和方法

（一）个性化学习系统的运行

学校依托家庭实验室项目实现个性化学习系统的建设与运行（见图 3），即通过家庭、学校和社区三方合作互动，引导学生以家庭为主要空间，自主进行科学探究、工程实践或综合实践等长时段探究活动，从而提高学生科学探究能力，发展科学思维能力。学习目标与学习任务是否能激发足够的内动力，学习评估是否能指引方向和及时蓄力，都是项目实施过程中需要解决的核心问题。

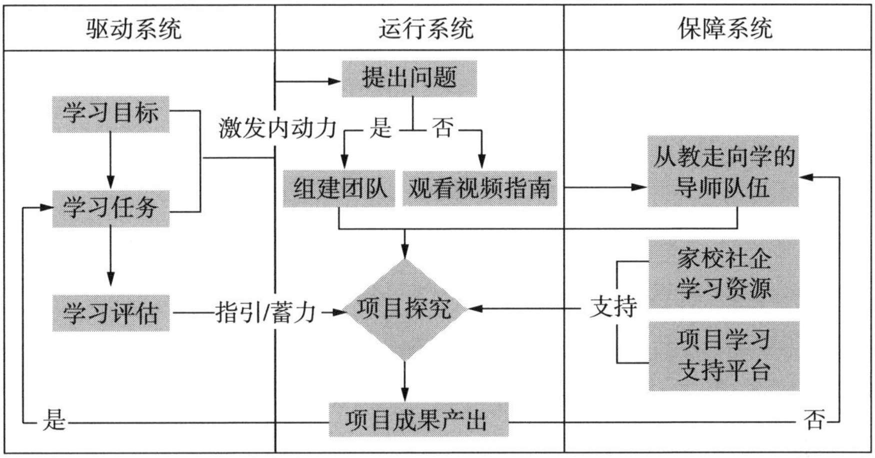

图 3 个性化学习系统的运行流程

学校不断研发和更新科学探究项目，利用科学课堂、研学和科技活动，为学生提供深度体验和学习的机会，激发学生提出自己感兴趣的研究问题，导师会鼓励和支持学生将研究问题作为家庭实验室项目继续开展研究。学校相关课题组跟踪“拯救企鹅”衍生的家庭实验室项目，收集整理形成《节能环保系列》。其中收录的项目成果有：科幻故事创编《北极熊南极历险记》《企鹅迁徙游记》，模型设计与制作《绿色能源城市》《火星企鹅救助基地》，调研报告《北京市供暖资源来源研究与建议》，等等。学科核心素养提高了对学习的要求，不仅要对课程标准进行细化，还要站在学科角度理解课程标准中的关键概念、能力与真实世界中人的发展之间的关系。

（二）个性化学习系统的运行保障

1. 从教走向学的导师队伍培养

改变学生的学习样态，先从改变教师开始。个性化学习虽然是以学生为中心的自主学习过程，但无论从研究问题的提出，还是资源的选择和学习成果的形成，导师的影响都最为重要。基于课题研究，教师对学习样态的变革有深度体验和理解，要向全校推广家庭实验室项目，助力学生个性化学习的导师培养至关重要。学校相关课题组以“培养学生自主学习能力”为培训主题，面向全校教师和家长提供工作坊培训活动和微课视频指导。通过工作坊活动，让教师和家长亲历家庭实验室项目探究过程，深度体验项目实施过程，从而更好地理解项目运行机制，为学生提供更加清晰、适切的指导。

2. 项目学习支持平台的建设

个性化学习的前提要素是丰富多元的学习资源，学校通过调研、访谈、研发和整理统计形成学习资源清单。目前学习资源只能通过云盘链接、网页链接等方式在《家庭实验室项目个性化学习手册》（以下简称《手册》）插页中呈现，严重影响学生使用的时效性和便捷性。因此学习资源的数字化建设工作已全面开展，校企合作研发项目学习支持平台，个性化学习将依托技术支持，实现资源检索和个性化推送、项目监管与评估定制化等需求。数字平台建设是个性化学习系统推广的重要途径，学校依托家庭实验室项目运行机制，研发学习支持平台，通过信息技术手段为个性化学习提供支持。

3. 家校社企的学习资源整合

基于家庭实验室项目的需求，从学校、社区和企业三方面进行学习资源的开发、选择和应用。家庭实验室项目的学习资源分为三类：支持类资源、工具类资源和任务类资源。依据家庭实验室项目的研究内容进行分类统计，分别形成学校、社区和企业的资源清单。多家企业构建科技教育共同体，可以为家庭实验室项目提供观摩、调研、培训师和训练场地等资源。丰富多元的前沿科技资源，为学生实现个性化学习提供必要条件。目前已经可以通过“十一亦小”APP 进行场馆、设备等相关资源的预约和使用。

五、效果和影响

（一）家庭实验室项目的推广

家庭实验室项目由最初的58个发展到如今的174个。学校以《样例》和《手册》为项目指导依据，及时捕捉学生提出的研究问题，鼓励和支持学生继续开展家庭实验室的研究。为了满足更多家庭的需求，学校将驱动系统的运行方式通过体验课和微课的方式进行推广，更多的家长愿意加入项目导师行列。第三届校园科技节，共计89个家庭实验室项目参选，第四届校园科技节，参选的家庭实验室项目增加至158个。项目学习支持平台的研发也将助力家庭实验室项目及个性化学习系统的推广。

（二）构建学校、家庭、社区和企业的学习共同体

以家庭实验室项目为载体，统筹学校、家庭、社区和企业的学习资源，用于支持学生个性化学习，为家校社企资源整合与管理提供实操方法和实践经验。学校以家庭实验室项目展示活动为平台和契机，构建校企科技教育共同体。力求突破校园围墙，为孩子们寻找更多真实学习情境和资源。与区域内企业和社区构建学习共同体，是应对未来教育挑战的一项战略性行动。以学校作为家校社企合作的中心枢纽，基于儿童的思维发展、认知规律和社会性情感发展对社区和企业的学习资源进行统筹、甄选和再开发，不仅为个性化学习提供可选择的学习资源，更是在帮助儿童寻找学习的意义。

（三）家校合力营造良好的家庭学习环境

由于家庭实验室项目没有标准答案，项目的学习目标、项目成果和项目评估都需要孩子自主完成。因此，家庭实验室项目的开展，有利于家长关注孩子的学习过程，重视孩子的思维发展。家长以学习伙伴的身份参与其中，通过学习评估工具，科学、客观地了解孩子和家庭的学习情况。从关注学习成绩到重视孩子的思维发展，极大程度上缓解了家庭学习氛围。

自主探究的学习方式激发了学生的探究热情，提高了家长的参与兴趣，营造了良好长效的家庭学习氛围。

（四）提高学生科学探究与工程实践能力，发展科学观念与思维

本项目以科学核心素养为逻辑起点，《框架》基于科学观念、科学思维、科学探究和科学态度构建概念体系框架，让学生对核心问题不断回望，从而形成对学科大概念的认知发展。《样例》在《框架》的基础上对科学学科素养进行有机整合，通过调动学生高阶思维的学习目标激发学生的探究热情。此外，从学习时间、空间、内容和方式等方面保障学生对科学探究或工程实践的深度体验，从而提高学生的科学探究能力，在科学探究活动中发展科学观念和科学思维。

（五）从关注学习内容到关注学生需求、学习水平和学习规律

个性化学习系统的建设，要求教师更多关注学生的需求、学习水平和学习规律，以便教师引导学生亲历知识发现和建构的过程，帮助学生真正成为学习主体。改变学生的学习方式从改变教师的学习方式开始，无论是驱动系统的开发还是运行，教师都处于主导地位。通过《框架》的研发，教师提升了自身的科学学科素养，逐渐具备了将学科知识向核心概念再建构的能力，对科学核心概念和科学本质有宏观认识和全局意识。《样例》的研发让教师逐渐具备了将学生生发性问题转化为驱动问题的能力、基于驱动问题设计表现性任务的能力、用高阶学习带动低阶学习的设计意识。通过《手册》的研发，教师逐渐具备基于学习目标和个性化学习需求，开发、选择和改良学习工具与评估量规的能力，从而为学生的个性化学习提供支持。

（六）为学习公平提供新途径

分析家庭实验室项目当前运行的情况，个性化学习能否实现，其影响因素是多样、复杂且相互关联的。目前驱动系统只为学校部分家庭提供了结构和功能性支持，驱动效果还未见显著变化，需要学校、家庭和社区协同作用，为家庭实验室项目的实施提供更多支持和助力。但我们也欣喜地发现，家庭实验室项目对不同类型的儿童，尤其是学校学业不良的儿童产生了积极的影响。本项目也将更多关注那些原本对科学课堂学习不感兴趣的儿童，希望源于真实情境的表现性任务可以驱动他们的内动力，实现个性化学习。

六、经验和体会

（一）构建系统结构，实现家校共育

个性化学习驱动系统以学科素养为逻辑起点构建《框架》，并以学科大概念为核心构建概念体系。个性化学习的重要前提是了解学生已有的概念水平和学习经验，基于具体学情和《框架》细化学习目标，为家庭实验室项目运行提供标尺和方向。家庭实验室项目的核心驱动力来自学生生发性问题，大部分生发性问题源于对真实情境的体验和情境创造性的重新定义。在此环节，导师需要及时捕捉学生的生发性问题，并引导学生将其转化为驱动性问题和表现性任务。具体的系统运作流程见图 4。学校在驱动系统中承担了方向导引、资源供给的作用。

家庭实验室项目是个性化学习的一种样态，没有标准化答案，没有统一的课堂学习，更没有纸笔测试。《手册》中的“探究学习单”是概念脚手架，针对家庭实验室项目涉及的四项重要概念“科学探究”“工程实践”“科学实验”“科普阅读”提供理解脚手架，旨在借助工具帮助学生把握重要概念的本质。《手册》中“个性化学习资源库”属于“资源脚手架”，具体内容包括视频、网站、科普书目、技术工具等等，为学生自主学习提供可选择的资源，此类资源也在持续更新中。家庭借由这些工具可实现其育人能力的提升，进而有能力参与个性化学习系统的运营。

（二）开发和使用支持个性化学习的评估工具

驱动系统的最大挑战在于让学生的内动力驱动整个学习过程。因此驱动系统需要研发和设计各种学习评估工具，为学生个性化学习提供助力，支持学生个性化学习的持续发展。家庭实验室项目相比一般课堂学习，要

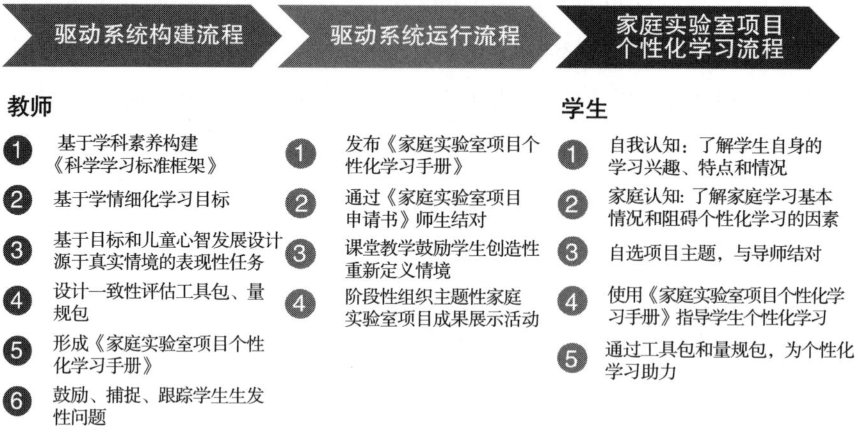

图 4　个性化学习驱动系统运行流程

经历更高层次的元认知历程：学生需要明确自己的目标，对自己项目的资源和时间进行管理，监控自己的项目历程，在与同伴和导师的讨论中对自己的想法和观点进行反思。虽然儿童有与生俱来的探究欲望和想法，对体验真实情境的表现性任务也表现出浓厚的兴趣，但家庭实验室项目仍会遇到很多挑战，学生的探究热情和意志力会随着项目持续的时间而大幅度衰减。面对这样的问题，导师和家长可以通过“学习实践脚手架”为学生的个性化学习助力，并通过评估工具不断调试、完善资源。

（三）个性化学习系统的迁移

依托家庭实验室项目的个性化学习系统已在全校各学科范围推广。各学科均以驱动系统的运行方式激发学生学习的内动力，从而落实学生核心素养的个性化学习。学校将驱动系统的开发过程形成具体的方法、标准和策略，便于其他学科迁移与应用。驱动系统的运行也形成了基础模式，其他学科可在此基础上，结合学科特点进行调整和再创造。

（撰稿人：张鑫）

第三编

资源整合，协同共治

基于馆校合作的立德树人实践研究

上海市虹口区红旗小学

一、学校概况

红旗小学的前身，可追溯到创办于明嘉靖年间（1536 年）的曲江小学，由当时的嘉定知事李资坤创办，是江湾地区第一所启蒙识字的义塾。解放后学校先后更名为江湾区第一中心小学、北郊区第一中心小学、江湾镇中心小学、红旗五七学校，1978 年起改用现名。学校以“开发潜能、发展个性”为育人理念，从整体改革实验到差异教育的研究，从二级循环活动的尝试到创新教育的思考以及网络环境下教学模式的探索，捕捉现代教育话题，走在教育改革的前沿。通过深入开展课程与教学的校本化改革，学校在对基础课、拓展课、探究课三类课程的规划与设计中，努力优化校本化课程体系，充实学科教学素材。同时，学校积极引进校外教育资源，融入校内的拓展课程体系中，馆校合作就是其中之一。

二、目的和意义

馆校合作课程的目的、任务不同于传统的课堂教学，注重学生多方面能力的培养，有利于学生形成积极的生活态度，有助于培养学生的创造性思维、实践能力和团队协作精神。因此，强化学校基于馆校合作的拓展课程建设有助于形成校本化的学生能力培养机制。

三、内容和对象

为了拓展学校校本课程体系的专业深度与内容广度，保证课程的长效实施，学校充分利用博物馆资源，以自然博物馆为平台实现校内教育与校外场馆教育的衔接，逐步扩展教育平台，融合教育资源。学校正在研究开发并实施小学科学综合实践活动课程，带领学生参与上海自然博物馆和学校合作开发实施的课程，加强学科育人课改实验，让学生在活动中发展核心素养。此外，通过馆校合作提炼成熟的经验和做法，建设相应的能力培养机制。

四、程序和方法

（一）学校牵头：深入分析博物馆资源

在启动馆校合作项目的初期，学校组织教师对展项资源进行梳理及分析，归纳整理为教研资料。自然博物馆内的展陈资源虽然很多，但并不是所有展项都适合作为课程素材，在选择展项资源时要充分考虑教师和学生的需求。结合教学和学生发展的实际需要，挑选的素材要既有智能性又有思想性，要选学生既感兴趣又能理解的资源进行开发。在开发前期，学校邀请馆内教育人员对相关资源进行介绍，收集展项资料，包括图片、操作方式、基本原理等；然后由馆内教育人员和学校教师共同在多件展项中选取部分展项资源，找到展项资源与小学课程的契合点。

（二）教师参与：科学整理馆校合作项目培训课程

学校组织教师参与自然博物馆提供的馆校合作项目培训课程，参与培训的教师整理所学资料再与校内其他教师分享交流。上海自然博物馆教育人员集中开展了“教师研习会”和“校本课程”的专题教师培训。校本课程开发以学校教师为主，馆方教育人员共同参与。在培训过程中，学校进行“校本课程”和“拓展课程”的类型开发和合作课程实施。设计课程项目由教师个人申报选题，在馆方教育人员的配合下设计课程的类型。学校教师熟悉、理解馆方的展览和教育活动，馆方教育人员提供有针对性的资源建议。教师从学校特色和学生需求出发，发掘场馆资源，为学生创造主动式探究体验，丰富校内课堂。

（三）精细安排：从开发短期课程到编写学年计划

在课程开发过程中，博物馆教育人员与学校教师共同依据教学大纲和教学需求，借助博物馆丰富的藏品、展览资源以及专家团队，设计教学内容与方案、研究教学形式并进行双师授课。在教学过程中，双方教师通过观察法、调查法、实验法等教学方法以及学生的自主探究，使学生对所要学习的课本知识有比较深入的理解，让学生学会如何欣赏文物，掌握博物馆学习的方法，进而认识到博物馆是进行终身教育的校外教育机构。

随着馆校合作的深度落实，科学综合实践活动课程的开发工作取得了良好成效，馆校双方从合作开发短期课程发展到编写学年的长期教学案例和教学计划。在充分考虑科学综合实践活动课程与博物馆教育的共同点后，学校对博物馆的可用资源进行挖掘，设计出具有自然博物馆特色和适合学生学情的综合实践活动，并编制了活动手册、校本教材、教学案例等，使博物馆资源得到教学化的开发。该活动项目以博物馆资源为主要素材，考虑学生的需求、动机、兴趣、知识结构和心理特点，整合各学科内容，充分发挥学生的积极性、主动性，提高学生综合运用所学知识解决问题的能力。

（四）教研活动：创建和组织馆校合作形式教研组

学校将参与科学综合实践活动课程合作项目的教师组织到一起，与自然博物馆专家组成馆校合作形式的专题教研组，纳入学校管理层级的学科教研组机构范畴，定期开展相关教学研究活动，包括教材的编写、试用和修改以及教学实施过程中的问题分析与经验梳理。

（五）组织管理：开展系列入馆入校教育教学活动

美国史密森博物学院之“专家学者在学校”项目、国立美国历史博物馆之“让我们一起做历史”巡回项目、美国自然历史博物馆之“移动博物馆”项目等都是馆校合作方面的典型，也是学校与自然博物馆开展馆校深度合作要借鉴的经验。学校制定“科学与技术”课程与自然博物馆资源对应表（见表 1），组织师生开展有主题、系列化的入馆入校教育教学活动。

表 1　“科学与技术”课程与自博馆资源对应表（部分）

序号	课程单元名称	自然博物馆资源
1	各种各样的动物（鸟）	B1 层，恐龙盛世展区 1. 原始鸟类标本（模型）：中华龙鸟、小盗龙、燕鸟等标本（模型） 2. 鸟类演化过程视频 B2 层，缤纷生命展区 1. 现代鸟类标本（模型）
2	动物的结构与功能（飞行、羽毛的作用，鸟的喙和脚）	B2 层，缤纷生命展区 1. 不同鸟类的“喙”与“足”标本（模型） 2. 鸟类分类树墙
3	生物的进化（化石、恐龙）	B1 层，恐龙盛世展区 1. 恐龙骨骼化石（模型）：雷克斯暴龙、巨型禄丰龙、上游永川龙、双脊龙、埃德蒙顿龙、许氏禄丰龙、五彩冠龙、三角龙、棘鼻青岛龙 2. 化石挖掘实验室现场演示挖掘化石过程 3. 恐龙食性区分视频 4. 蜥臀目与鸟臀目分类方法视频 5. 恐龙足迹电子互动板 B2 层，探索中心课程资源 1. 恐龙拼图 2. 恐龙盛世失窃案

自然博物馆与学校的深度合作与联动还包括：到校服务、驻校服务外借教具，开发远程教育，发展中长期合作项目以及提供与学校教师有关的职业培训与发展机会等。其中，驻校服务由博物馆指派专业人员到校，配合课程需要，进入班级，为师生提供服务。博物馆人员进驻课堂后，会指导学生设计制作展览，比如，协助学生进行研究、组织信息、决定学习方

向、评估学习成效等，同时建立与学校分享学习成果的环境。

五、效果和影响

（一）协同合作

双方协同合作，组成课程共同体。以学校为主，上海自然博物馆协助进行课程开发。博物馆组建专业团队开展教师培训，展示和讲解藏品模型、图片，系统地介绍“生命长河”“演化之道”“缤纷生命”等系列内容。博物馆开展参观前现场课堂介绍活动，向教师介绍可借给学生使用的“博物馆百宝箱”用品，展示受到学生喜爱的科学人物装扮表演等。通过博物馆的培训，参与课程共同体的相关教师对博物馆资源有了比较全面的了解，也补充了专业知识的不足。

双方精诚合作，推出许多举措。例如，对教师进行现场培训、开发校本课程、组织学生开展双场地学习、在课堂上实行双教师授课等，筑牢了立德树人根基，拓宽了学科育人范畴，大大提升了学校育人的质量和水平。

（二）拓展资源

教师在博物馆专家的协助和指导下，充分考虑学生的实际需求，选择合适的场馆教育资源，整理出“鸟类”“两栖类”“昆虫类”等课程资源。教师通过梳理小学各年段“科学与技术”学科相关内容，发现学科教学的逻辑性，审视学科教学的不足，寻找、挖掘拓展型课程的资源。课程资源的积累为建设和筑牢能力培养机制提供了重要支持。

（三）课程教学

教师根据选题，结合场馆资源，确定活动板块；依据学校育人目标和拓展型课程教学目标，确定各活动板块目标、课程授课地点，编写活动方案，制作活动手册。在此过程中，博物馆专家团队共同服务于课程教学，对照小学阶段“科学与技术”学科相关知识点，与教师共同探讨课程内容、设计研讨教学方案、探索教学形式。学校教师结合教材、凭借博物馆的资源，陆续开发了许多校本拓展课程，比如，“探秘鸟的世界”“与众不同的猫头鹰”“王者荣耀——中生代恐龙”等。自编课程（教材）保障了课堂教学，为能力机制的形成提供了不可或缺的载体。国家审定教材《科学与技术》与校本教材的有机结合，丰富了课堂教学，强化了学生素养的培育。

（四）探究体验

现代素质教育强化学生的自主学习、自主探索，强调在实践过程中增强体验，积累感性认知，促进感性认知向理性经验的转化。无论是学校课堂的知识学习还是博物馆的现场活动，学校都在博物馆专家的指导下，设计问题，让学生自己选择并带着问题进入博物馆开展活动式学习，引导学生强化探究体验，促进学生会学习、会探究、会创造，这是学生能力结构中的重要因素。

比如，科学与技术学科老师设计《探秘鸟的“前世今生”》教学方案，结合五年级教材《科学与技术》“生物的进化”单元，让学生自主学习探究，理解和分析恐龙进化到鸟类的过程，认知和了解鸟类的身体结构特征。类似的科目比比皆是，让学生在探究体验中实现能力养成。在自然博物馆专家的指导和协助下，学生开展双场地活动学习，课堂实行双教师授课，知识与能力结合，获得了令人满意的教学成效。

六、经验和体会

（一）加强学校、家庭、社会的紧密联系

充分利用校外博物场馆资源，加强教育部门和社会场馆的合作，开展综合实践类活动，实现学校教育与社会场馆教育的衔接，是我国中小学教育和博物馆发展的新亮点和新领域。在此过程中，家庭合作也不容忽视，因为学校重视校外博物场馆教育，在一定程度上可调动家庭和家长的积极性，在得到学生家长的理解和支持后，就能鼓励家庭也配合学校开展亲子教育的场馆活动，这对养成学生（孩子）的学习习惯、拓宽学生的视野、提高学生的综合素质，具有长远的意义。学校长期开展家庭教育指导，在实现学校教育和校外教育的有效结合以后，更加促进学校、家庭、校外教育机构这三大主体的紧密联系，有助于提高教育教学质量提高，目前学校已经成为区域名校。

（二）注重对学校师生学习需要的研究

学校同博物场馆的联动机制与需求对接机制，之所以互为相长，是因为学校对学校师生学习需要进行了研究，对相关博物馆资源配送项目进行了评估。了解师生的参观模式、态度、需要等，能指引未来的馆校合作计划。在新时代教育的背景下，学校应该站在立德树人、学科育人的高度研究学校师生学习需要，特别要注重道德养成、能力养成。此外，成功的博物馆资源配送项目，来自详尽而缜密的事前计划，以及有效的追踪和管理。学校与自然博物馆的互动合作，已经初步实现了博物馆资源有效、连续的配送。

（三）依法依规促进和保障公共文化服务

馆校合作主要是提供一种公共文化产品，“以需求为导向”“供需对接”的原则，对于构建和维系良好的合作伙伴关系是必要的。学校和博物馆是两种不同的机构，但它们可以在“服务好使用者，给学生提供丰富的学习体验”的共同使命支持下，将学校正规教育和社会教育融合。随着《中华人民共和国公共文化服务保障法》颁布施行、结构性改革日渐深入，我们期待博物馆为学校输送更多“以需求为导向”的资源配送服务，促使学校进一步利用博物馆的优质学习资源，惠及广大师生。

（撰稿人：姚远）

金沙文化背景下的“协同育人”机制研究与实践

四川省成都市金沙小学

一、案例概况

金沙小学于2007年9月正式开学，是成都青羊区教育局主管下的公立学校。金沙遗址博物馆和金沙小学毗邻，是继三星堆遗址后成都考古的又一重大发现。学校以挖掘金沙文化服务教育为思想源泉，从教育的视角整合博物馆资源、社区资源。

二、目的与意义

学校以挖掘金沙文化服务教育为思想源泉，以促进学生全面发展为宗旨，以馆校合作、家校共育为基本方式，开展协同育人研究，坚持文化育人，逐步构建起学校、家庭、社会、学生合力的协同共育机制，旨在建设一座“没有观念围墙、没有心灵围墙、没有精神围墙”的现代化学校。开展协同育人研究，一是整合学校外部资源，包含家庭、社区、网络的优质文化资源；二是实现学校内部教育资源的融合，包含教师、学生学习并创造的教育资源。学校挖掘校内外教育资源，为学生提供更广阔的自主发展空间，让学生成才，家长放心，社会满意。学校将金沙文化融入学校文化建设中，为教师的专业生活和学生的健康成长提供更好的氛围与环境。

三、内容和对象

（一）馆校文化互动，构建博物馆课程体系

传承文明、弘扬传统文化是金沙人的责任。2007 年建校时，金沙小学就和金沙遗址博物馆确立了“精神文明共建友好单位”的关系，由此建立了经常性的沟通。在博物馆的帮助下，学校开设了一系列金沙文化体验活动和金沙文化课程。金沙小学教师和学生一次次踏进金沙遗址博物馆，和精美的文物亲密接触；许多博物馆工作人员也会走进金沙小学，为孩子们讲解文博知识。

（二）社区联动，活化教育资源

自建校之初，学校就决心将社区资源充分挖掘、活化，将社区、家长和学校的发展联动起来，为孩子们打造更广阔的学习空间。

2013 年 5 月，学校挂牌成立了“青羊市民校园学习体验中心”，开设了阅读学习区、服务咨询区、文化体验区、体育运动区、生活体验区，既让学生的学习实践空间更广阔，也为社区居民的终身学习提供资源。多年来，金沙国际中心、敬老院、派出所、金沙街道办事处、社区医院、律师事务所、红十字会都有孩子们活动的足迹，新建的滨河公园既是孩子们探究科学的天堂，也是每年“春之声”师生诗诵的展示地。学校与社区开放共享，让孩子们有了更加广阔的舞台。

（三）家校协作，让孩子从现在开始享受幸福

完整的教育不仅仅在学校，更在家庭教育、社会教育与大自然中。

创建家长中心。金沙家长中心是学校家长参与学校管理、运行的常设活动机构。全体金沙小学家长自然成为家长中心成员，在学校民管会牵头下，家长中心构建了完善的组织架构，制定了规范的章程及太阳家长、太阳家庭等积分升级制度，通过系列评价激励机制不断促进家校协同育人。

打造亲子课程。我们设计的新生课程，包括生活学习习惯养成、幼小

衔接等主题，涵盖整理书包、收拾文具、穿戴鞋袜、了解接送、认清课程表等内容。随着学生的成长，学校为每个学段的家庭设计了一系列适合该年龄阶段的亲子课堂，邀请学校教师和家庭教育专家举办讲座，针对教育过程中出现的问题进行干预和解答，和家长们分享实用的育儿方法。

建设学习型阳光家庭。我们倡导建设学习型阳光家庭，让家庭中充满互动、互学、共同运动的氛围，为孩子的健康成长营造良好的环境。我们倡导家长写学习心得或教育案例，记录孩子成长的点点滴滴；按学期填写《家长手册》，并接受学校的考核。家长中心根据家校联动情况，定期评选金太阳家长、金太阳家庭、社区优秀家长、市区星级家长等，促进家长工作良性发展，让好的家庭教育理念及方法帮助到更多的家庭。

组建社区学习小组。我们将同一小区的 5 到 8 个孩子组织起来建立“社区学习小组”，由家长轮流组织小组学生课后、周末、寒暑假一起做作业，还组织学生开展社会实践、参观旅游等活动，家长们结成了好朋友，孩子们更是找到了学习和生活的好伙伴。

（四）教师协作，搭建共同进步平台

立德树人、教书育人是教师的共同任务。学校成立教师共同体，让教师们共同完成任务，共同研究，共同学习。在共同体里，大家找到助人的乐趣，教师队伍向着团结、活泼、上进的方向迈进。

学校由教师共同体完成“走课”任务，走课就是学生的班级不变，教室不换，由不同的教师轮流走进各班教室开展教学活动。教师们就自己所教的教材进行深入研究，整合教学资源，研制出“走课”计划。“走课”计划包括确定研究主题、课程内容分配、教师分工、课时安排等几个方面，从而形成人员、内容、时间、空间的有机整合。“走课”既能让每一个孩子享受到不同教师精心准备的优质课堂，还能促进教师间形成互帮互学、共研共成长的学习共同体。

（五）学生合作，在探究式学习中成长

在合作中完成探究式学习，可以极大调动学生学习的积极性、自主性，培养孩子的创新能力，让孩子成为学习的主人，谱写自己的成长道路。由学校教师和学生共同编写、共同演绎儿童版金沙剧，用创新的方式传承传统文化、展示课程成果。自建校以来，孩子们集思广益，用不同的思路，创编了四个不同版本的儿童版金沙剧，并在校园内外上演。通过角色扮演、虚拟情境等戏剧方式，让孩子们成为"编剧""舞美""导演""剧务""演员"，在参与、交流、合作中，从不同的角度去理解、感悟金沙文化。这样的大型活动，每个孩子都乐在其中，"童话金沙剧"是全体金沙成员的文化梦想，也是我们对金沙文化的理解与传承。孩子们通过活动创作出属于自己的作品，演绎出别样的精彩。

四、程序和方法

（一）文化引领策略

将金沙文化和学校文化联系起来，打造独具特色的金沙小学学校文化，使得学校文化得到极大丰富，随着学校课程的深入，学校的文化内涵也进一步丰富。"追逐梦想，从心绽放"不是一句口号，而是师生成长的精神动力，师生共同成长让学校文化可感知、可触摸、可操作，学校表现出蓬勃生机。

（二）馆校共生策略

在馆校双方互动中，要找到能满足双方发展的合作点。以教育为代表的文化互动可以有力地促进双方共同发展。学校与金沙遗址博物馆在学校成立初期就成为友好合作单位，签订合作协议书，并相互挂牌开展活动。在学校的提议下，成立馆校互动领导小组和实施小组，建立了一系列的合作制度，确保合作的有序和有效。

（三）课程升华策略

金沙小学在传统的国家课程和地方课程的基础上，紧紧围绕金沙遗址博物馆为代表的金沙文化，开设了校本课程（见图 1）。

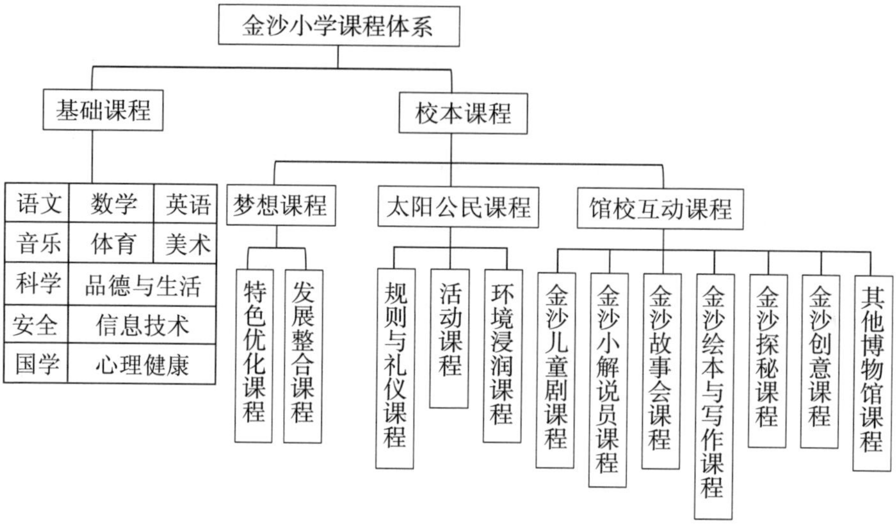

图 1　金沙小学课程体系

金沙小解说员课程让学生热心公益和志愿服务，具有团队意识和互助精神；金沙故事会课程让学生领略古今中外人文领域的优秀成果，能理解和掌握人文思想中所蕴含的认识方法和实践方法等；金沙绘本与写作课程能调动学生的好奇心，养成问题意识，激发学生的想象力，使其发展成为有宽厚文化基础、有更高精神追求的人；金沙探秘课程和金沙创意课程能培养学生的思维力和创造力，让学生能独立思考、独立判断，能不畏困难，有坚持不懈的探索精神，从而发展学生个性，并借此激发学生志趣。

五、效果和影响

（一）学校文化建设水平得到提升

1. 学生素养全面提升

学生对金沙文化、成都历史和文化都有了深入的了解和掌握。学生对家乡文化的自豪感油然而生，有了“传承文明，创造未来”的责任意识。一系列的探究活动大大激发了学生的探究意识，使学生树立了健康的审美价值取向，培养了良好的想象力和表达力，让学生爱上学习，学会学习，积淀深厚的人文底蕴，学生素养得到全面提升。

2. 教师教育观念发生转变

在课题研究中，“开放、探究、均衡”的文化逐步深入教师的心灵，使学校教师教育观念发生了显著的变化。首先，教师教育观念从关注学科教学向关注人的发展转变。教师不再是过去的单一学科知识的传授者，更多是学生发展的引领者和学习的伙伴。其次，教师的教育观念从关注学科的教育功能向关注更广泛的社会教育资源对学生发展的影响转变。教师逐步认识到学科知识对学生的教育功能是有限的，学生的成长还需要更多的社会教育资源的影响，教师实现从执行课程到开发课程的转变。

3. 学校办学影响逐步扩大

在馆校互动中，金沙小学发生了巨大的变化，如今的金沙小学，无论是学校的整体规划、课程改革、教与学的形态，还是学校每一位成员行事的态度与方式、学校管理的各个环节，都能令人感受到金沙的学校文化在其中起着至关重要的作用。

几年来，教学成果越来越丰硕，学生对教师的优秀评价率也逐年攀高，学校在家长、社会中的满意度越来越高，学校品牌正逐步深入人心。学校先后获得了“全国语文教改示范校”“教育部—中国移动中小学校长培训项目实践基地”“四川省示范家长学校”“四川省儿童公益学院教育实践基地”“成都市中小学实验教学示范学校”“成都市国学经典诵读示范学校”“成都市中小学校长实训基地”等荣誉。

学校快速发展，办学品牌凸显，同时把学校的育人理念传递给了金沙小学清波分校、蒲江县金钥匙托管学校、金沙幼儿园。集团内的各个校园花开各异、花开各美，形成鲜明的特色，取得优质的办学成果。

（二）博物馆教育功能得到进一步发挥

立项之初，博物馆对学校的支持仅停留在场馆的开放、解说员的指导以及课题中关于考古知识的理论支持，儿童在博物馆学习的方式较为单一。随着课题的深入，学校与文博系统建立了良好的合作关系，近几年，金沙遗址博物馆专门为青少年编写了博物馆课程，并将资源上传到网络。学生在周末参与网络互动课程的学习、答题和游戏，上传自己的主题作品，评选博物馆小达人。

六、经验和体会

协同育人需要深度合作。在实践中，学校是协同育人的主要倡导者、实施者。若要统筹资源，实现馆校互动从有限度的互动走向深度合作，需做到如下三点。

（一）主动转变认识，积极统筹资源

学校在传统观念影响下，强调以课堂为中心，过分重视系统传授书本知识，忽视对社会教育资源的价值认识，也就缺乏对社会教育资源的发现、发掘和利用。社会资源更多关注自身的社会教育功能，而忽视了与学校教育功能的互动。因而在与学校的合作中显得主动性、积极性不够。对此，需要学校、教师主动走出课堂、走出校园，具有教育资源开发意识，群策群力，将周边资源转化为有助于学生发展的课程资源。

（二）不断完善和优化运转机制

由于不同单位、不同行业的工作重心不同，在工作目标追求中存在差距，加上条件的限制，导致运转不畅，这就需要政府主导，职能管理部门在管理权限上进行整合，加大人力和物力的投入，研发适合教育的资源项目，实现更大程度的教育互动。

（三）进一步丰富协同育人的内容

无论是学校主导的金沙文化课程还是博物馆主导的青少年实践活动课程，在结构上还需要进一步完善。协同育人的内容和项目还需要双方的合作共创，不断完善和优化。

（撰稿人：钟樱、刘钥廷、陈竹）

依托社区资源共建书香家庭联盟

江苏省常州市新北区龙虎塘实验小学

一、学校概况

龙虎塘实验小学创办于1913年，是一所百年老校，具有悠久的办学历史与深厚的文化底蕴。2017年，确定为华东师范大学“生命·实践”教育学合作校、常州市新优质学校。学校现有学生2297人，班级48个；教职工152人，其中高级职称教师占11.8%，中级职称教师占20.6%，教师本科及以上学历占比达99.0%。

二、目的和意义

“崇文重教”是常州这座科教名城的文化基因，“全民阅读”是常州市的年度重点工程项目，农家（社区）书屋、共享阅读空间以及各类全民阅读活动的组织，极大地丰富了市民的阅读资源。自2020年寒假，笔者主动与学校所在的龙虎塘街道及其管辖的社区进行对接，利用家校社合力，在为期一年多的实践中，依托社区资源共建书香家庭联盟，有效利用社区资源推动家庭的阅读与学习。

三、内容和对象

（一）一场全民阅读启动仪式，唤醒家庭阅读与学习的种子

学生和家长参加全民阅读活动，是一个近距离感受书香城市、了解全民阅读的好机会。笔者组织学生参加 2020 年常州市“全民阅读春风行动”启动仪式，得到了家长的大力支持。学生和家长在书香萦绕的会场中，见证“环球港全民阅读推广基地”揭牌，聆听全民阅读领读者们分享对阅读的理解，欣赏学生代表慷慨激昂地表演朗诵快闪《少年中国说》，祝贺学校 10 名外来城市建设者儿童领取“全民阅读春风行动”阅读礼包。学生和家长在对活动的反馈中频频提及阅读兴趣和阅读习惯，家长们对阅读有了更深刻的认识，对家庭阅读与学习更加重视。学校与街道合作，利用难得一遇的阅读资源，让学生、家长亲临一场盛大的全民阅读启动仪式，有力地唤醒了家庭阅读与学习的种子，为更多家庭的阅读与学习奠定了良好的基础。

（二）一次新图书馆寻访活动，激活家庭阅读与学习的热情

龙虎塘街道新图书馆离居民密集的生活区有一段距离，还不被居民所知，开馆在即。这个图书馆是全民阅读基层示范点，场地大，功能多，需要招募一批志愿者。笔者与学生多次前往龙虎塘街道了解图书馆的具体情况，并商议如何借助街道新图书馆开展寒假阅读活动。笔者指导学生策划相应的玩伴团活动方案，并制作成“书香龙虎塘 玩转图书馆”思维导图，向全校招募成员（见图 1）。

最终，共有 30 多名学生加入了玩伴团，在教师代表、家长志愿者的陪同下前往新图书馆，进行第一次玩伴团参观活动，由新图书馆工作人员接待并介绍新图书馆基本情况（见图 2）。新图书馆以全新的面貌，激活了学生的阅读热情，并将这股热情传递到学生家庭中，促进家庭阅读与学习。疫情期间，新图书馆的线下宣传与志愿服务等活动未能进一步推进。但是学生们陆续以文章的形式总结参观活动的体会和收获，并利用网络平

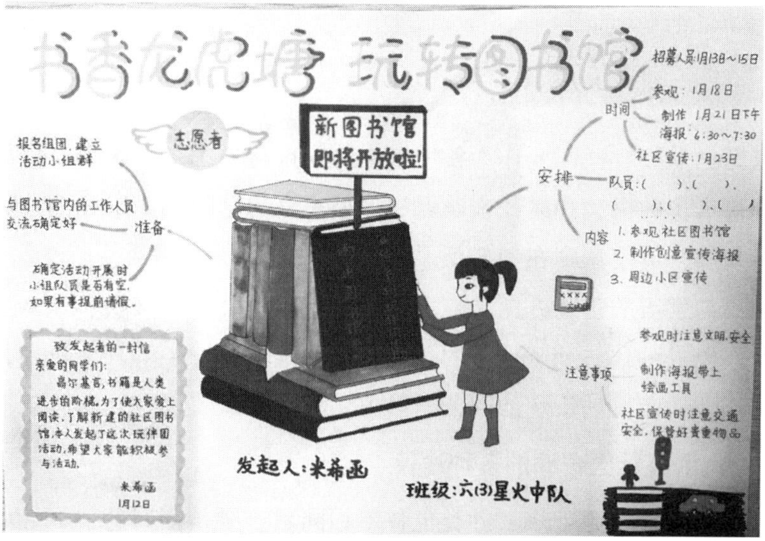

图 1　学生制作的“书香龙虎塘 玩转图书馆”思维导图

台把这些内容与新图书馆的情况一起推荐给更多同学和他们的家庭，让活动发挥最大的作用。

图 2　玩伴团参观新图书馆

四、程序和方法

家庭、学校、社区要作为整体来统筹安排与考虑，社区和学校可以为家庭创造更多的机会和途径来确保学习型家庭的创建，如组织活动吸引家庭成员参加，可使家庭在参与活动的过程中不断提高素质。[①] 这是推动家庭的阅读与学习的正确方向，与家校社多力驱动、多环交融、多学赋能的教育合作模式一致。基于这样的教育合作模式，通过了解社区资源，进行合理利用，从而推动家庭的阅读与学习。

（一）了解社区资源的多种途径

社区的阅读资源很多，种类也各不相同。有些是固有的，如社区图书馆、阅览室；有些是阶段性的，如暑期阅读大讲堂、21 天阅读打卡；有些是偶发的，如全民阅读启动仪式、世界读书日活动；有些是隐形的，如社区中的阅读推广人、作家、学习型家长……。不同的资源可借助不同的途径发掘，如调查问卷、实地走访、政策文件、官方资讯等。例如，“全民阅读启动仪式”案例是笔者借助官方资讯了解的偶发性阅读资源，经积极争取促成了活动的开展。而“新图书馆玩伴团”案例是借助实地走访，找到最新的固有阅读资源促成活动的开展。教师要有教育敏感度和主动性，才能更有效地利用社区资源。

（二）把握社区资源的有效策略

1. 主动出击，赢得社区资源

教师发现了有价值的社区资源，应积极主动地与社区取得联系。例如，在“全民阅读启动仪式”案例中，笔者在看到官方资讯后，先构思了学生的参与方式，如表演展示、志愿服务、现场观摩等。在有想法后，笔者第一时间通过学校与街道取得联系，表达参与意愿，为学生争取到参与活动的机会，赢得此项社区资源。

---

① 杨雯珺．论学习型家庭的创建［J］．成人教育，2013，33（8）：78-79.

2. 共建共治，优化社区资源

党的十九大报告对社区治理提出了“共建、共治、共享”的新目标。笔者认为，对待社区资源也应从“利用”转向“共建、共治”，共享优化后的社区资源。如“新图书馆玩伴团”案例中，笔者没有单纯地组织学生到图书馆进行阅读，而是策划了从参观、宣传到志愿服务的系列活动，让学生以社区小主人的身份去了解新图书馆，向周边居民宣传推广新图书馆，提供志愿服务优化新图书馆的使用功能。通过一系列的共建共治活动，让学生深入新图书馆得到锻炼，培养阅读兴趣，同时推动更多居民走进新图书馆进行阅读，助力学习型街道的建设。虽然，系列活动只推进到网络宣传，但从学生和家长的反馈来看，新图书馆这一资源已经在学生当中发挥了促进阅读的作用。

3. 深度合作，开发社区资源

要让社区资源萌生新的生命力，学校与社区甚至家庭间应该建立深度合作关系，探索“规划前行、平台铺路、项目驱动、共育共赢”的深度合作模式。同样以“新图书馆玩伴团”活动为例，除了之前设计的系列活动，还可以与社区深度合作，共同开发新图书馆的功能，让新图书馆成为一个中心平台，在项目化推进中衍生出更多的阅读资源点，如专题化读书沙龙、老年人阅读帮扶、幼儿绘本导读等。这样的图书馆能满足更多居民的实际需求，推动更多居民参与到阅读之中。

不仅如此，笔者在学校招募了一支阅读志愿导师队伍，与秋白书苑共同策划，从 2021 年 3 月起，开设了 20 节少儿读者阅读素养提升课程。根据少儿读者阅读需求，选择经典少儿读物，利用书苑平台和专业教师资源，系统专业地开发阅读项目，设计课程内容，着力在经典阅读中落实立德树人的根本目标。截至目前，阅读素养提升课程已经开展了三次，受到了学生的喜爱、家庭的认可。通过阅读指导，学生不仅提升了阅读水平，也充实了精神世界。阅读志愿导师能在一定程度上利用好阅读材料，滋养学生的心灵，促进立德树人目标的实现。

五、效果和影响

了解社区资源、把握社区资源都是为推动家庭的阅读与学习而服务的。所有的改变都是由小及大、由点到面，推动家庭的阅读与学习也是如此。

（一）一个学生推动一个家庭的阅读与学习

“新图书馆玩伴团”活动招募的主要对象是学生。30多名参与活动的学生是新图书馆资源的直接受益人，他们在活动中感受阅读氛围，体验阅读快乐。笔者借助活动过程性资料，将街道阅读环境的营造和学生对阅读的热爱分享给家长，并让学生回家与父母分享活动感悟，将阅读的火种带回家。孩子是一个家庭的中心，也是一个家庭的希望，孩子良好的阅读习惯对家庭的阅读与学习具有积极的推动作用。在“新图书馆玩伴团”群里进行的问卷调查显示，30多名学生的家庭在2020年寒假中都有持续或阶段性的亲子共读、隔代共读。

（二）一次活动推动一个假期的阅读与学习

“全民阅读启动仪式”对亲临现场的学生和家长都产生了积极的影响，激起了他们的阅读兴趣，使其更加重视阅读习惯的培养。笔者随机选择参加表演和领取阅读礼包的学生各三名，进行假期阅读追踪调查。这六名学生在整个假期均能坚持课外阅读，阅读量在4—8本书不等，平均每日阅读时间在0.5—1小时，他们都有亲子共读的经历，六人均有做读书笔记的好习惯，五人在阅读后有制作小报的习惯。这虽然不是一次活动就能实现的，但“全民阅读启动仪式”对学生和家庭的假期阅读与学习有一定的助推作用。

（三）一种理念推动一个书香联盟的形成

借助学校每学期初的假期生活与期初生活博览展销会、秋白书苑公众号等平台，阅读的理念逐渐受到学生和家长的认可，越来越多的学生参与其中。2020 年暑期起，秋白书苑招募的假期志愿者均为学校学生及家长。越来越多的家庭选择在假期带孩子一起投身阅读志愿服务和阅读行动，家庭阅读时间大大提升，也推动着书香家庭联盟的形成。

六、经验和体会

着眼立德树人，依托社区资源共建书香家庭联盟的方式有很多，笔者在这一年中只是聚焦其中的两点进行探究，虽然取得了一些成效，但仍存在深入研究的空间。对这两个案例进行反思，笔者将在之后的教育实践中更全面、深入地依托社区资源推动家庭的阅读与学习。

（一）重视家长的作用，平衡多元主体

家庭是人生的第一所学校，父母是孩子的第一任老师、是家庭学习环境的主要营造者。家庭阅读与学习氛围与孩子的父母有着极大关联。因此，在依托社区资源推动家庭的阅读与学习时，一定要充分发挥家长的力量，让家长从活动的见证者成为参与者，从被动参与者成为主动策划者，使学生、家长、学校、社区等多方在活动中共同发挥作用，从而真正推动家庭阅读与学习。

（二）多维扩展项目实施，促成更多家庭的阅读与学习

上面提到的两个案例的共同点在于，参与的学生人数不多，尤其是相对于全校两千多名学生而言，推动的面很小。充分利用社区资源以促成更多学生及其家庭的阅读与学习，可以从两方面去尝试：一是利用重复性原则，分批、分层推进阅读活动，让不同年龄、班级的学生都有机会参与；二是利用网络资源，将活动案例通过网络传播，给更多家庭以指导与启发。

（三）整合社区资源，提升阅读推动力

在以往的案例中，往往依托某个社区资源组织相应活动。社区资源之间也存在关联，如果将资源融合，一次阅读活动可以发挥更大的推动力。之前笔者在隐形的社区资源中提到了作家、阅读推广人等以人为主体的资

源，可以将其与社区图书馆等场地资源相整合，生成新的优质资源，如在社区图书馆开设家庭阅读指导讲座或者作家故事会栏目，优化社区资源，丰富阅读活动，进一步助推家庭的阅读与学习。

（撰稿人：潘虹）

新时代家校协同育人机制的探索与实践

上海市金山区亭林小学

一、学校概况

上海市金山区亭林小学创办于1905年，是一所有着百年办学历史的乡镇学校。学校所处的亭林镇具有深厚的文化底蕴，是南朝文字训诂学家、史学家顾野王的先祖故里和平生重要归闲、创作之地。浸润于厚重文化之中的亭林小学，既秉承了“文义”办学的爱国之志，又承继了东晋戴邈《上表请立学校》中“尚文”的办学思想。

二、目的和意义

近年来，学校变化具体表现为以下三方面：入学人数逐年递增，班额达40人以上；家庭教育背景薄弱；家校合作中家校沟通失效。因此，学校提出构建“爸爸（妈妈）班主任”机制、培养“班级管理合伙人”和“共同学习好伙伴”的工作思路，探索创新家校协同育人机制。

（一）呼应新时代背景下的育人要求

站在新时代“融合育人”背景下，如何探索家校协同育人校本化实施之路，如何将看似劣势的家庭教育力量转化为助推学校发展、共同培育学生成长的教育新力量是学校面临的重大难题，也是研究家校协同育人功效最具现实意义的重要课题。

（二）回应学校优质发展的现实需求

随着教育改革和教育民主化进程的不断推进，家长对孩子在校学习生活的关心和参与意识不断提升。学校积极向家长敞开大门，引领家长参与学校教育，感受校园生活。例如开展家长开放日、家长驻校制、一日校长制等，鼓励家长参与学校管理。

（三）对应家校协同育人再发展的需求

经过多年实践，学校积累了较为丰富的家校协同育人的实践经验：以家庭教育小基地为抓手，设立了“家亭小栈”，鼓励和指导家长更有质量地陪伴孩子，共做家务，共同运动、阅读、学习，形成学校和家庭协调一致的育人合力。如何使学校已有的家庭教育经验成为“五育融合”有效实施的保障，继而成为构建家校社“三位一体”全面育人新体系的重要环节，有效落实立德树人根本任务，从而推动学校办学朝更高质量发展，这是家校协同育人工作再发展的需求。

三、内容和对象

通过构建“1+X”家校班主任管理模式，将家长纳入学校的培养体系中，提出具有“责任心、明理心、快乐心、主动心、学习心”的“五心家长”的培育目标。

（一）确立项目运行目标

引导家长到校担任类似学校班主任的工作，协助班主任做好班级的日常管理和教育工作，学习关爱班级中的每一位学生、与班级学生家长进行沟通、与学校班主任相互配合，共同育人，成为“班级管理合伙人”和“共同学习好伙伴”；建设家校互动平台，让家长、家庭成为参与学校治理的教育主体之一，让更多的家长、社会优质资源成为学生成长的合作者和指导者，最终实现立德树人。

（二）构建项目运行机制

为探索和创新协同育人的校本化实施之路，学校成立了以校长为组长，学校各部门负责人、家委会、社区代表组成的学校家庭教育融合工作小组，形成全面推进“融合育人”的组织保障体系，推动合力育人工作落实，具体运行流程见图1。

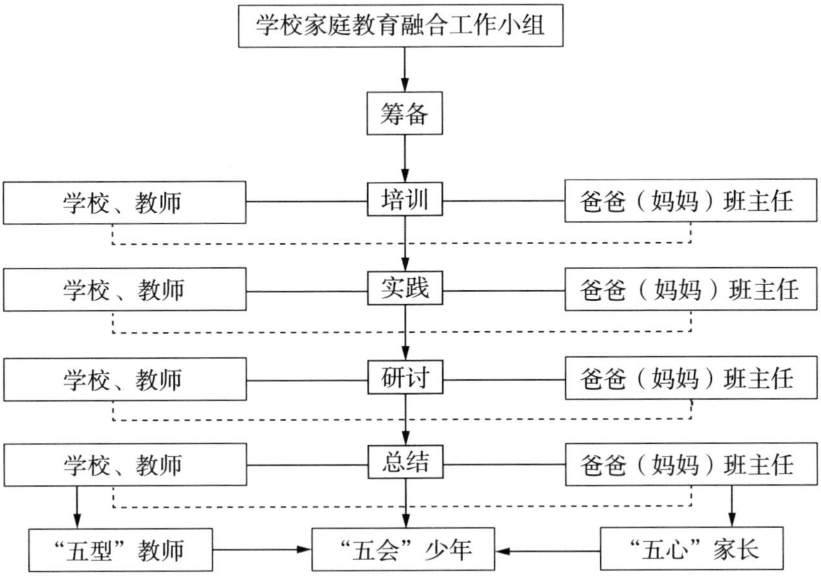

图1 “爸爸（妈妈）班主任”协同育人机制运行图

（三）明确项目工作职责

在同学校家委会共同讨论后，确立了工作职责（见表1）。重在打破家长“只关注自家孩子”的思维，引导家长与教师齐心协力共同管理班级。为了落实工作职责，项目要求家长在校完成“六个一”：参加一次早上执勤护校、听评一次课堂教学、参与一次午餐管理、组织一次专题教育课、举行一次个别谈心、提出一次反馈建议，促进家校合作及家长之间的交流，形成互助的学习共同体。同时，学校也鼓励家长开展个性化工作，如利用自己的一技之长为班级学生开设微课程、微讲座等。

表1 “爸爸（妈妈）班主任”工作职责

亭林小学“爸爸（妈妈）班主任”工作职责
一、“爸爸（妈妈）班主任”要了解班级基本情况，参与班级管理，协助班主任做好班级常规工作。具体内容详见亭林小学“爸爸（妈妈）班主任”工作记录表。
二、“爸爸（妈妈）班主任”要进课堂听课，了解班级课堂教学情况，并做好听课记录。
三、“爸爸（妈妈）班主任”要认真填写记录表，撰写工作日志。日志字数500字左右。内容包括：自己在校一天工作的感受；对班级管理、课堂教学、各项活动的认识和建议。
四、“爸爸（妈妈）班主任”要与两位学生进行个别谈心交流，了解孩子的生活情况和学习情况。(不包括自己的孩子)
五、“爸爸（妈妈）班主任”要认真参加班级的各项活动，能站在班级班主任的立场上解决问题。
六、“爸爸（妈妈）班主任”要根据学校制定的工作职责，不能干涉班主任的工作。
七、“爸爸（妈妈）班主任”要关注班级中每位学生，公正、公平地对待每位学生。
八、“爸爸（妈妈）班主任”要客观评价班级工作，传达积极意见，共同做好学校工作。

（四）制定项目工作手册

“爸爸（妈妈）班主任”工作手册包括班级一日行为规范点评、观课记录、个别谈心、科任教师交流、撰写工作日志等工作流程，要求家长认真做好记录。工作手册用以积累最真实的资料，能够为实践研究的不断深入提供宝贵的信息，以便于学校更好地总结，及时地调整，不断地优化。

（五）做好项目宣传动员

为更好地推进项目运行，学校通过三个层面进行宣传动员。一是教师层面：通过教师大会要求全体教师共同参与，做好家长的指导工作；二是家长层面：通过家委会、家长会，向家长宣传家校合作的意义、做法，传达学校对家校合作的重视，学校愿意为家长提供参与管理的平台；三是学生层面：召开学生座谈会，要求学生尊重、支持“爸爸（妈妈）班主任”。

（六）做好项目岗前培训

家长到校担任相关工作具有一定难度，岗前培训能让家长进一步明确工作要求和具体工作方法。为了使培训工作更加有效，学校根据培训内容，确定了学校、班级、家长三个层面的培训，并梳理了三个培训系列：理论培训、操作培训和实践培训。例如，作为上海市行为规范示范校，学校特别关注家长对学生行为规范的教育，结合这方面进行了一系列的培训，包括学习《上海市中小学生守则》《亭林小学一日行为规范》等。这一系列的培训，为家长担任“爸爸（妈妈）班主任”工作指明了方向，也逐渐改变了家长的一些错误观念。

四、程序和方法

（一）启动阶段

学校从班级管理现状及家长的实际能力出发，分析家长对班级管理的关注点，了解家长与教师协同育人的契合点，选择合适人选。主要分为三个步骤：一是制定标准。在遴选之前，学校制定了“爸爸（妈妈）班主任”的选任标准，选择热心学校教育并具有一定文化工作基础的家长来担任。二是确立程序。首先根据调查问卷统计家长意愿，进行初选，第一轮选拔优先选父亲担任“爸爸班主任”，第二轮选拔考虑班级培优生与行为偏差生的家长。三是进行聘任。学校向家长颁发聘任书，增强家长的荣誉感与责任心。

（二）试点阶段

初步实施阶段，学校将一年级列为试点年级，加强协调互助。一是在工作交流中指导。工作结束之后，学校德育处与家长面对面交流，进一步对家长进行引导与指导。二是在评价反馈中反思。班主任每周进行评价反馈，评价家长在参与班级管理工作中的优势和不足，总结家长提供了什么样的帮助、有哪些启示，思考家校协同下的育人效果。三是在交流互动中改进。学校为教师、家长搭建每月沙龙的平台，及时总结、修订、完善“爸爸（妈妈）班主任”工作职责及工作手册。

（三）推广阶段

试点阶段取得的成效是全校推广的基础。在推广阶段，学校以更灵活的组织形式推动“爸爸（妈妈）班主任”工作。一是管理重点下移。通过年级组推进的模式，将管理重心下移，呈现扁平化管理，并在各年级组实践中，形成年级特色。例如，低年级学生可以开展一些基础性的、简单可行的小队活动，如参观学习、亲子阅读、亲子趣味运动等；而高年级学生可以组织开展一些适合当下主题的社会实践活动，如户外拓展、社会调查、学习研究等。二是角色功能泛化。打破班级管理的局限，拓宽家校协同育人的内容与形式，让“爸爸（妈妈）班主任”走进学生的社会实践，组织学生开展传统节庆活动、职业体验活动等，如中秋节制作亭林月饼等实践体验活动。三是积极探索自培。由于学生年龄的差异，各年级在推广过程中有很多的交叉点与不同点。以年级组为单位进行经验分享，交流各年级组的收获与困惑、反思与设想，并邀请胜任工作的“爸爸（妈妈）班主任”担任培训师，帮助、指导更多的家长做好此项工作，使家校协同育人走上了可持续发展之路。

（四）巩固阶段

为深入挖掘以“爸爸（妈妈）班主任”为载体的家校合作中的典型，学校采用了多元化评价模式，推动协同育人实践。一是通过十佳和百名优秀“爸爸（妈妈）班主任”评选，提升“爸爸（妈妈）班主任”工作品质。学校根据亲和能力、观察能力、写作能力、思考能力，以及参与热情、工作主动性、撰写日志的质量评选十佳和百名优秀“爸爸（妈妈）班主任”。二是通过优秀家庭教育指导者评选，提升教师的家庭教育指导能力。学校每学年都组织评选，对于能带动家长学习家庭教育知识、改变家长家庭教育观念、指导家长解决家庭教育中遇到的实际问题的教师，给予“家庭教育优秀指导者”的荣誉称号。三是通过“最佳双班主任”评选，共建家校共育场域。合作好、配合度高、协同管理班级效果佳的班主任与“爸爸（妈妈）班主任”可获得“最佳双班主任”的光荣称号，以此推动家校共育良性发展。四是通过最美家庭评选，共担社会责任。学校每学年开展“最美家庭”评选活动，对在活动过程中家长教育观念转变、家庭学习氛围浓厚、亲子关系和谐、家庭教育与学校教育密切配合的家庭进行表彰，以此激励家长不断提升家庭教育的理念，进而提升镇域的文明指数。

五、效果和影响

“爸爸（妈妈）班主任”协同育人机制的实施，使家校合作跳出了传统的固定模式，为家校合作开辟了新的路径。家校合作不再是理想化的空中楼阁，而成为脚踏实地的探索与实践。在合作管理好班级的过程中，家校建立了相互尊重、彼此信任的和谐关系，达成了思想和目标的一致性，构建了和谐有效的立德树人氛围。

（一）成为共同育人的新主力

1. 融入班级文化治理，成为班级管理新力量

“爸爸（妈妈）班主任”工作的实践与探索，不仅解决了一些特定的问题，而且促进了家长对班级管理工作的认同。家长开始关注孩子成长中的身心健康问题，重视对孩子的品格教育。

> **【案例】**小昊是二年级的学生，自控能力差，非常好动，上课时常常自说自话，影响上课秩序。班主任盛老师多次与小昊爸爸沟通，小昊爸爸非但不理解，反而与教师、学校产生了对立情绪，给学校与教师带来了很大的困扰。但小昊爸爸担任“爸爸班主任”之后，情况得到改变。那天的英语课上，当全班所有的孩子都跟着多媒体学唱英语歌曲的时候，小昊突然从座位上冲到了教室后面的饮水机，凑上嘴就喝了起来。面对这突如其来的一幕，小昊爸爸傻了眼。但英语老师

却习以为常，微笑着走到小昊身边，对他说："口渴了是吗？下次不要这样喝，老师给你水杯。"说完，拉起小昊的手回到了座位。那天，美术课上的小昊用水彩笔在同桌和周围同学的绘画纸上画上了乱七八糟的线条；体育课上的小昊一会儿打同学的头，一会儿抢同学手中的运动器械；语文课上的小昊钻到了课桌下，在教室里爬来爬去。小昊爸爸看着儿子在校的学习状态，濒临崩溃。临放学前，小昊爸爸来到盛老师办公室，为以前自己对学校和老师的不理解表示歉意，并允诺一定与学校、老师站在一起，共同教育好儿子。在工作日志上，小昊爸爸写下了这段话：如果不当这一天"爸爸班主任"，我可能永远都不了解孩子在校的表现，也不会知道老师对孩子的特殊照顾与关心，感谢"爸爸班主任"让我从一名野蛮无知的家长走向理性，也让我拥有了重新审视孩子的机会。

2. 融入特色课程拓展，成为社会研学新导师

在学校特色课程的开发与丰富中，家长也逐渐占据了不可替代的地位，在学生的成长过程中发挥更加积极的作用。

（1）助力家校劳动融合

"爸爸（妈妈）班主任"工作成为"五育融合"的教育新体系推进的有效机制，能有效促进学生德智体美劳全面发展，健康成长。如在探索学校、家庭、社区"三轨交互"的劳动教育体系中，学校确定家庭劳动教育实施内容，将家庭劳动纳入每年寒暑假作业目录，指导家长创设家庭劳动情境，激发劳动意愿。家庭成为开展劳动教育最灵活、最便捷、最持续、最具实效性的劳动教育阵地。

（2）助力校本研学活动

学校特色课程摄影之"咔嚓系列"，重在引导学生在社会和自然大课堂中用光影定格瞬间，感受自然之美、人文之美、精神之美。学校以摄影研学打造家校社大课堂平台，由"爸爸（妈妈）班主任"担任校外摄影研学活动的领队，共同体验"咔嚓之旅"。追逐光影的过程是孩子们发现美、创造美的过程，是综合能力不断提升的过程，是逐渐关心国家、社会

和提升责任感的成长过程，也是学校通过构建家校协同育人的策略逐步实现融合育人全员、全程、全方位在线的过程。

3. 融入双师型角色，成为在线学习新助教

“爸爸（妈妈）班主任”协同育人机制帮助教师确立了家长、教师共同育人的观念，建立了家长、教师平等互助的合作关系，学校教育与家庭教育携手并进。疫情时期，在线学习成为学校与家庭协同育人的新模式。“爸爸（妈妈）班主任”真正发挥了孩子居家学习的家庭辅导老师的作用，充分承担了居家学习的各方面管理，如文体活动、劳动活动、防疫小卫士、体育小达人等，成为班级活动和家庭日常活动的教育组织主体。

（二）成为共同学习的新伙伴

1. 学校教育体验后家庭教育理念的转变

一是产生共情。教育是一项复杂的工作，即使是相同的一件事，所采取的教育方式不同，效果便会不同，因为每个孩子都是不同的。在担任“爸爸（妈妈）班主任”之前，部分家长把教育看作一件简单的事。随着工作的深入开展，家长们了解了各种各样的孩子，感受到教育的复杂性。在教育孩子的过程中，家长逐渐变得更愿意接纳教师给予的建议与方法，遇到问题能和教师协同解决。

二是转变观念。通过参与学校教育，家长改变了“重智力，轻德育”的错误观念。家长了解到孩子除了学习之外，还有很多需要学习的方面，要使孩子今后的生活更加幸福，就必须树立全面发展的教育理念。家长树立了更加科学的家庭教育观，这也促使他们在学生的成长过程中发挥更加积极的作用。家长把这种家庭教育理念付诸行动，积极参加各级各类家庭教育案例评选活动，如《逃离iPad》《宝贝的“宝贝”》《“陪”与“不陪”》等优秀案例获市区级家庭教育征文奖等奖项，或发表于《家庭教育时报》。

2. 学习实践体验后家长学习内驱力的转变

教育只有转化为内在需要，才能成为持续学习与发展的不竭动力。家长担任收银员、促销员参与“六一”爱心义卖，与孩子一起见证入队入团

仪式、参加志愿活动共同践行志愿者精神，家长化身老师教授少年宫课程……，亲子活动的多元化、家校合作的多维度，迫使家长不断充电、提升素养，营造了家校协同育人的良好氛围。

“爸爸（妈妈）班主任”机制，让家长角色定位更准确，家校合作更默契，教育理念更科学，亲子关系更融洽；也让家长走进了学校的教育教学，对于教师来说是督促也是挑战，促使教师更加关注自己教育工作中的细节，规范自己的行为，也让教师更加钻研教材，更精准地把握课堂教学目标，使自己的课堂教学更加严谨和高效。

六、经验和体会

“爸爸（妈妈）班主任”机制的落实，为学校提供了家校协同育人校本化实施的有效路径，同时，学校也在反思阻碍项目深入发展的问题，如“教育责任旁落”的问题、“爸爸（妈妈）班主任自我教育机制”问题以及“各年级爸爸（妈妈）班主任的职责差异”问题等。此外，学校从现代学校治理的家校关系出发、从未来希望的家校关系出发，深入思考项目的再增长点。

（一）合作关系从家校走向家校社

学校尝试让当地企业站在企业文化建设的高度认可并重视“爸爸（妈妈）班主任”工作，鼓励员工参与“爸爸（妈妈）班主任”工作，让更多员工的家庭教育能力及个人素养得到提高，以此带动企业文化建设，形成亭林企业文化的一张名片，企业从而也承担起教育的社会责任。

（二）参与对象从两代走向三代

学校尝试让年龄适当且有一定文化基础的爷爷或奶奶到校担任“爷爷（奶奶）班主任”工作，参与对象从亲子走向祖孙，给“爸爸（妈妈）班主任”工作注入新的力量。

（三）项目功能从单一走向系统

通过成立“爸爸（妈妈）班主任”工作室、讲师团、家庭教育小基地、校园“文义讲坛”等方式，“爸爸（妈妈）班主任”工作的成果辐射到亭林地区家庭教育指导联合体的各所学校，共同推进亭林地区家庭教育的发展。

“五育融合”已经成为新时代中国教育变革与发展的基本趋势，家校合作、协同育人是融合推进的保障。在“五育融合”推进过程中，学校将不断深入研究“爸爸（妈妈）班主任”家校合作机制，使家校社成为心手相连的“伙伴”，开创协同育人的美好前景，共同为学生德智体美劳全面发展而不懈努力。

（撰稿人：张蓓蕾、包新娟）

正向联谊，内生成长

浙江省杭州市浙江师范大学附属杭州笕桥实验中学、
笕文实验学校

一、现状与问题

时代发展日新月异，教育也面临新的课题，家长在家庭教育中亟待得到科学的指导，帮助孩子更好成长。2019 年，学校对一年级新生家长进行了家庭教育问卷调查，结果显示，家长在家庭教育中面临的问题主要有以下三类：一是家长缺乏科学系统的家庭教育知识。家长普遍缺乏养育子女的正确教育理念，不懂孩子的身心发展规律，家庭教育停留在父辈经验层面。

二是家长反思和思考家庭教育的能力不足。家长普遍欠缺觉察自己和看见孩子需求的能力，很少深入思考孩子的教育问题，习惯于跟随自己的情绪无意识地做事乃至做错事。

三是家长欠缺有效引导孩子的方法。家长缺乏有效引导孩子的亲子工具和方法，缺乏正确解读教育方法的能力，未做到长期坚持用正确的方式方法对待孩子。

家长需要通过学习来掌握相应的家庭教育知识，需要通过一定途径提升自身的家庭教育能力。对此，学校需要通过建立一定的机制，有计划地引领家长持续落实正确的教养方法，实现“家长天天学习，孩子天天向上”，帮助家长更优质地陪伴孩子，更好地促进孩子健康成长。但这些都不是传统的家校合作形式能够满足的，需要探索一种家校协同合作的新样态。

二、目的和意义

家校共同体以“团体”为运作形式，形成家长团体与学校团体以及学生团体之间“多对多”的协同合作关系，改变以往传统家校合作形式，探索家校合作新样态。家校共同体以平等参与、责任共担、异质互补、同质共进、成果共享为原则，以协作、交流为主要方式。

家校共同体旨在提升全体家长的家庭教育智慧，家校协同培育孩子，促进家长对孩子教育的参与范围扩大、参与程度加深、参与作用加大，由过去的消极被动、挑剔审视、比较争夺教育资源转变为积极主动、献计献策、关心学校整体发展生态、关心全体孩子的成长场。其意义在于：

其一，形成家长成长场，通过家长成长来解决家庭教育中的问题。通过家校共同体协助家长成长，让家长树立正确的家庭教育理念，掌握科学的家庭教育知识；提升觉察和反思能力，有意识地看见孩子的成长需求；了解和掌握亲子工具，持续有效地引导孩子。

其二，打造积极健康的隐性心理能量场，构建一体和谐的协同教育环境，使家校正向联谊，同频共振，在协同教育中使生命更美好。

三、内容和对象

基于家庭教育中面临的问题，学校的家长学校下设家庭教育工作室，以创建互动学习场—学以致思—思以致用—知行合一—协同成长为流程，设计和架构“学习场”“交流场”“实践场”三大家长成长场，“知”“思”“行”三大系列“家长成长课程”，以课程为纽带联结家校，形成家校共同体。

（一）家庭教育工作室专人负责，协同各方

家长学校由校长直接领导，下设的家庭教育工作室有专人负责，专门投入“家长成长课程”的开发和实施，以课程为纽带协同各方，推动家校

共同体开展工作（见图1）。

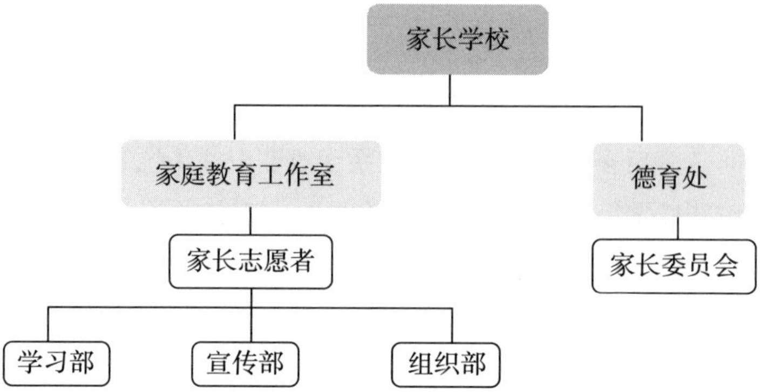

图1 家长学校组织架构

（二）家庭教育工作室构建课程，联结家校

学校构建了“知”“思”“行”三大系列课程（见图2），相互融合、相互作用，形成合力机制，促使每一个教育环节形成教育合力能量场，推动家长与孩子协同成长，家庭与学校协同育人。

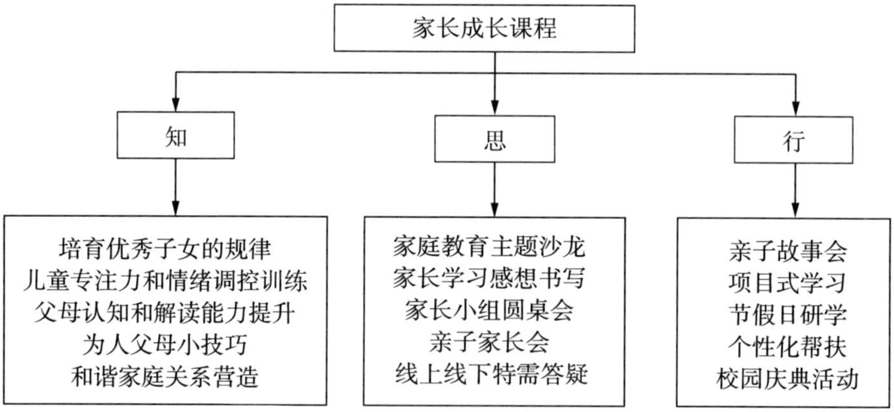

图2 家长成长课程设计架构

1. 知——理念课程

课程通过学习小组的形式组织。家长小组与学生小组建立同盟关系，以实现共同学习、共同成长。学生在学校接受教育的同时，学校也为父母

开课，家长学校的线下讲座和线上课程按时开启，及时为家长在家庭教育中遇到的问题提供科学的指导。通过学习，家长的家庭教育知识得以丰富，能力得以提升，使亲子之间、家校之间得以同频共振。学习理念，使家长能“知”。

2. 思——互动课程

学校为家长分别提供线上和线下交流的渠道与场所，通过多种途径提升家长在家庭教育中的觉察及反思能力，使家长深入思考教育问题，学以致思，推动家长与孩子之间的良性互动和有效沟通。互动交流，使家长能“思”。

3. 行——实践课程

“学”与“思”的落实，需要实践作用力的推动。学校要创设各种实践场景为家长与孩子搭建合作的平台，指导家长在实践中运用科学的方法对待孩子，转变育人观念，提升自身的综合素养，带动学生思想及行为的转变。促进知行合一，使家长能“行”。

四、程序和方法

（一）创建“学习场”：引领家长汲取教育知识、更新教育理念

家校共同体是一个协作系统，双方在合作的过程中需达成统一的理念与目标。这种共识使家校成为合作伙伴，团结一致，相互协作，为家校课程后续工作的筹备打下坚实基础。技术的进步使得学习方式和空间变得灵活便捷，根据教育教学和家长需求的实际情况，学校开设了涵盖线下线上、全体和部分人员以及讲座、主题沙龙、音频课程等多样形式的学习课程，引领家长汲取教育知识、更新教育理念。

1. 打造形式灵活多样的家长学习场

（1）现场主题讲座

为了普及和建立家校协同一致的育人理念，家长学校在每学期的期初、期中、期末定期组织讲座，与家长现场互动。2019 学年，学校建立

了“学生学习小组+家长学习小组”的学习互动模式，家长们的学习热情不断提高。

（2）空中亲子课堂

为了打破时间及空间的限制，使学习更加便捷，家庭教育工作室通过“千聊 APP”录制原创系列主题音频，推出线上课程——《空中亲子课堂—爸爸妈妈陪我成长》（见图 3）。根据各年级的实际情况编制课表，在钉钉发布课程链接，家长可以随时随地收听，写下学习感想和亲子互动手记。

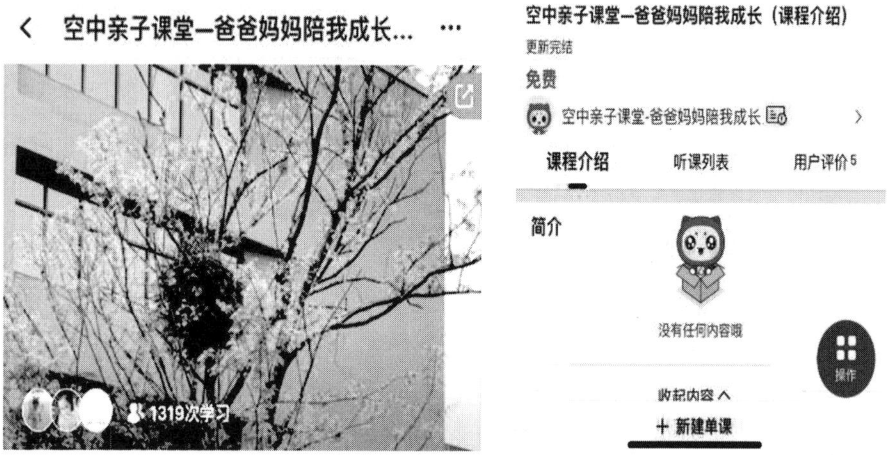

图 3　《空中亲子课堂—爸爸妈妈陪我成长》

（3）亲子主题沙龙

结合家庭教育的实际需求，学校就相对共性的问题开展亲子主题沙龙活动，进行深度的思维碰撞、研讨、反观和学习。

2. 开发内容系统丰富的家长成长课程

根据家长的需求，学校不断开发和丰富课程内容，既重视解决家长当下面临的、在亲子互动过程中急需的时效性内容，更重视丰富家长的家庭教育知识，提升家长的家庭教育能力，注重课程的针对性、实效性和引领性。目前学校已开发现场主题讲座 5 个、空中亲子课堂 60 课、亲子主题沙龙 4 个，涵盖正面管教、因材施教、培育优秀子女的规律、儿童专注力和情绪调控训练、父母认知和解读能力提升、和谐家庭关系营造等九大系列课程。

（二）搭建“交流场”：促进家长互动交流、提升教育智慧

构建家校共同体需要家校二者互为主体，打破家长长期被动交流的局面。家校彼此尊重、分享在教育过程中的问题及感受，碰撞育人思维火花，有利于消除教育分歧，共同坚守集体性原则。为此，学校在各班以学生个体差异性为基准组建了各个家长小组，并为家长团队提供一系列“交流场”。

1. 组建家长志愿者团队，建立家校协同交流的纽带

家庭教育工作室招募家长志愿者，分为学习部、宣传部和组织部，形成“三维”志愿者团队，作为家校沟通交流的桥梁和纽带，倾听彼此的心声。三个部门分工协作，通过数字化的方式统计和反馈家长学习情况、亲子互动手记提交情况，选编优秀家长感想推送到微信公众号等，并通过专门的主题沙龙对家长志愿者进行培训，使其在各班的家长学习小组中及时了解和反馈家长的需求，起到正向的榜样引领作用。

2. 开发主题沙龙，适应家长的多层次需求

学校开发主题沙龙以适应家长的多层次需求。主题沙龙的内容力求兼具深度、个性和反思性，通过发挥主题沙龙现场的即时性强、互动性强、针对性强、生成性强等特点和作用，推进家长从“知道”逐步走向“想到”和“做到”。

学校通过三种途径整合筛选，确定沙龙主题：根据家长志愿者私下沟通交流了解，搜集家长需求；结合当前家庭教育面临的普遍问题，如手机、拖延、厌学等；由德育处发布“问卷星”征集。主题确定后，由德育处组织家长进行报名。在沙龙结束后，学校还鼓励和建议家长坚持写案例反思和观察日记，教师会及时进行跟踪与辅导。

3. 开通“协同成长”公众号，为家长们提供更多的学习渠道

学校开通“协同成长”公众号，并有效利用其促进家长的学习和成长。公众号上会发布家长家庭教育优秀感想，传递更多正确、有效的教育

理念和方法，为家长们搭建了一个思想碰撞和学习交流的平台。公众号还会发布家庭教育的热点话题，号召家长提供实用妙招、在留言区讨论分享，开设抽奖活动，提高家长们参与热情，更好地促进家长反观自己的亲子互动品质，提升教养智慧。

4. 亲子“反转”家长会，使家长在换位倾听中了解孩子

学生学习小组给家长学习小组召开“反转”家长会，反馈本小组的学习情况，这可以初步锻炼和培养孩子的能力，引发家长主动反观，推动孩子主动学习，最终促进学生生发内驱力。

5. “家长小组圆桌会”，及时帮助家长解决热点难点问题

学校举行“家长小组圆桌会”及时帮助家长解决问题。在“家长小组圆桌会”上，班主任作为主持人，所有教师都参加，校领导随机旁听。会议以“学生+家长”的形式进行轮流发言，与会者互动交流所面临的困难。

6. “助燃”计划，开展个案点对点协助

家庭教育工作室根据需要建立典型案例，实施个案“助燃”计划。通过以团队交流为主、个人沟通为辅的形式，完善交流机制，形成有效沟通，形成教育合力。

（三）牵手“实践场”：协助家长运用亲子工具，催化思以致用

实践是理论的催化剂，多种项目式“实践场”能够使学校、家长、学生三者互相融合，形成教育合力，助力德育最终落地。学校为家长与学生提供了主题鲜明、内容丰富的“实践场”，在实践活动中交流，加深亲子联结。

“爸爸妈妈来上课”——构建亲子课堂，让家长由被动接收者转变为主动分享者。

“PBL 大玩家”——项目式学习。让家长和孩子在携手完成项目的过程中加强亲子沟通，促进相互理解。

“手拉手，一起走”——节假日研学。让家长和孩子有充分的亲子时光，学校会指导家长如何在研学活动中运用亲子工具赢得孩子的心。

“温暖依家依”——个性化帮扶。让家庭与家庭之间形成联盟，优秀的家长与遇到困惑的家长结对，对日常遇到的亲子问题进行交流和指导。

“家年华节庆日”——校园庆典活动。通过共同准备展示校园庆典活动，完成展示作品，加深亲子联结。

五、效果和影响

学校通过建设家校教育共同体，实践探索家校协同合作新样态，实施面向全体家长的“知”“思”“行”三大系列家长成长课程，指导家长互助互学、互相激发、相互分享，提升家长的家庭教育智慧，更具发展性地落实学校教学任务，形成家校合力机制，激发孩子的成长动力，实现立德树人的教育目标。

（一）提升家长的认同感和能力

在课程学习中，家长对课程、对学校的认同感逐步加深，构建了家校间的信任关系。在家长的感想和留言反馈中经常看到对老师、对课程、对学校表达感谢的话语，这足以看出家长对学校家长成长课程的认同，对学校的肯定、信任和喜爱。同时，通过课程的学习，家长的教育素养和能力得到了提升。很多家长听完课程后，会把所学理论与以往教育孩子的方式相关联，在反思中调整教育方法，在每周不间断的坚持学习中将理论内化于心，通过亲子互动实践运用，在每周记录教养细节中可以看到亲子关系以及孩子个体的转变。

（二）带动学生的转变

家长自身的成长直接带动孩子的转变，将教育的无效和反抗转变为有效和合作，激发孩子的成长动力。在对班主任的访谈中，也见证着一些较为“特殊”孩子的转变，比如，一个家境不太好的孩子，刚入校很自卑，现在却可以勇敢展示自我，积极发言，其背后是母亲听了课程后的转变带给孩子的积极影响；一个脾气火爆、性格倔强的孩子，当父母改变了教育方式后，她也开始帮助同学，与老师分享生活的美善一面；等等。

（三）打造家校协同新机制，构建家长学习资源库

在探索的过程中，学校形成了家校协同的新机制。通过成立家长学校，设计和架构“学习场”“交流场”“实践场”三大家长成长场，开发“知”“思”“行”三大系列家长成长课程，学校有效联结了家校，促进了家校共同体的形成。同时，通过积极的探索和实践，学校积累和形成了一整套家长学习成长课程。截至 2021 年 3 月 22 日，家长累计听课总次数已达 18869 人次，收到家长学习感想 5716 篇 85 万多字，已在“协同成长”公众号上发布 34 期家长优秀感想选编。

扎实的探索和实践、丰富的课程和成效使学校的家长学校被认定为 2020 年度浙江省中小学数字家长学校；《知道·想到·做到——“1+1 家长协同成长课程”的构建和实施》成功立项 2020 年度杭州市教育科学规划课题；《知·思·行——笕实（笕文）打造数字化“1+1 家长协同成长课程”》被评为 2020 年度江干区德育创新项目。

六、经验和体会

家校共同体的建立使得家庭和学校围绕共同的目标开展合作，打破家长以往的被动局面，使家长成为主动学习者和参与者。家校之间互相融合、相互补充、相互帮助，发挥各方优势，群策群力解决学生的共性问题和个性问题。学校提供系统科学的家长成长课程，建立正式的家长学习群体，帮助家长丰富家庭教育知识和积累家庭教育有效方法。以家长成长课程为载体，形成家长协同成长运行机制，优化传统家校合作的形式，形成家校协同教育新形式。家长在群体中找到荣誉感、使命感和自我价值，家长与学生共同成长，共同进步，共同推进学生身心全面健康发展，落实立德树人的根本任务。

（一）生命在肯定和互动中美好

学校在推出家长成长课程的过程中，尝试创设更多的仪式感，得到了家长的支持和喜爱。例如，特别贺年卡——“2020 温暖你我的文字”，其中的文字全部来自家长学习感想；特别信件——“梅老师写给家长的一封信”等。这些带有仪式感的活动，传递的是一份祝福与美好，更是一份共同的寄托和希望，它让家校建立起一份无形而珍贵的信任感。只有了解孩子与家长的需求，肯定家长的付出和价值，方能使家校更好携手，共创美好未来。

（二）德育在调频和悦动中流淌

通过协同家长、教师和社会各界的力量，家长成长课程也在不断地推进、优化和升级，开始深入探索课程形式的灵活性、操作的便捷性和内涵的丰富性，探索如何营造良好的家庭氛围，探索如何通过促进心灵和情绪等积极能量流动对孩子学习力提升和健全人格形成产生影响，探索如何调适亲子、家长、家校之间趋近同频，一起悦动。孩子们在日常学习生活中的点滴变化，都酝酿着巨大的能量，他们变得彬彬有礼，和同学友爱、和父母亲近、与自己和解，接纳自己的不足，也相信自己充满力量，他们用积极的眼光看自己、看别人，融入环境，热爱校园，建立安全感和价值感，走向正向联谊。

德育当正向联谊，调频向前。在教育中，所有的创意和付出伴随着尊重的边界和有意识的推动汇聚成向上成长的力量。学校“家校共同体”建设当下已深受家长的认可和喜爱，孩子们身上也即时给出了鲜活灵动的反馈，希望这些探索能够惠及更多的家长和孩子。

（撰稿人：梅云芬）

四位一体：构建联动协同育人新模式

浙江省嘉兴市上海外国语大学秀洲外国语学校

一、学校概况

浙江省嘉兴市上海外国语大学秀洲外国语学校为十二年一贯制公办学校。学校由嘉兴市秀洲区人民政府大力投入和全方位支持，依托上海外国语大学与上海外国语大学附属外国语学校的雄厚教育资源与优良的教风学风，立足于外语教学特色，致力于“外语见长、文理并重、德才兼备”的高素质、复合型英才培养，使学生在德智体美劳各方面全面发展。

二、目的和意义

面向新时代，为落实立德树人根本任务，培养担当民族复兴大任的时代新人，学校秉承“服务祖国发展，服务人类进步”的办学宗旨，弘扬“自强、至诚、志远”的校训，坚持五育并举，不断创新育人模式，精心培养外语突出、综合发展的国际化人才，努力实践并初步探索出了“四位一体”联动协同育人新模式。

三、内容和对象

学校从目标、课程、活动、评价四个基本要素出发，构建了学校主导、年级主体、班级主动、家庭基础“四位一体”联动协同育人新模式（见图1）。

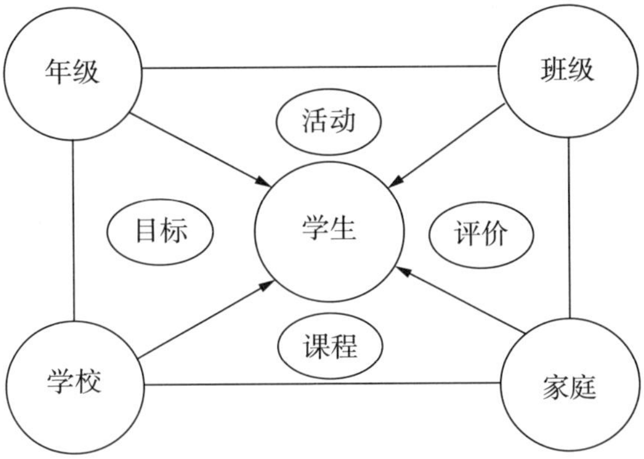

图 1　“四位一体”联动协同育人模式

“四位一体”联动协同育人模式的四个基本要素目标、课程、活动、评价，它们是相辅相成、相互促进的统一整体。学校在这一模式中处于主导地位，充分发挥协同育人的引领作用。年级主体地位凸显，职权明确，充分发挥德育活动开展和德育课程落实过程中年级层面的组织与督促作用，落实育人目标。班级是学生精神成长的家园，不管是实现德育活动的落细、落小、落实，还是实现德育课程的日常化、具体化、形象化、生活化，都要体现在班级。在这一模式中，班级不仅仅是学校、年级德育活动与课程实施的参与者，还是班级特色德育活动的创设者，充分激发班级的积极主动性，能够进一步深化育人效果。家庭是协同育人的基础，家校教育的一致性和有效性将有助于德育活动的开展、德育目标的达成。学校通过规范家校协同育人的章程，拓展家校沟通渠道，开办家校活动，加强家校协同育人。

四、程序和方法

（一）明确德育目标，引领协同育人方向

德育目标即德育工作所要达到的目的或所预期的结果，是德育工作的出发点和归宿，是德育价值的综合体现。学校以《中小学德育工作指南》

为指导，以学校办学宗旨与培养目标为依托，全面明确学校德育目标，引领协同育人方向。根据学生心理及年龄特点，在立足学生主体和遵循德育规律的基础上，学校对各年级德育目标进一步细化。

• 七年级：以“自我规范，自立自强”为主题，以“适应教育”为支点，以“规范行为”为目标，注重养成教育，致力于培养“合格”的中学生。

• 八年级：以“自我调适，至诚至信”为主题，以“发展教育”为支点，以“陶冶情操”为目标，注重心理健康教育，致力于培养“成熟”的中学生。

• 九年级：以“自我激励，志向高远”为主题，以“理想信念”为支点，以“健全人格、稳步提升、争先创优”为目标，注重励志、责任、感恩教育，致力于培养“优秀”的中学生。

年级德育目标层层递进，引领年级育人工作的推进。班级是学生精神成长的家园，而且班级的差异与特色也比较明显。在学校与年级德育目标的引领下再细化形成班级德育目标，这不仅是有益的补充，也是班级主动个性化发展的需要。为此学校要求班主任在制订班级工作计划时以学年为单位明确班级德育小目标。学校对此加强审核与指导，努力实现学校、年级、班级德育目标系列化与具体化。

如果德育目标能与家庭达成共识并得到家长的支持，那么德育目标将会真正起到引领家校协同育人的作用。为此学校举行了各种家校联动活动，如通过不同层面的家长会、座谈会（沙龙）、讲座与家长学校活动全面宣传学校、年级与班级德育目标，同时也认真听取家长的期望与建议优化德育目标，让德育目标成为四个主体的共识，深化协同育人、引领育人的效果。

（二）构建德育课程，落实协同育人途径

课程育人是实现德育目标的重要途径，也是回归育人本真的路径，根据德育目标巧设德育课程，着力打造本校的德育课程体系，充分发挥课程育人的功能。学校基于学生素养提升努力打造校本德育课程体系（见

图 2）。校本课程以学生素养课程为核心，从班主任、学生、家长三方入手进行构建。

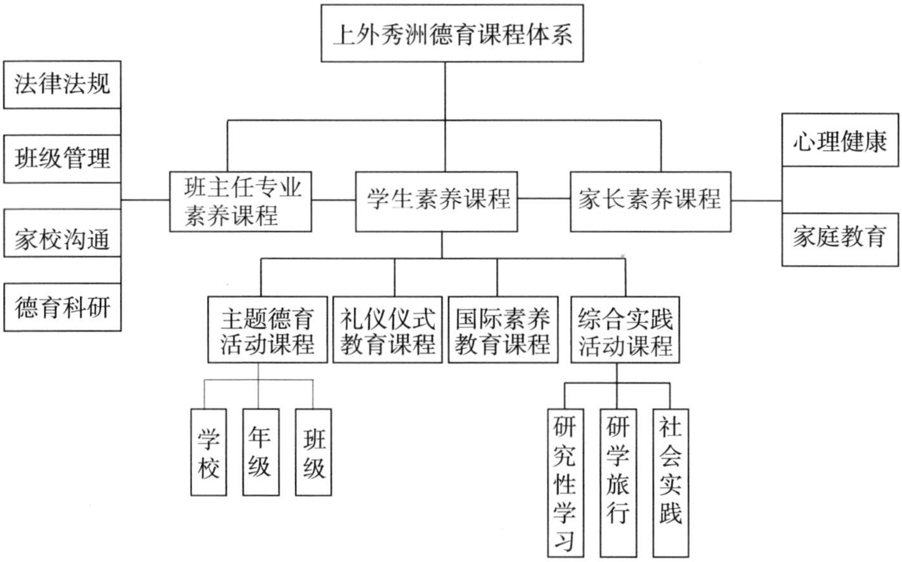

图 2 校本德育课程体系

在学校德育课程中，学校、年级、班级、家庭都是德育课程实施的主体，其核心都指向学生素养。学校在其中发挥着主导地位与作用，其他主体在学校构建的德育课程体系中起着补充作用，或提供育人的重要途径，或通过学校德育课程的实施提升育人水平与育人效果，进而实现协同育人。

（三）精设德育活动，创造协同育人载体

活动是最好的德育载体，也是实现德育目标的重要途径，尤其是主题化、系列化、立体化的德育活动会进一步深化育人的效果。因此，在德育目标的引领下，依托德育课程，学校从学校、年级、班级、家长四大主体构建德育活动，实现德育活动的主题化、系列化、立体化。

- 学校：整体活动。
- 年级：主题活动，如年级特色文体活动、年级特色励志教育活

动等。

• 班级：特色活动，如“一班一品的特色班级文化创建”“班级特色主题班会活动”等。

• 家长：组织或参与的教育活动，如社会实践活动、志愿者活动、特色劳动实践活动、学校德育大讲堂活动、研学旅行活动、十四岁集体生日活动等。

主题丰富、形式多样的德育活动是协同育人的重要载体，也给学生创设了多元的行为体验机会，让学生在体验中增进情感、内化行为，从而实现德育的目标。

（四）制定德育评价，保障协同育人效果

德育评价是德育工作的重要一环，也是促进学生全面发展和实现“四位一体”育人效果的重要保障。为此学校制定了以德育目标为导向，学生、班级、教师、家长四大层面的德育评价体系：

• 学生层面：学生综合素质评价、五好少年（德智体美劳）评选、诚信之星评选、学期各类荣誉评选、年度学生评选等。

• 班级层面：美丽班级评选、优秀班级评选、书香班级评选。

• 教师层面：上外秀洲班主任考核、育人先锋评比、功勋（模范）班主任评选。

• 家长层面：十大榜样家长评选、十大模范家长评选。

学校德育评价中，主体与对象是多元化的，学校在其中发挥主导作用，但最终指向的是学生素养的提升和德育目标的实现。德育评价体系既注重结果性评价，更注重过程性评价，确保评价的科学性与导向性，以保障协同育人效果。

（五）强化家校共育，提升协同共育效果

苏霍姆林斯基说：“教育的效果取决于学校、家庭、社会教育的一致性，如果没有这种一致性，学校的教学、教育就会像纸做的房子一样倒塌下来。”没有家庭教育的学校教育和没有学校教育的家庭教育，都不可能完成培养人这一极其细致而复杂的任务。家庭是育人的基础，学校长期坚持“家校共育”的德育宗旨，并将其作为落实“五育并举”的重要举措。为强化家校共育，学校采取了多种举措：一是完善家长委员会章程，规范家长协同育人的职权和内容，充分发挥家长的教育资源优势；二是创办家长学校，发挥学校的育人优势，提升家庭教育水平；三是拓展家校沟通途径，实现信息及时、无缝对接，增强家长的认同感；四是创新家校育人活动，提升家校共育的有效性。

学校通过强化家校协同育人机制，将学校“单一教育”转变为家校“合力教育”，助力学生阳光、健康成长。

五、效果和影响

（一）学生综合素养得到全面提升

阳光、自信充分洒满上外秀洲学子的脸上，“自强、至诚、志远”的校训深深印入上外秀洲学子的心中，学生自我认同感、成就感、责任感全面提升，为落实立德树人根本任务打下了坚实的基础。

（二）教师育人素养得到全面提升

联动协同育人新模式实现了课程育人、活动育人和全员育人的融合，让每位教师在育人实践中锻炼并提升育人水平。“教书是手段、育人才是根本，要坚持教书和育人相统一、坚持言传和身教相统一”等观念已成为教师的共识，并逐渐转化为育人行为。同时，学校教师在近几年班主任大赛、德育论坛上纷纷获市、区一等奖，并当选市、区师德楷模，获省春蚕奖等。

（三）家长育人素养得到全面提升

联动协同育人新模式把家长纳入主体，学校创设了各种平台与途径，开展了各种家校育人活动，全面提升了家庭教育水平，提高了学生的幸福指数。学生心理健康水平有所提升，家长对学校的认同度与满意度也有所上升。

（四）学校育人水平得到全面提升

在育人实践过程中，学校探索出了“四位一体”联动协同育人新模式，完善了学校的育人目标，开发了校本德育课程体系，丰富了德育活动，强化了家校协同育人机制。学校在育人方面也取得了一定的成绩，如2019年成为嘉兴市首批依法治校示范学校，2020年成功创建浙江省绿色学校等。

德育目标引领、德育课程落实、德育活动深化、德育评价保障是联动育人新模式的工作机制，它们层层递进又相互促进，把学校、年级、班级、家庭育人新模式的主体紧密联结为一体，实现联动协同育人，增强育人效果。育人工作任重而道远，我们还在探索中。

（撰稿人：程江华）

让爱行动起来

贵州省铜仁市玉屏侗族自治县印山民族小学

一、学校概况

玉屏县以“流水如玉、青山似屏”而得名，素有“黔楚咽喉”“黔东门户”之称。由于县城小，人口少、流动人口较多，有70.0%以上是少数民族，玉屏县的家庭教育观念与发达地区相比总体水平相对滞后。印山民族小学坐落在县城西北印山，始建于1827年，是县城唯一一所完全类学校。全校有教学班54个，在校学生2589人，教职工136人。学校具有整体水平较高的师资力量，其中有省级名校长工作室1个，省、市、县级教学名师39人，占比28.7%，贵州省民族教育“双百工程”项目1个，贵州省国培计划（2021）“百校扶百校”“易搬点”项目1个。

综上，教育平台和项目要求学校要更快、更好地发展。观念陈旧的家庭教育模式与学校发展之间成为一组矛盾较为突出的社会问题。据调查统计，学校的家长群体主要分为三类：城区干部职工、城区世代居民及进城务工人员。其中城区干部职工家长占比22.67%，城区世代居民占比41.0%，进城务工人员占比21.66%，其他类别占比14.67%。54.6%的学生直接监护人为家庭祖辈及其他亲属。家长这种层次不均情况严重影响了学校各项工作的推进与发展。因此，家校合育工作就成了学校势必推进的重要项目工程。

二、目的和意义

为了形成全员育人、全程育人、全方位育人的德育工作格局，根据《中小学德育工作指南》“坚持学校教育与家庭教育、社会教育相结合”的指导思想，学校积极探索家校合育工作路径，构建“学校、家庭、社会”三位一体的教育网络，强化家庭育人功能，共聚教育合力。

根据学校总体工作规划，推进学校家校合育工作，需达到以下目的：

- 落实好“五育并举”办学目标；
- 通过先进管理模式和新举措抓好教师师德师风建设，提升班主任专业素养和管理水平；
- 引导家长学习先进教育方法，使其成为学校合格“合伙人”；
- 通过家庭、学校、社会协同合作，在提高教育质量中达成“1+1+1>3”的倍增效应，提高全体学生综合能力，将他们培养成全面发展的建设者和接班人。

推动家校合育具有重要意义，它能够汇聚家庭力量使其成为国家发展、民族进步、社会和谐的重要基点。

三、内容和对象

（一）建立健全家长学校，提升家长育人能力

依靠县关工委、学校德育管理团队、家长委员会三支队伍来管理家校工作，汇聚资源建立健全家长学校，并利用网络对各级家委会、班主任团队实行三级管理。

（二）组建三级家委会，明确职责与分工

学校从 2600 多名家长中推选出 114 名家长代表组建家长委员会，形成校级—年级—班级三级家委会，明确其职责。

家委会委员的要求是“热心+专业”（热心：对家校合育工作有热情、

有责任心、有奉献精神。专业：有一项专业技能，比如擅长歌舞、书画、体育、厨艺，或是懂得法律、心理的专业人士等）。

家委会委员的任期是1年时间，选拔的程序是自主报名—班级初选—年级筛选—学校评选—正式聘任，聘任后颁发聘书。

四、程序和方法

（一）建章立制，规范运行

学校建立了家庭教育指导中心，建立健全了相关规章制度，成立了家庭教育工作组织机构。同时建立家长学校，成立学校、年级、班级三级家长委员会，实行分层管理，充分发挥家长委员会的桥梁作用（见图1），打造学校、年级、班级活动品牌。

三级家委会的职责各不相同，其中校级家委会主要负责家长和学校之间的意见交换，参与学校重大事件的决策以及纠纷矛盾调节工作；年级家委会主要负责参与学校大型活动的策划与开展；班级家委会主要负责家庭教育专题培训或经验分享，其委员在每周五主题队会活动课要担任生活常识校外讲师。

（二）三级联动，精细管理

在学校家庭教育指导中心和班主任指导下，学校以班级为单位建立了家庭教育指导委员会，委员会由5名家长组成，分别担任“主任、宣传委员、活动委员、组织委员、后勤委员”，学校对委员会成员进行培训。家庭教育指导委员会在班主任指导下制订班级家庭教育计划，组织开展丰富多彩的家庭教育活动，给家长传授基本的教育知识，帮助和引导家长树立正确的家庭教育思想和观念，掌握家庭教育的科学知识和方法，提高家庭教育水平。同时，委员会还要积极为学校的发展建言献策，并及时反馈家长对学校的意见建议。

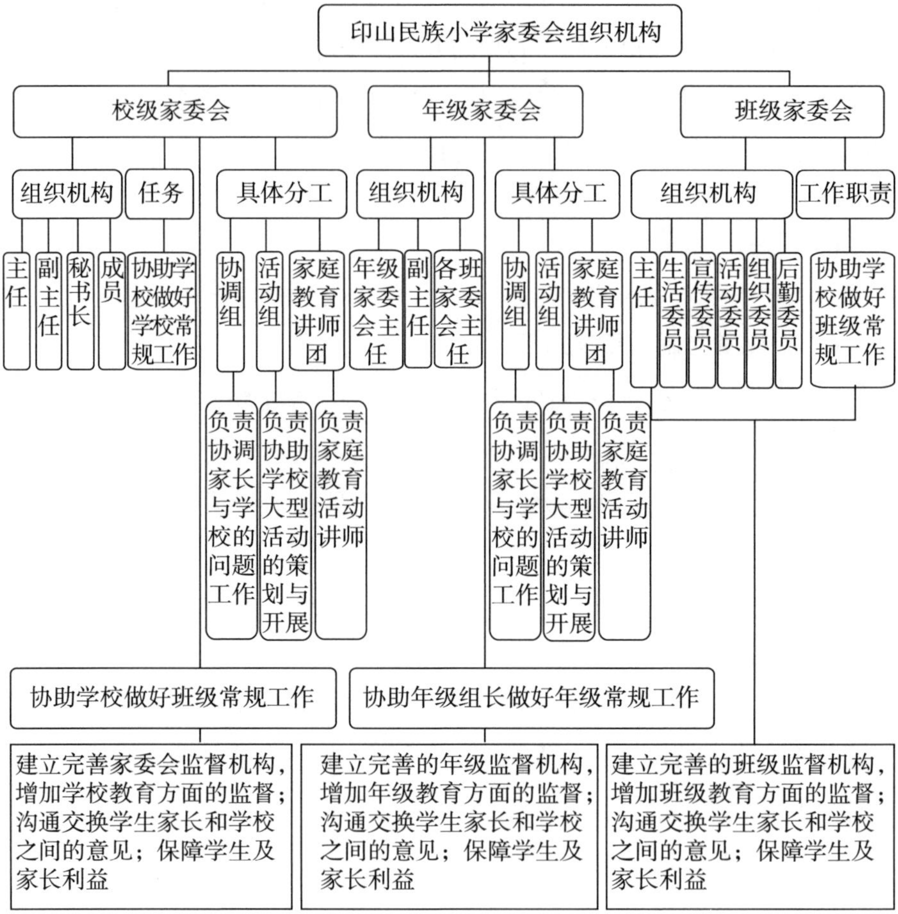

图 1　家长委员会组织机构

（三）多措并举，共同提升

1. 专题培训，提升水平

学校每期聘请知名专家开展专业培训，讲授内容涵盖家庭教育、心理健康、师德师风建设、团队建设等。培训导师结合众多案例，给出具体指导方法，帮助家长有效处理孩子在家、在校的新问题或新情况；帮助老师提升能力，学会合理安排烦琐的班级管理和教育中遇到的种种难题。针对隔代教育存在的现实问题，学校专门为祖辈设计“爷爷奶奶”经验课堂，聘请关工委老同志及社会知名人士来校传播科学的家庭教育知识和方法等。目前，学校已经形成了分层培训的家长课程资源（见表1）。

表1　分层培训的家长课程资源

家长类型	课程资源	作用
新生家长	专家报告	帮助家长有效处理孩子在家、在校的新问题或新情况
年轻家长	爸爸妈妈课堂	交流、探索家庭不同角色的教育方法
毕业班家长	亲子课堂	提高家庭教育的时效性
祖辈家长	爷爷奶奶课堂	聘请关工委老同志及社会知名人士来校传播科学的家庭教育知识和方法

2. 团队建设，共同提高

一所好的学校要有一位好的校长，一位成功的校长背后必定有一支优秀的团队。开学初期，德育处为班主任量身定制专业成长实施方案，内容包括《师德师风建设》《经验分享与交流》《如何提升自我专业素养》《谈话技巧》《礼仪与服饰》《安全教育》等。学校全体班主任踏踏实实地做、认认真真地学，积累了不少经验，逐渐优化了班主任团队建设。

3. 创新活动，联动发展

学校及家庭教育指导委员会除了抓好常规工作之外，还要组织同类型或不同类型的家长开展“家家联动”活动，通过创新开展“妈妈课堂”“爸爸课堂”相互学习、相互交流、相互探索家庭不同角色的教育方法，及时有效解决发生在家庭中的育人问题。学校常规开设“家长访校接待日”，并邀请家长“参与式”体验管理，参与新生入学礼活动、“六一”儿童节活动、箫笛艺术节活动、社会实践活动、亲子活动等。学校还创办了“亲子课堂”，通过家长讲座、家庭教育沙龙、主题座谈会、读书心得交流、经验交流等形式提高家庭教育的实效性。

（四）不断创新，形成模式

家校携手过程中，学校始终坚持“6个1”工作模式。“6个1”是指每学期1次家长开放日、1次登门家访、1次家长培训、1次家长建言会、1次户外研学活动、1次家长会。图2是近三年家长会参会情况数据统计表，其中祖辈家长的参会人数呈下降趋势，爸爸妈妈参会人数呈上升趋势，这一现象的转变有效提升了家庭教育质量。

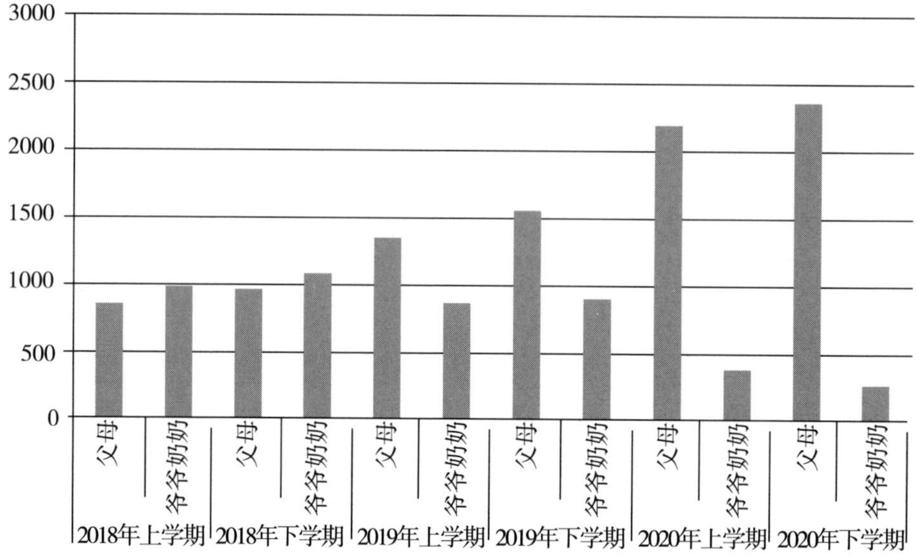

图2　家长会的参与情况

为了提高家长的参与积极性，学校采用“3个1”激励机制。学校每学期召开1次表彰大会，从班级产生“优秀家长”，从年级产生学年“最美印山家长”，从校级产生家委会“先进工作者”。榜样的力量带动了更多淳朴的侗乡儿女关心、关注家庭教育。

21世纪是一个全新的数字化信息时代。为了进一步形成网络时代背景下的家校合作新型方式，学校成立了班级交流群、年级交流群、校级家委会交流群三级网络管理模式。学校通过网络平台普及家庭教育科学知识，交流探讨家庭教育的相关问题。学校家庭教育指导中心和班主任共同对网络平台进行监督管理，发挥平台传播、交流家庭教育知识、经验、技能的作用，使之成为传播家庭教育正能量的场所。

五、效果和影响

通过家校合育，学校在各方面都取得了较为显著的成绩。

（一）家长教育理念得到更新

通过家校合育措施的实施和渗透，多数家长们认识到了自己的教育问题，家长教育理念得到更新并做出了相应的改变。家庭和学校的配合度越来越高，共同促进学生的积极发展。

（二）家长参与体验取得成效

学校组织的家长交流会、箫笛艺术节活动、体育运动会、“六一”儿童节活动等久久留在全校师生的脑海中，各班涌现出一批批家长志愿者自愿承担“护学岗”工作，学校工作开展的点点滴滴都留下了印山家长最美丽的身影。

（三）家校合育促进全体师生共同成长

家校合育有效促进了学校全体师生共同成长。近三年来，学校师生获奖人次逐年上升（见表2）。

表2　学校近三年获奖统计一览表

年度	教师获奖（人次）	学生获奖（人次）	小计（人次）
2018	546	443	989
2019	555	466	1021
2020	569	492	1061
总计	1670	1401	3071

六、经验和体会

正因为学校教师将走基层工作落实到每一个生命个体，充分尊重孩子，像爱自己的孩子一样爱学生，学生才会从内心生发动力，努力向着教师期望的方向去做。其实，学生的心灵是最敏感的，他们能够通过教师对自己的态度来判断教师是否真心爱自己。

教育是一项伟大的育人工程，情感关怀在教育中处于相当重要的位置。学校、家庭、社会给予学生更多的情感关怀，可以收到更好的教育效果。学生需要爱，教育呼唤爱。爱像一团火，能点燃学生心头的希望之苗；爱像一把钥匙，能打开学生心头的智慧之门；爱是洒满学生心灵的阳光，能驱散每一片阴霾，照亮每一个角落，融化每一块寒冰。愿每一位教师、家长不光要有爱，更要学会爱的正确方式。

现代家校合育仍是一个重要的课题，学校将继续探索有效的合作策略，稳步落实合作措施，为构建和谐的教育、培养健康的儿童打下坚实的基础。

（撰稿人：杨深平、张丹桂、杨鸿、杨敏、滕怡、张丽）

多元融合 · 责任分担 ·
优势互补 · 聚力育人

山东省济南市舜耕小学

一、学校概况

济南市舜耕小学隶属山东省济南市市中区教体局，是一所全日制公办小学。学校坐落在先祖大舜耕耘过的历山脚下，也就是济南市三大名胜之一的千佛山南麓，以“舜耕历山”而得名。学校建校于 1992 年，占地面积 19723 平方米，现有 38 个教学班，106 名教职工，1578 名在校生。近年来，学校秉承“融合”理念，实施生态化教育改革，以“培养以舜文化为底蕴的具有国际视野的现代小学生”为目标，打造“以舜文化为底蕴的现代生态学校”。2014 年，学校成立了以舜耕小学为领衔校的舜耕教育集团，现包含 7 所成员校。

二、目的和意义

健全全员育人、全过程育人、全方位育人机制，是落实立德树人根本任务的重要举措。舜耕小学紧紧围绕新时代党的教育方针和要求，持续进行生态化教育改革，有效破解了诸多关键问题。特别是在家校社协同育人领域，进行了基于实践的积极探索，走出了一条“多元融合 · 责任分担 · 优势互补 · 聚力育人”的协同育人之路，促进了学生的整体、多样、和谐发展，营造了良好的教育生态。

三、内容和对象

（一）优势互补的资源共享机制

整合学校周边资源，形成家校社融合的初级模式。

（二）项目驱动的协同育人机制

以项目的构建、完成为驱动，在项目推进的过程中，主动融合、开发更多的社会教育资源，为学生拓展实践体验的情境，打通家长、社会协同育人的通道。

（三）组织机构驱动的全员育人机制

通过组织的架构，将散布于家长、社区、社会各个层面的资源凝聚起来，建立“舜友联合会”新型协同育人共同体，形成家长、社会、教师全员育人的新格局。

（四）民主监督的议事、决策机制

建立规则，完善治理过程。尊重家长、社会的知情权、话语权、评议权和监督权，有效解决家校矛盾，提升彼此之间的信任度，形成持续的教育合力，促进学校整体办学水平的提升。

（五）以问题为导向的家长育子能力提升机制

学校发挥主导作用，以家长学校的建设为载体，建立以问题为导向的家长育子能力提升机制，实现家长培育的全员化参与、个别化指导、常态化交流和序列化提升。

（六）以价值认同为引领的情感激励机制

通过仪式、活动激发多方教育力量的价值感、归属感和幸福感，促进家校社多方育人的目标共通、情感共融、价值共生，让家校社育人的生态环境越来越温馨，越来越和谐，形成“无缝隙融合、家校一家亲”的协同育人文化。

四、程序和方法

（一）优势互补的资源共享机制：打开校门，让教育与资源相遇

资源共通融合是现代教育的应有之义。学校秉持打开校门、开放办学的理念，深入社区挖掘育人资源，让家校社的资源流通互动起来。

1. 立足区位分析优势

《史记》所载："天下明德，皆自虞帝始。"舜耕小学坐落在大舜耕耘过的历山脚下，并因此而得名。同时，学校周边大专院校、机关研究院较多，家长社会阅历丰富，文化层次较高。学校的办学优势正在于这独一无二的地域文化。让舜耕学子深深地烙上舜文化的印记，打造一所具有文化底蕴的学校，成为学校的办学目标。

2. 走出校门探寻资源

学校周边有舜耕路、古历山、舜耕山庄、舜园社区等，在《舜文化学本》引领下，师生走出校门开展实地探访、追寻舜的足迹等实践活动。他们在舜耕山庄发现了大舜曾经耕耘的土地，在舜井街找到了舜曾经蒙难的舜井，在千佛山祭拜了大舜的雕像，在趵突泉畔聆听了娥皇女英的动人传说。走出校门的实践学习，使舜文化进一步融入学生生活。

3. 打开校门吸纳资源

学校请来了山东省大舜文化研究会、济南市社科院的专家进行专业指导，寻找舜文化与学校教育之间的契合点，设计了独具特色的舜文化教育体系。多方协同的舜文化教育已成为学校的教育品牌。学校开设了"走进舜文化"校本课程，每年举行舜文化艺术节，家校携手探寻"大舜的足迹"；学生参与国家"十艺节——大哉虞舜展"、"山东省首届大舜文化艺术节"等活动，所录制的《大舜赋》朗诵节目在中央电视台戏曲频道播出。由学校学生创作的"舜帝的一生"主题画展在山东省科技馆展出，结集而成的《舜的故事》正式出版。

学校将社会教育资源以链式引入的方式（见图 1），形成资源共享的

"滚雪球"效应。借助这一方式，学校不仅打造了"舜文化教育特色"，还以"校居联手"为方式，在家庭、社会中创情境、设岗位，形成德育养成的生活浸润新场域。近年来，学校携手毗邻的济南大学马克思主义学院，打造"思想道德教育共建基地"，形成了贯通大中小学的人力资源链。2020年，学校"党建引领下的小学主题式思政课程设计与实践研究"获得市级立项，为思政育人注入新活力。

课程项目规划 → 家校协作评估 → 专家论证立项 → 专业机构参与 → 开发团队推进

图1　社会教育资源引入流程链

（二）项目驱动的协同育人机制：创新载体，打通课堂与生活

在校内外资源融通的基础上，学校以项目实施为切入点，以"聚焦问题—设计主题—创新实施"为路径，打造出了以"舜娃走泉城"研学课程为代表的家校社协同育人的若干新载体。

1. 针对问题设计项目

针对长期以来存在的学生学习方式单一、课堂学习与生活实践分离的问题，学校开发实施"舜娃走泉城"研学课程，"走"指在行走中实践、体验、学习、感悟。"泉城"二字就是实践基地的代称，依托泉城济南丰富的自然和社会场馆资源，为学生搭建从学校走向社会的平台。学校借助此项目打通学校、家庭、社会育人途径，实现学校教育和校外教育的有效衔接，落实课程综合育人的目标。

2. 依据主题设置基地

"舜娃走泉城"研学课程以"爱"为主线，以家国之爱、文化艺术、自然科学为主题内容，基地的设立由班主任融合家委会力量，找准研学主题与本地资源的结合点，因地制宜，挖掘设立。比如解放阁、英雄山、济南战役纪念馆等革命传统教育基地，七十二名泉、曲水亭街等家国情怀基地，府学文庙、山东博物馆、山东剧院等文化艺术基地，山青世界、科技馆、气象站、污水处理厂等自然科学基地等。近百所研学实践基地作为学

校教育的延伸，给学生提供了广阔的体验空间与教育资源。

3. 探索路径创新实施

“舜娃走泉城”研学课程按照“研—走—创—评”四步实施，通过研究学习、行走体验、创意落实、评价展示，来落实知行合一的课程文化。走出校门，家校携手，破解了实践活动的安全瓶颈。近十年来，该项目借助家委会的平台，由班主任联合家委会做好主题策划、制定安全预案、组织志愿服务等，开辟了舜娃安全研学行走的绿色通道，打通学校、家庭、社会育人途径，构建了立体式的共育网络。

（三）组织机构驱动的全员育人机制：打造新型共同体，形成全员育人新样态

1. 健全组织机构，畅通育人渠道

在融合资源和开发项目的同时，学校发现家校之间存在教育目标不一致、育人行为不统一、育人效果被削弱等问题，同时也发现了蕴藏在家庭和社会的丰富的教育资源。为解决问题、融合资源，学校以协同育人为理念，于 2009 年 2 月成立以家长为主体、社会教育资源共同参与的育人共同体——舜友联合会（以下简称“舜友会”），通过组织建设、制度建设和立体管理，让人人育人成为现实（见图 2）。

舜友会包括“一会四团”，即“家长委员会”“社会专家团”“关工委顾问团”“教师引导团”“社区联动团”。各个教育主体通过这一紧密的组织，进入到学校教育之中，与学校携手，共育舜娃。

2. 建立规章制度，明确定位职责

学校协助舜友会制定了《舜友联合会章程》，明确了定位与宗旨、组织与职责、权利与义务，为共同体工作指明了方向。舜友会是以家长为主、社区及社会各界热衷于教育事业的相关人士和单位共同组成的非营利性内部自治组织，是学校联系广大家长和社会教育资源的桥梁和纽带，主要践行民主监督、教育支持、家庭教育三大职能。

3. 实施立体管理，让人人育人落到实处

舜友会实施立体管理，以“一会四团”为横向链条，以“二级机构、三级机构”为竖向链条，形成了多维立体的运行网络、紧密有序的管理系统。以其核心机构“家长委员会”为例，通过爸爸俱乐部、家长护卫队等二级组织和校级、年级、班级的三级委员会，广大家长真正走进学校，参与学校教育的方方面面。同时，家长委员会在处理家校问题时，发挥协调作用，将矛盾化解于无形；在开设新课程时，发挥资源作用，提供了更多可能；在推进课改研讨筹备时，发挥智库作用，提出了宝贵意见；在开展社会活动时，发挥宣传作用，增添了学校美誉。

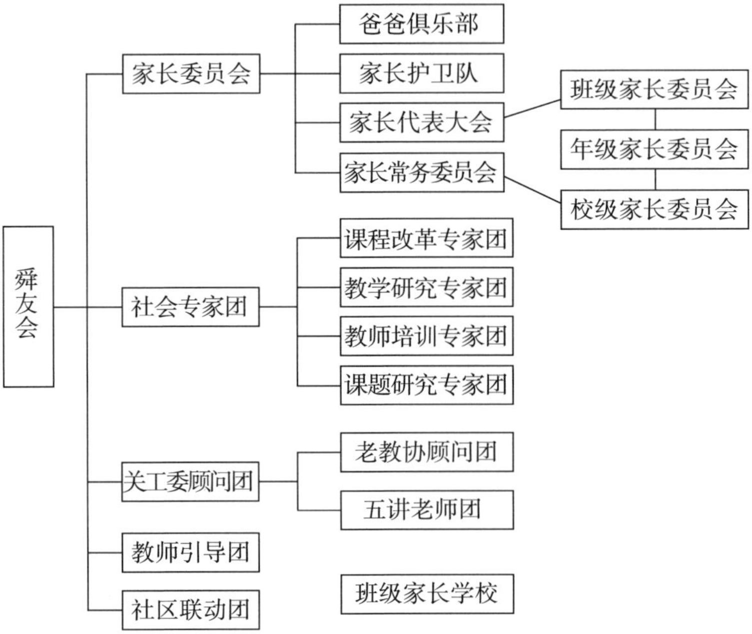

图 2 舜友会组织结构

通过舜友会这一育人共同体，家长和广大社会人士也成了人人育人的实践者，发挥了极富价值和不可替代的作用，广大舜友真的成了舜耕教育的同盟、富矿和沃土。

（四）民主监督的议事决策机制：三会“议事”，践行三大职能

家长有问题、有困难、有建议，应该找谁？能找到谁？如何沟通解决？舜友会通过三会制度，畅通家校社沟通渠道，同时体现舜友的自治

权、评议权和监督权。

1. 家委会常态驻校，践行沟通职能

舜友会办公室设在校长室对面，每天都有值班常委，负责与家长沟通。家长有意见，可以反映给值班常委，常委与双方进行沟通，既替学校解决难题，又为家长说话，就这样，家校矛盾有了“和事佬”，学校、教师和家长的关系越来越融洽。

2. 月度讨论会，进行集体决策

每月月末，家委会常委会召开班级负责人会议，总结交流经验，汇集家长意见，向学校提出建议，同时根据工作计划进行活动安排。这个会一般在晚上召开。如 2020 年上半年疫情期间，家委会常委会 3 月份在线讨论并出台了《家庭教育五件套大礼包》，与老师携手研制了《劳动教育年级指导手册》并录制了《劳动教育动员令》和 12 节微课，这些内容一经推出，广受欢迎，切实指导了居家时期的家庭教育。

3. 家长代表大会，践行民主监督

每年年底召开年度“家长代表大会”，会长面向全体成员做“家委会工作报告”，家长通过率达到 90.0%以上才能实施。家长以年级为单位向大会提交议案，同时，对全校家长进行问卷调查，征集家长对学校和家委会的工作意见。每学期收到家长建议 100 多份，很多被采纳，取得了良好的效果。

在三会实施过程中，家长实现了教育的自觉、自动、自主，家长自治的方式也为学校现代制度建设注入新的生机与活力，促进教师专业化成长和学校可持续发展。

（五）以问题为导向的家长育子能力提升机制：建设家长学校，全方位提升家庭教育水平

在舜友会多年的运行中，学校发现家庭教育中出现了缺位、错位、过度教育等不良现象，消解了学校教育成果，影响了学生的成长。在舜友会的组织架构基础上，“最舜友”家长学校应运而生，并在运行中形成了“三纵三横双结合”的课程体系。

1. “三纵”课程遵循规律序列化实施

“三纵”是指校级、年级、班级课程，校级主要开设阶段性的系列课程：低年级的入学课程、适应性课程；中年级的习惯养成、亲子关系课程；高年级的心理课程、青春期家庭教育指导课程；年级课程分为五大系列：家校共育、教育学、心理学、家风、法治；班级课程依托新型家长会、读书沙龙、爸爸俱乐部、班级家委会开展。

2. “三横”课程聚焦问题主题式实施

“三横”是指打破年级班级界限，通过区教育家大讲堂、最舜友家庭指导中心、“张颖家庭教育工作室”三个组织，定期开展主题讲座或因需制定的课程学习。

3. “双结合”课程依托资源灵活实施

“双结合”是指线上线下结合，有两个载体：一是山东省线上家长空间的课程设置，每周推进主题学习；二是学校公众号推出的“最舜友”栏目，为家长遇到的问题支招解惑。

通过多年的有效工作，家长学校组织架构不断完善，课程细分因需定制，满足家长多元化学习需求，家长家庭教育素质大为提升，他们真正以教育者的角色共同承担起育人的责任，从教育的旁观者转变为协同育人的同盟军。

（六）以价值认同为引领的情感激励机制：互融共生，激发教育潜能

舜友会运行十余年来，在不断完善组织和推动运行的同时，积极探索激励机制，以目标和价值进行引领，赋予荣誉，升华情感，给予教育志愿者以理解、尊重、肯定和感谢。

1. 入会“宣誓仪式”，实现目标激励

每一位舜友入会时，都会郑重宣誓：“承担责任，履行义务，尽己所能，忠于职守，努力进取，乐于奉献，参与学校事务，服务家长师生，倡导素质教育，传承传递爱心。”誓词铿锵，仪式庄严，激励着每一位加入舜友会的新成员，承担共育职责，做教育的志愿者和同盟军。

2. 为家长过节，实现价值激励

从2010年至2020年，以“不同的角色，相同的责任”为主题的家长节已经成功举办了十届。每年年末最后一周的“家长节”上，家委会都要回顾共育工作，进行形式多样的交流分享。通过这个节日，学校充分传达对家长朋友的尊重、信任与感谢，让家长们感受到家校共育的成就与价值，从而备受鼓舞，更加投入。

3. 举行颁奖典礼，实现荣誉激励

舜友会每年隆重表彰“五星级家长”“五星级家庭”“五星级家委会”“组织社会实践先进个人”“家长护卫队先进个人”“家长进课堂先进个人”等，由孩子颁发奖杯、锦旗和荣誉证书给父母。虽然没有报酬，也没有任何的物质奖励，但家长们的教育成就感越来越浓烈，激发出更大的干劲。

4. “家和万事兴”联欢，实现情感激励

每年的12月31日，各班进行“亲子联欢会”，下午舜友代表受邀参加学校“家和万事兴”联谊。这个“家”，既是家庭的家，也是以校为家的“家”，让家长也成为舜耕大家庭的一分子。老师、家长、舜友分享教育幸福的美好时刻、共同迎接新春。这种方式的情感交流，让每一位舜友、每一位老师都获得情感的满足，留下幸福的记忆。

五、效果和影响

（一）构建开放多元的教育环境，促进学生德智体美劳全面发展

协同育人打开了学校的校门，让学生走向丰富的生活，走向真实的社会。在丰富多彩的社会实践活动、课程内容中，学生的知识面更加宽广、能力结构更加多元、情感态度更加开放，普遍提升了创新精神、合作交往意识和实践探究能力。每年“六一”的舜耕达人秀和毕业季，学生的个人画展、个人音乐会、个人微电影以及多达近百场次的达人秀，处处闪现着学生张扬个性才华、健康阳光自信的身影。在全国、省、市、区、校各级

各类劳技、科技、航模、车模、机器人制作、棋类、音乐、舞蹈等竞赛中，学校先后有1800多人次获得奖项，其中，国际级8人次，国家级500多人次，省级1200多人次，市级1600多人次。学校学生能落落大方地为来自美国、新加坡等国外的参访团介绍校园文化。在校内外教育资源的浸润中，学生获得了在综合、全面发展基础上的个性发展。

（二）实现家校社的深度融合，形成协同育人合力

家校社三方的教育阵地从割裂到携手，从共担到共育，实现了从少数参与到全员覆盖，从被动参与到主动作为，从旁观者到同盟军，从浅层参与到深度融合的“四个转变”。“舜友会”从最初12人参与到如今发展成为1578名学生家长人人参与、不可计数的广大舜友积极参与的模式。家校社三方从最初的平行线到现在有温度的联盟，从最初的“要我来”变成“我要来”，从“搞活动”到“搞教育”，他们深入到课程建设和教学改革中，各个班级都有舜友智囊团和行动派，研发课程、开展活动，真正实现了“不同的角色，相同的责任”。家长和社会各界以教育者的角色共同承担起育人的责任，成为协同育人的富矿和沃土。

（三）发挥学校对家庭教育的引领指导作用，提升家长的教育水平和公民素养

家长学校面向1578名学生的家长开放，家长培训率达到100.0%。通过课程、座谈、讲座、外出学习及实践活动等有效途径，实现学校教育对家庭教育从理念内容到方式方法的有效引领与渗透。家长对教育规律、学生成长规律有了更准确的把握，更加了解孩子、理解孩子，学会用适时恰当的教育方法教育孩子，自身的焦虑有效缓解，同时也带动了良好亲子关系的提升，让孩子们都能在健康和谐的家庭中幸福成长。

（四）带动学校营造和谐的教育生态，推动学校整体办学水平的提升，社会影响不断扩大

在每年的济南市教育系统家长满意学校调查中，学校都以高于95.0%的满意度名列前茅，被授予“济南市教育系统家长满意学校”称号。学校被评为济南市优秀家长学校、中国家长学校百校联盟示范校、首批山东省家庭教育示范基地、首批济南市百所家长学校示范校。

家校社一体化实施的“润德课程”入选2018年全国中小学德育工作典型经验名单；研学课程“舜娃走泉城”获得2019年济南市教学优秀品牌奖；“协同家社 共育舜娃”荣获济南市德育品牌。学校先后在新华社、《山东教育报》、《未来教育家》、“生态好教育”联盟论坛等各级各类媒体发表相关成果文章。家校社协同育人的实践受到广泛关注，《人民教育》《中国教育报》等报刊分别专题报道成功经验。来自全国各地的20余个教育访问团来校交流学习家校共育经验，累计受众千余人。学校先后受邀到北京史家教育集团、全国生态好教育年会、中国教育学会第三十二次学术年会上进行专题汇报，分享合育理念与经验。山东省教育厅原副厅长张志勇出席过学校的家长代表大会。教育部原副部长刘利民曾专门到校考察，赞扬家校工作“有特色，已经打开了一扇窗，要把好的经验推向全国”。

六、经验和体会

（一）共建与共享的问题

通过协同育人研究的实践探索，我们体会到学校教育和家庭教育、社会教育不仅是伙伴关系，合作共赢，还应该是“命运共同体”。积极构建学校教育和家庭教育、社会教育的“命运共同体”，有利于孩子的健康成长，有利于家长和教师的共同成长，也有利于推动学校的可持续发展，推动和谐社区、和谐社会的构建。

（二）关系和边界的问题

在家校社多方协同育人中，学校作为教育的“主角”，应发挥主导作用，做好谋划、统筹、协调。但学校主导并不意味着家庭教育和社会教育学校化、扩大化，协同合作也并不是消除家校社的教育边界。家长、学校、社会应在协同中明晰各自的职责，建立良好的秩序与规则，做到互相不替代、不干涉，不越位、不错位，不推诿、不迎合。家校社多方各安其位、各扬其长、共生互补、良性互动。

（三）发展与创生的问题

在协同育人实践探索的路上，我们走过了十几年的时间。经历了家校关系破冰的1.0时代、紧密合作的2.0时代，到现在亲如一家的3.0时代。从破解家校矛盾的初衷到现代学校制度的建设，再到当下立德树人的根本任务的落实，“协同育人”的目标和意义越来越深远。育人模式的建设应保持一定的灵活性和协调性，因问题而创生，因实践而深化，因务实而增效。面向新时代，面对教育的新格局，舜耕小学一定会在协同育人共同体的组织形式、融合方式、实施路径等方面探索更多新机制，为落实立德树人根本任务而不懈努力。

（撰稿人：胡爱红）

新时代乡村九年一贯制学校家长委员会的功能开发与利用

山东省济南市历城区西营镇初级中学

一、学校概况

济南市历城区西营镇初级中学是一所乡村九年一贯制学校，现有 37 个教学班，在校生 1529 人，教职工 87 人，服务全镇 38 个行政村、99 个自然村。学校遵循立德树人的根本任务，秉承“教育为了每个生命的激扬”的办学理念，以“学做好人”为办学目标，以“朴实而有实力”为办学精神，紧紧立足乡村实际，探索新时代乡村九年一贯制学校家长委员会的功能，以促进家校合作，增强德育实效性，为建设现代化的乡村学校提供有力保障。

二、目的和意义

学校在实践中探索出乡村九年一贯制学校行之有效的措施和方法，以真正、充分发挥家委会的职能和作用，有效搭建家校共育的平台，及时发现学校教育与家庭教育存在的问题，通过顺畅的沟通、交流，采取相应的措施解决问题，为学校和学生办实事、办好事，开展家庭教育工作，为社会实践活动提供方便，及时化解学校与群众的矛盾，为学校的可持续发展、建设现代学校提供有力的保证。其意义如下。

一是探索出符合农村实际的家委会建设之路，调动家委会成员的积极性，为家长赋能，最大限度地加强家委会工作的责任感、使命感。

二是完善中小学民主监督制度，形成良好的教育生态。中小学校是以育人为宗旨的公共服务机构，是独立的社会法人，其健康和谐运行，除了国家权力机关的依法监督、政府教育行政部门的行政管理之外，离不开外部力量的社会监督。中小学生家长作为学校教育对象——学生的监护人，自然成为学校教育的利益相关方，有权利了解、监督学校的办学状况。

三是完善中小学社会参与制度，形成家庭、学校教育的合力，为学生的健康成长创造有利的条件。在全球化、信息化、科技化时代，现代学校必然是一个自主开放的教育系统，社会教育资源的有序参与成为现代学校教育制度的一个重要组成部分。国内外的教育实践证明，中小学家长委员会可以在协调社会资源参与学校教育方面发挥重要作用。建设家长委员会，对于建立学校、家庭与社会教育协同机制，提高家长的教育素养和家庭教育水平具有重要意义。

三、内容和对象

家长委员会的建立健全需要解决如下关键问题：一是乡村学校家委会成员如何解决工作和参与学校管理之间的矛盾；二是如何提升家委会在乡村学校发展过程中的地位；三是如何充分发挥家委会在学校发展过程中的作用。

四、程序和方法

（一）组建三级家长委员会，完善学校治理结构

每学年初，学校组织家长遵循“自愿报名、教师推荐、学校审核”的原则，依据《西营中学家长委员会工作章程》，组建班级、年级、学校三级家委会，明确家委会的职责、权利和义务，并举行隆重的家委会成立仪式。家委会成员需代表社会各类群体，反映不同家庭的需要，一般包括机关干部、办事处干事、村领导和农民，以及家庭困难及特殊家庭的成员。

为提高家委会建设的质量和水平，学校对三级家委会实行分层管理，实行“驻校办公制”，专门为家委会设立了办公地点、活动地点，配备了办公电话。在实际工作中，坚持“平等、信任、合作、共赢”的原则，变“单线接触”为“组织行为”，变“单一资源”为“参与促进”，引导家委会成员在学校建设、食堂饭菜质量、公寓管理、收费、学校重大活动、家长会改革、学生违纪处理等方面建言献策，促进班级、年级、学校各项工作科学、有序地进行。委员们通过参与升旗仪式、轮值课堂听课、早晚自习值班等工作，及时了解和监督学校的工作，而且感觉自己是学校中的一员，从内心认可学校，从而自觉承担起相应的责任和义务，极好地改善了家校的关系，促进了学校工作的有序开展，为家校合作奠定了基础。

此外，学校还成立了家委会工作评价委员会，以对家委会工作做出评估、改进与咨询。学校会同学校教学工作评价委员会、班主任工作评价委员会、学生综合素质评价委员会，成立专门家委会工作评价委员会，成员由三级家委会中的成员、家长代表、学校代表组成，每学期对家委会的工作做出科学有效的诊断和评价，促进家委会职能的完善。

（二）发挥家委会的引导作用，改革家长参与教育工作的方式

在家委会的引导下，家长参与学校的活动形式日益丰富。通过家长报告会、培训会、交流会等多种形式，引导家长由被动变主动，由一味倾听变多边交流。以报告会为例，家委会选择素养较高的家长，在家长学校中开课（每学期组织不少于两次的家庭教育讲座）。几年来，在家委会精心组织下，先后由八位考上省实验中学的学生家长、十多位考上历城二中的学生家长、二十多名考上历城一中的学生家长与广大家长分享成功的经验，交流育儿方法。这些家长起到了很好的引领示范作用，引起了家长群体的共鸣。

在家委会的组织和指导下，家庭积极开展亲子共读，进一步推动“家庭小书房建设”。在学校全面推进的经典诵读工程中，家长积极配合、尝试，和孩子共读一本书，共创“书香家庭”。该行动营造了家庭浓厚的读书氛围，提升了家庭的精神文化层次，促进了全镇精神文明建设工作，村

风更加文明和谐，家风更加淳朴善良，家庭育人氛围更加浓厚。

（三）更新家校沟通形式，增进彼此的了解与信任

家委会根据学校日常工作需求，设立家长轮值制度。每天学生上学、放学、课堂上课、就餐、户外活动等时段，家长要轮流参与，和孩子近距离接触，感知学生生活、学习，体验住校生活，并及时发现学校在管理中的问题，及时提出合理化的意见和建议。此举引导家长走进学校、走进教室、走进食堂、走进公寓、走进校园的角角落落，发现问题，预防风险，成为学校的教育伙伴，在有序分工的基础上形成共治。同时涉及与学生发展、家长工作相关的事宜时，学校会及时向家长委员会咨询，说明情况，解释学校要采取的措施，取得家长委员会的理解和支持。在家委会的建议下，学校还将每周一设立为“学校开放日”，让家长走进课堂与学生、教师“零距离”接触。学校开放日活动不仅让家长们了解了学生在学校的表现和学习生活情况，而且加强了家长对学校教育水平、教师素质的全面认识，对于整合家校教育资源、促进教学品质的提升发挥着积极的推动作用。

为方便家校沟通，针对农村家长的实际，学校充分发挥班级现代社交媒体的作用，组建班级群、级部群、家校群等，及时将学校的工作、班级活动、学生表现、好的文章推荐到交流平台，同时也将家长的好做法、好经验、好文章发布到交流平台，资源共享，提高了家校沟通的实效性，确保随时随地与广大家长进行沟通，互通有无。此外，学校还开办家校通讯《三月》，及时更新动态，宣传先进，促进交流。

在家委会的安排下，假前各村专门成立了寒暑假村级学习互助小组，寒假腊月二十六、正月初八，暑假 8 月 30 日、8 月 20 日为学校家访日，学校领导干部、班主任分组深入各村学习互助小组进行走访，与家长进行沟通交流，检查学生学习、生活情况并进行评价，学校教育得到了有效的延展。

（四）引进多种资源，开展家长教育

在家委会成员的协调下，学校邀请知名家庭教育专家、校内富有经验的教师进行专题讲座，观看《知心姐姐》视频，组织“让爱你的人为你自豪”大型主题演讲、“百场家庭教育讲座芬芳校园行”等培训活动，让家长与专家对话，与智者交流。如学校邀请了著名家庭教育专家、山东民进家庭教育研究院黄明主任为一年级和七年级新生家长进行了幼小衔接和小升初衔接大型培训会，还精心组织安排并成功举行了一年级和七年级各个班级的新生家长见面会，以及新生家长委员会成立仪式。“百场家庭教育讲座芬芳校园行”的活动中，特别邀请了全国首批家庭教育高级指导师之一张厚超先生，重点就如何培养新生的良好行为习惯与学习习惯等方面，给家长们提出一系列建议，让新生家长明确家庭教育的方向，从而树立起家庭教育的信心。这些活动为西营的家长打开了家庭教育知识的大门，为西营孩子的健康成长再添助力。

（五）创新活动形式，实现家校合育多元化

在家委会的组织协调下，学校每学期与济南凤鸣学校联合举办亲子运动会，不仅有效地促进了亲子间的交流，增进了感情，而且让乡村的学生和家长走出去，使其与城市里的孩子和家长深入沟通，互通有无，极大地开阔了眼界，拓宽了家校合育的渠道。学校还与济南市经七路第一小学开展了“成长 1+1”手拉手结对子活动。每学年，手拉手友好班级互助活动的开展，为孩子们搭建了一个交流互助的平台，开启了一扇深入生活、了解社会的窗口。孩子们在活动中增进情感交流，提高品德修养，共享知识，共同成长。

此外，学校充分运用家长资源，开发家长课程，针对学生的习惯养成、读书阅读和知识扩展，有计划地开展丰富多彩的家长助教进课堂活动。诸如知识开发类活动、手工制作类活动、安全保健类活动、生活技能类活动、传统文化类活动等。另外，学校还开展了丰富多彩的社会实践游学活动，包括走进自然类、动手体验类、参观学习类等，让学生行走山水，与西营相处；体验生活，培养劳动意识；励志远足，挑战自我极限；参观学习，丰富课外知识。

五、效果和影响

（一）家委会参与学校管理的积极性、主动性加强

在制度建设的基础上，家委会的工作日趋走向系统化、常规化。家委会成员很好地解决了工作与参与学校管理的时间矛盾，能主动帮助校长解决面临的问题，为学校的教育教学提供帮助；能积极与校长对接，听取校长关于学校发展的意见和想法，研讨学校发展中的重大问题，及时解决在学生入学、留守儿童、学校建设、家校沟通、外出活动等方面存在的问题，化解矛盾。

（二）积极发挥引领、沟通、协调等作用，助力学校发展

家委会组织家长支持学校开展活动，为学校和班级开展活动提供资金、人力和场地等支持。积极参与学校周边环境治理、稳定工作，协调好关系，保障学校和班级各项活动顺利开展。家委会及时了解学校情况，研究学校问题，定期沟通协调，为学校和学生办实事、办好事，帮助开展家庭教育工作，每学期组织不少于两次的家庭教育讲座，列席会议，组织家长听课、家长接待日，参与评价，为社会实践活动提供方便。

（三）丰富学校教育资源，为学校的决策提供科学依据

家委会从家长群体中收集信息、将学校事情传达给其他家长以及帮助其他家长支持孩子的学习。充分行使权利，通过家长培训、家长会、家访、家长开放日等形式，架起家校沟通的桥梁，互通有无。家委会组织家长积极参与课程建设，共同开发“西营中学家校合育课程”。同时参与学生综合社会实践活动，参与对教育教学工作的评价，列席校务会议，监督学生课业负担，协助组织家长会，参与师生评价考核，监督图书设备采购和食堂餐厅服务等，为维护学校的教育教学秩序奠定了坚实的基础。

正因为这样的工作和努力，学校 2012 年被评为“济南市德育工作先进单位”，2014 年被评为“历城区行为习惯示范校”，2016 年被评为“济

南市家长满意单位”，2017 年 11 月被山东省教育厅、山东省妇联评为“山东省家庭教育示范基地”，2018 年被授予“济南市家庭教育专业委员会会员单位”，2019 年被评为“济南市文明校园”，2020 年被济南市教育局评为“德育特色学校”。

六、经验和体会

苏霍姆林斯基曾经说过：“教育的效果取决于学校、家庭、社会教育的一致性，如果没有这种一致性，学校的教学、教育就会像纸做的房子一样倒塌下来。”建设现代学校，需要我们转变思路，充分发挥学校在德育中的主渠道作用，密切家校联系，争取社会支持，共建“命运共同体”。开发学校家长委员会的功能，既能进一步增强德育工作的针对性和实效性，在一定程度上破解“5+2＝0”的难题，又能将立德树人的根本任务落到实处，形成家校社共育的新格局。

此外，家长参与学校治理也解决了学校发展中的很多问题，促使学校管理更加规范、科学、开放，家校关系更加密切，家长参与学校管理的热情较过去有了明显的提高，这一点可以从家长对学校的评价和满意度上看出来，能够为广大农村地区提供有益的借鉴。但与一些先进地区比较起来，学校的家委会建设研究还有待提高，还需要不断地探索、实践。

（撰稿人：杨秦广）

一个核心、六类实践、八大策略：家校联动的实践探索

安徽省合肥一六八中学

一、学校概况

合肥一六八中学创办于2002年，是一所年轻而充满活力、享誉省内外的现代化寄宿制学校。学校坚持全面贯彻党的教育方针，坚持立德树人根本任务，坚持“为学生幸福人生奠基，为中华民族复兴育才”的办学理念，坚持“在成就学生中成就自我，在成就教师中成就自我，在成就学校中成就自我”的价值追求，坚持“严、实、精、细”的管理原则，形成了“科学、民主、大气、包容、尚真、唯美”的学校文化。学校以“培养具有国际视野、平民情怀、爱生活、能自治、懂合作、会学习、善思辨、求真理的时代英才”为目标，严格执行国家课程，有效落实地方课程，积极开发校本课程，创造性地把社会主义核心价值观融入德育课程，深入开展“建设文明校园，提升文明素养，造福师生终身”的主题教育活动。

二、目的和意义

“育人为本，德育为先”，加强德育教育是学校和家长共同的使命。为此，学校紧紧围绕“为学生幸福人生奠基，为中华民族复兴育才，把每一位学生都放在心上”这样一个核心目标，立足于校情、学情，在德育工作中不断创新活动的形式，寻找家校联动的新方法、新途径，探索德育工作

中家校联动策略，不断改进和完善学校的德育教育，帮助家长转变和更新教育理念，促进和提升德育教育水平。

三、内容和对象

学校从学校、年级、班级层面积极进行家校联动实践探索，开展特色主题活动，及时总结评价，力促德育效果最大化。

（一）全员导师，交流点对点

学校在实践中探讨全员导师制的优化策略和细节问题。为增进家、校、生之间的相互了解，综合学校德育工作中长期积累的家校联动工作经验，制定了《学生德育导师家校联系工作手册》；梳理出各班级需要特殊关爱的学生，德育导师加强与这些孩子及家长的联系，制定帮扶方案。

（二）家长学校，关爱心连心

为推动家长们更好地学习家教知识，更新教育理念，多年来，学校坚持开办家长学校，举办专家讲座、论坛、沙龙等活动，以此提高家长教育素养，为家校合作打好基础。

（三）家长委员会，凝心聚力促合作

为发挥家长们的优势和特长，学校各年级均会在高一开学初成立家长委员会。家委会为学校决策建言献策，与学校充分的交流讨论以形成育人共识。

（四）家长讲师团，规划生涯明方向

学校邀请不同职业背景的家长成立家长讲师团，进行职业宣讲，指导学生们做好生涯规划，进一步发挥家长在家校协同育人中的作用，拓宽家校共育的领域。

（五）“请进来，走出去”，双向互动

“请进来”是指邀请家长走进学校。学校定期在各年级以多种形式开展“家长参与主题班会”“家长听课日”“家长参与大课间”等特色活动。“走出去”是指教师的家访活动。通过“大走访”，学校教师走进学生家庭，及时掌握学生的思想变化脉络，同时让家长及时了解学生在校期间遇到的问题。“请进来，走出去”夯实了家校联动共育的基础。

（六）“家长会，促沟通”，实现协同共育

学校通过家长会促进家校的沟通，实现协同共育。家长会为家校沟通提供了一个有效平台。家长会上，大家从“心”出发，畅所欲言。数十位家长的智慧就是最好的德育资源，不仅能促进形成更为科学的教育理念，还有利于家长自身心态的积极调整。

四、程序和方法

在家校联动的实践中，学校充分发挥学校的主导作用，摸索采用有效策略，积极引导家长，逐步提炼形成八大家校联动策略，助力提升家校德育水平。

（一）联动观念：求同存异，树立科学家校联动观念

1. 客观冷静看待差异

家庭与学校对学生成长虽有着共同的目标，但对教育问题的思考和要求不尽相同。差异与分歧的存在也说明了家校联动的紧迫性与必须性。在家校联动中，需要客观冷静看待家校之间的观念差异。

2. 求同存异突破共赢

学校需要家长配合，家长也需要学校的指导。学校提炼形成的“平等沟通、求同存异、联动共赢”的观念策略，引导家长摆正自身“教育者”的身份，调动家长参与的积极性。

（二）联动主体：多元联动，建立三位一体沟通模式

学校始终把每一位学生都放在心上，通过多元联动构建家校沟通新模式，着力提升家校育人合力的新探索，最终实现“教师用心，家长走心，学生开心”的三赢局面。根据家长参与程度的不同，学校将家校沟通的模式界定为：宣传教育类、课程培训类和考核评估类。

（三）联动内容：以德为先，促进家校联动目标实现

明确德育内容有助于推进家校联动的实践，能更有效促进家校联动目标的实现。

1. 家校联动，厚植理想信念

家校联动中家校双方要紧紧围绕理想信念这一根基，引导学生树立正确的历史观、民族观、国家观、文化观，不断引导学生树立为共产主义远大理想和中国特色社会主义共同理想而奋斗的信念和信心。

2. 家校携手，培育社会主义核心价值观

家长和学校需要结合学生身心成长规律，努力拓展培育和践行社会主义核心价值观的有效途径，让价值观融入学生日常学习生活中，植根于学生的心灵深处。

3. 家校共育，传承中华优秀传统文化

德育需要家校双方紧密配合，共同用好中华优秀传统文化这本“好教材”，不断创新文化传承手段，丰富文化传播载体，以文育人，着力培养学生的家国情怀。

（四）联动形式：创新活动，推动家校联动耦合发展

秉承“一切活动皆课程”的理念，学校以学校、年级、班级举办的特色活动为载体，通过家长、学校、教师三位一体的互动交流实践活动，促进德育目标的达成。

1. 优化活动方案，积极筹备促交流

为了让家校联动更加有效，学校对各类活动方案进行准确定位设计，确保能对学生的综合素养提升真正起到促进作用。

2. 创新活动形式，家校联动添活力

学校多措并举，指导和帮助家庭，拓展和畅通家长参与学校民主管理的渠道，推动了家校之间的耦合发展。

3. 追踪活动评价，反思交流再提升

学校坚持在家校联动过程中引入评价机制，连贯而多样的评价形式推进家校联动持续往深处广处发展。

（五）联动程度：统筹布局，开拓家校联动深度广度

学校持续推进家校共同体建设，通过指导帮助，组建家校成长共同体；贡献智慧，组建家校发展共同体；互动交流，组建家校互助共同体。家校共同体建设推动家庭和学校双方在信念上取得一致、行动上保持一致。

（六）联动手段：多维互动，确立家校联动复合手段

学校通过“请进来，走出去”的方式将家校联动落到实处。

1. 考虑实际需要，多维情况决定多维方式

学校考虑家长空间的远与近、时间的忙与闲，灵活运用线上和线下等多维交流方式。

2. 把握好分寸，多维范围呼吁多维场合

学校将家长“请进来”后准确把握分寸，譬如交流的范围，可将其分为“一对一”“一对多”“全班范围”。

3. 充分了解沟通对象，多维对象决定多维策略

家长性格各异，家庭情况各有不同，孩子与家庭的关系也各有其特点，针对不同的沟通对象学校要有不同的策略，这样家校沟通才能更有效。

（七）联动评价：反思提升，积极达成家校联动实效

学校坚持在家校联动过程中采用家长评价机制，促使家校联动工作在动态中不断完善。

1. 明确双方职责，让评价帮助家校合理定位

在家校联动的多样评价形式中，首先要明确家校联动的责任。唯有双方定位准确，方能实现良性互动。

2. 多维有效互动，让评价促进家校交流

多维有效评价互动令家长从被动的“接收器”成为主动的参与者。

3. 不断拓宽评价渠道，引导家长热情参与

学校充分利用互联网技术，形成线上线下多种评价渠道的组合，吸引家长积极参与，实现有效联动。

（八）联动结果：和谐共长，打造家校联动全新生态

学校以学生的发展为核心，以家庭、学校和学生的共同获益为追求，全力打造家校联动全新生态。

1. 助力家庭，维护关系

家庭关系和谐是孩子心理发展和德育素养提升的重要因素。家长能从学校开展的系列家校联动中提升教育能力，维护和谐亲子关系。

2. 释放学校，积极作为

通过家校联动实践活动的开展，学校有效发挥着为学生成长和家庭环境构建提供服务与指导的功能，家长也在学校教育中有更多作为。

3. 激活学生，自主发展

通过家校联动的具体举措，父母和孩子的边界得到廓清，学校和家庭的角色得到优化，学生有更好的积极发展空间，最终实现升学就业与终身发展的双赢。

正如习近平总书记反复强调的那样，青少年阶段是人生的“拔节孕穗期”，最需要精心引导和栽培。良好的家校联动会为高中生走上正确的人生道路打下坚实的基础。因此，学校将着眼于学生的可持续发展，持续深入地贯彻立德树人的理念，不断优化家校联动的策略，采取多种途径与方法助推家校间的联动，着实增强家校联动实效。

（撰稿人：孙蕾蕾、汪玉慧）

展家校共育别样芳华
书立德树人奋进之笔

黑龙江省哈尔滨市第二十四中学

一、现状与问题

哈尔滨市第二十四中学创建于1953年8月，是黑龙江省首批重点中学。学校始终坚持以抓教师队伍建设为本、以抓民主加科学管理为纲、以教学改革和课程建设为动力、以教育科研为先导的工作指导思想。2019年初，学校对全体家长进行了问卷调研，回收1744份问卷，旨在对学校家校共育工作进行彻底的摸底调查，明确家校共育存在的问题，为探索实施家校共育新道路提供坚实的客观基础。

调查发现：第一，家长的学历水平较低。由于地域性差异，学校家长的学历水平（本科及以上学历）比哈尔滨市平均水平低27.4%。第二，家长的职业对家庭教育的助力较弱。家长中，教师、医生、律师和公务员等占10.1%，个体从业人员、工人、农民等其他职业的比例为70.7%。第三，家庭教育角色担当不均衡。单一母亲承担主要家庭教育角色的有1103人，占比63.2%；单一父亲承担家庭教育角色的有192人，占比11.0%；父母共同承担家庭教育职能的仅有449人，占比25.7%。父亲教育位置缺失情况严重，父母协同育人的情况非常不乐观。第四，家庭教育方式单一。有半数以上家长选择“反复说教”的单一方式，有79.4%的家长选择以“谈心”为主的单一沟通方式。单一的教育方式和沟通方式很可能导致“越想沟通越难于取得沟通效果”和“孩子嫌家长唠叨拒绝沟通”等尴尬局面。第五，家庭教育缺少长远规划。对孩子的未来有明确规划的家长仅占 9.4%，超过 90.0%的家庭对孩子的培养目标锁定在“高考分数”等单一学业目标上。家长在学业规划、职业规划等问题上，存在被动、盲目、狭隘等特征。第六，对孩子的了解过于片面。绝大部分家长认为自己对孩子比较了解，但从更细致的数据上来看，家长只关注孩子的在校学习情况，了解渠道多为看成绩单、参加家长会或听孩子汇报。76.3%的家长忽视孩子的内心成长需求，很少关注孩子的人际交往、独立学习和生活等方面的能力的发展。第七，家长对家校共育有迫切的需求。81.2%的家长希望通过家校共育平台提高自身家庭教育能力。

二、目的和意义

在时代发展的视域下，家校共育越来越成为教育改革与发展的重要关注点，一系列政策的出台为家校共育工作的开展提供了有力支持。家校共育的“未来态”，其落脚点在未来化教育生态建设上，其中必然包含家庭教育生态、学校教育生态及双主体联动形成的社会教育生态的未来化。学校主体在联动家庭主体中需要承担更大的使命与责任，需要凝聚力量，善用新形态教育科技成果，科学厘定家校之间的边界弹性，设计系统化家校共育模式，与家庭良性互动，共建优良的教育生态。

三、内容和对象

针对家庭教育的普遍诉求，如家长应具备的家庭教育观念、基本素质、家庭教育的方法与艺术、如何培养孩子多方面的能力与品质等，学校整合学校、家庭、社会资源，探索学校对家庭教育指导的策略和途径。

（一）搭建家校社协同育人平台

整合学校、家庭、社会资源，主动协调、挖掘潜力、无缝合作，为学校对家庭教育的指导提供丰沛的教育资源。

（二）探索家庭教育指导的策略

线上与线下相结合；体验与说理相结合；经验与现实相结合；传统与创新相结合；分层与整体相结合；阶段与长远相结合。

（三）探索家庭教育指导的途径

健全家长学校，规范科学管理；强化指导队伍，壮大骨干力量；畅通沟通机制，开展共创活动；拓展实践活动，丰富活动体系；构建课程模块，开展课程教学；搭建成果平台，共享优秀资源；加强对外交流，强化考评工作。

四、程序和方法

（一）课题引领，探索家庭教育指导研究

科研是引领家庭教育开展、提升家庭教育水平的有力杠杆。2019 年起，学校从“线上与线下相结合、体验与说理相结合、经验与现实相结合、传统与创新相结合、分层与整体相结合、阶段与长远相结合”六结合维度对家庭教育指导的策略进行了有效性的研究，从“健全家长学校，规范科学管理；强化指导队伍，壮大骨干力量；畅通沟通机制，开展共创活动；拓展实践活动，丰富活动体系；构建课程模块，开展课程教学；搭建成果平台，共享优秀资源；加强对外交流，强化考评工作”七个向度对家庭教育指导的途径进行了有效性的研究。科研引领有的放矢，让学校家校共育工作立意更高远，更具方向感；也使各项措施、制度的制订更明确，更有目标；以研究的态度深入推进统筹家庭教育工作，使得家校合作有了深厚的根基。

（二）联手高校，推进家校共育优质发展

学校打破壁垒，积极探索借高校人才资源、文化资源，涵养学校家校共育之路。学校与东北师范大学、哈尔滨工程大学等高校建立了深层合作关系，加快建立体系开放、渠道互通的资源共享机制，推进家校共育优质、内涵发展。学校聘请高校教师作为家校共育专家，为学校师生和家长提供公益服务类课程。与高校的联盟极大地提升了学校教师与家长的共育能力，帮助学生走上成长、成才的高起点和快车道。

（三）整合资源，开展家校共育系列活动

学校构建学校、家长对等的话语体系，通过开展家校共育系列活动唤醒家长，使其正确认识新型的家校关系、亲子关系，鼓励家长由学校教育的“局外人”和“旁观者”转变成为“参与者”，最终达到“家校共融”；指导家长在孩子的教育问题上由原来发号施令的“权威型家长”向“沟通型家长”转变，做孩子成长路上的良师益友，实现家长角色的完美蜕变，逐渐成长为一名尊重孩子、尊重教育规律的“教育者”。

1. 开办家长学校，构建共育课程

2019 年初，家长学校的成立、家校共育学校组织机构的建立（见图 1），标志着学校家校共育系列活动拉开了序幕。家长学校注重制度化、延伸化、序列化、阶段化、普及化、特色化、评价化、教学方式多样化。学校建立发展需求导向的家长学校课程，力求课程目标能力化，课程内容精致化，课程实施主体化。

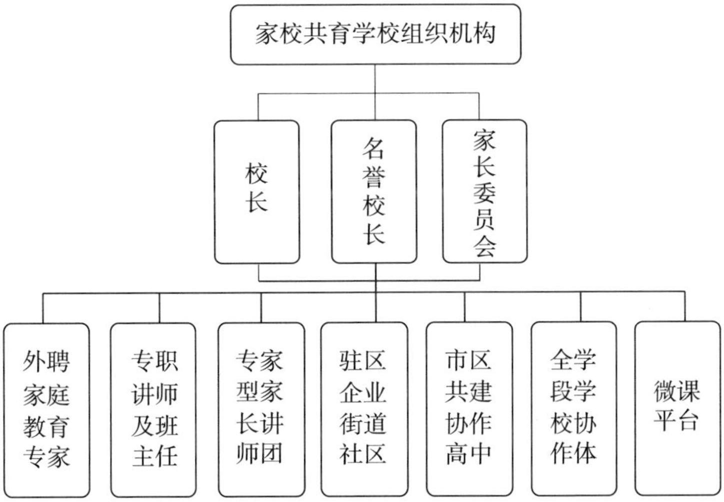

图 1　家校共育学校组织机构

2. 成立专家团队，形成多方联动

学校整合学校、家庭、社会资源，形成多方联动、共育人才的强大合力。学校聘请高校专家建立专家库，积极鼓励学校教师参加相关培训，考取有关证书，如生涯规划师证书、国家心理危机干预师证书。学校为教师创造到校外学习、观摩或学术交流的机会，开阔教师视野，提高教师进行家庭教育指导的理论素养和实践能力。学校积极开展行动研究，鼓励并出资将家庭教育指导问题作为课题进行研究。在研究过程中教师既是实践者，又是研究者和探索者，这提升了教师解决问题的能力，促使教师由教学型向专家型转化，学校内形成了一支专家型的家庭教育指导教师队伍。此外，学校联系驻区企业和社区街道，形成教育合力，为哈飞、东安、东轻等驻区企业进行公益讲座，与花卉社区携手成立花卉大讲堂。依托王健名校长工作室形成全学段学校协作体，让家校共育体系化，为整个家校共育链条的良性发展带来帮助。

3. 挖掘家长资源，增强共育实效

家长作为一种隐性的教育资源，具有丰富性和可再生性。学校遴选出66位专家型家长组成家长讲师团。他们职业分布广泛，很多是行业精英，他们愿意为学生发展贡献力量。专家型家长讲师团以现场讲座、实地参观、职业规划、微视频等多种形式开展家长学校课程。他们的授课贴近家长实际，所讲方法、所举案例家长熟悉，讲授的教育方法家长易于接受，效果好。

（四）强化常规共育，进行精准指导

学校在探索家校共育新途径时，也十分注重常规家校共育途径。学校充分发挥家长委员会的作用，协调学校与家庭的关系，增强教育的合力；校长和副校长带头为不同学段的家长开设讲座；班主任高质量地开好每一次家长会；做好家长开放日工作，广泛倾听家长建议；班主任将家访工作落到实处，跟踪反馈有实效。

（五）依托多元评价，助力推动家长终身教育

学校以“多元评价提高学生核心素养”教学成果为依托，通过“三维学业评价策略”“个体纵向评价机制”等具体策略，引导教师、家长及学生本人，对学生做出多元、全面、客观的评价（见图 2）。多元评价体系帮助家长多角度、多维度了解孩子，促进学生的自我建构，同时也引导学校家校共育工作从重结果、比厚度、比数量向重过程、比深度、比科学转变。

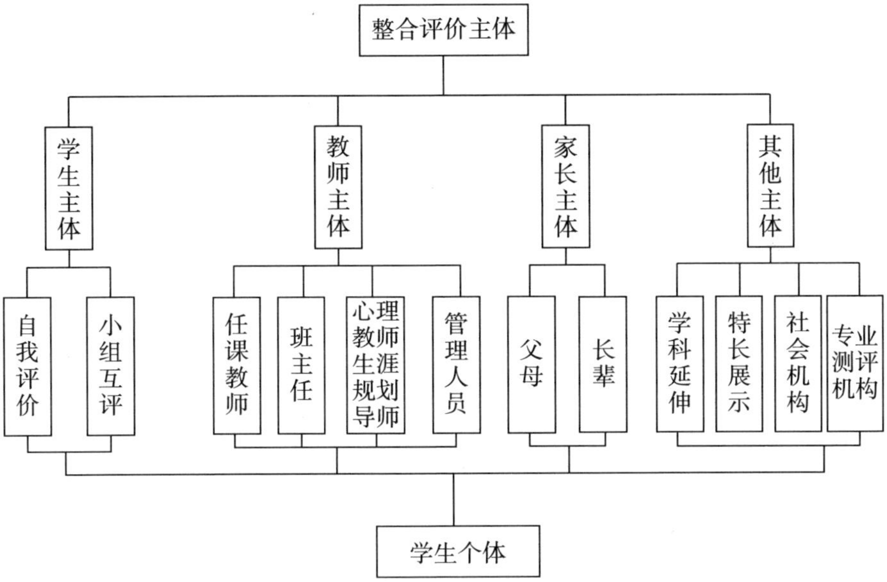

图 2　多元评价体系

五、效果和影响

学校坚持家校共育的初心和宗旨，一步一个脚印地践行着最初的设想，呈现出家校合作的新样态。通过家长学校课程培训和专家讲座以及相关活动的展开，示范型家长、行动型家长、学习型家长明显增多，家长对孩子成长需要的各方面有了清晰的认识，学会主动调整教育方向和方式，教育方法更加科学。同时，与学校和教师的沟通多了，家校关系、亲子关系更加和谐，学校的社会口碑明显提升。同时，学校还借助王健名校长工作室，将家校共育工作的理论成果和实践操作分享给兄弟学校。

2020年11月，学校对全体家长再次进行了问卷调研，回收1807份有效问卷。调查发现81.9%的家长关注孩子的内心成长需求，关注孩子的人际交往、独立学习和生活等方面的能力的发展。98.0%的家长对学校开展的家校共育工作表示满意。其中，父母共同承担家庭教育职能的有1378人，占比76.3%，表明家庭教育中父亲教育位置缺失情况明显减少，父母协同育人的情况变得乐观。在家庭教育方式上，仅有3.0%的家长选择“反复说教”的单一方式，有6.9%的家长选择以“谈心”为主的单一沟通方式，近90.0%的家长选择多种沟通方式。关于家庭教育的目标，对孩子的未来有明确规划的占89.5%，仅有10.0%的家庭对孩子的培养目标锁定在“高考分数”等单一学业目标上。从更细致的数据上来看，家长不再只关注孩子的在校学习情况，了解渠道也不限于看成绩单、参加家长会或听孩子汇报。

近两年的时间，学校共收到家长、学生送给学校和教师的锦旗75面，《中国教育报》《语言文字报》等权威媒体对学校的家校共育工作成果进行了报道。学校家校共育工作取得了长足的进展，获得了家长、学生、社会一致的认可。

六、经验和体会

家校共育是现代教育视域下的一种新型育人模式，需要全方位构建家庭、学校以及社会三位一体的教育框架，在正确的理论指导下推动家校共育工作高质量开展。

首先，家校共育应围绕“育人科学”为逻辑起点，教育理念要科学，教育技术和策略要科学。要结合未来学校的重大变革，基于教育科学、学习科学对学生在不同时期的认知、行为、心理特征的新型科学成果，开展教育者（教师、家长）家校共育素养的提升工作，运用先进的理念和策略引领家校共育的未来化实践。

其次，要跳出“家校共育机制”附属于学校管理机制创新的思维窠臼，把思维视角提升到新时代多要素变迁的大时代背景下，基于区域发展现状和趋势的“人的培养模式转变”的高度上。通过实践，为“家庭学校社会有机合作机制构建”和“区域未来化的育人模式构建”贡献智慧和方案。

再次，社会多元化发展持续，家校共育模式必然是多态发展。实事求是，因地制宜，与时俱进，不论什么样态的家校共育模式，都离不开“家校共育实践”核心。实践是试金石。在实践中，适切的制度设计、科学合理的技术应用、有效的互动策略、学生的适性发展是对模式效能评价的根本标准。

最后，高质量的家校共育必须解放思想，要有新意识、新机制、新模式。学校不仅需要适应和服务，更应该引领和超越。着力引领学生、家长的理念更新和能力提升，是学校应有的社会责任和使命。高质量的家校共育必须营造活动，有了活动情境，家校合作共育就有了抓手，家庭和学校就有可能在具体的活动情境中施展身手，充分发挥各自的作用，开展真实有效的合作共育。高质量的家校共育必须从小做起，基于自愿的共识性实践，形成全学段协作体，只有基础牢固了，合力才会更强，学生的精神成长和自主发展才会更佳，才会更好地助力于立德树人。

（撰稿人：张利业）

家校社协同，构建青少年成长的支持系统

江苏省苏州市田家炳实验初级中学

一、学校概况

苏州市田家炳实验初级中学是一所规模较大的公办初中，学校学生中随迁子女占78.0%，来自全国23个省市。来自不同地域的学生因文化不同、基础不同，他们的心理健康教育和学习能力提升成为学校面对的重要课题，如何扩展学生成长的支持系统成为学校必须思考的问题。

二、目的和意义

家庭教育是一切教育的基础，是把孩子变成人的地方；学校教育是家庭教育的延续，是把孩子变成才的地方；社会教育是家庭教育和学校教育的升华，是把孩子变成人才的地方。只有家庭、学校、社会协同共育才能创造孩子美好的未来。家校社协同育人正成为教育的新样态，也必将为孩子们的幸福人生奠基。

学校以积极心理学为理论依据，以开放和欣赏的眼光看待每个人；在青少年正面发展（PYD）视角下，用积极的态度看待学生发展；结合社会生态论观点，从家庭、朋辈、学校、社会的系统中，看待学生的成长。基于以上理论和背景，学校从家庭、学校、社会三个层面介入，旨在为学生的全人发展提供和谐的教育生态，构建一种自我与环境互相滋养、心灵健康成长的支持系统。

三、内容和对象

学校从家庭、学校、社会三个层面介入，从队伍建设、阵地建设、课程建设、活动建设、驻校社工、网络学习、教育科研七个方面来实施。

四、程序和方法

（一）以队伍建设保障共育的持续发展

1. 组建一支校外专家指导队伍

聘请校外专家组成队伍，开展家庭教育系列讲座、课题研讨、专题辅导、典型个案分析等方面的指导工作，特别针对积极心理品质的培养、学习困难学生的心理研究与学习指导、教师教学辅导的策略、家庭教育课程系列化等方面进行指导，大力推动师资队伍的专业化发展。

2. 培育一支校内专业指导队伍

将心理教师、家庭教育指导师、德育骨干教师组成指导师队伍，共同推动家育工作的有序开展。学校设有专职心理教师一名，兼职心理教师 9 名，具有二级心理咨询师资格证的有 7 人，40 岁以下中青年教师均参加了苏州心理上岗证 120 学时的培训。学校有针对性地支持和引导教师自我进修与培训，倡导和支持“双师型”教师的发展模式，引导教师进一步提升心理辅导的技能；要求专兼职教师每学年完成 40 学时的校外心理培训，每周参加校内集体教研活动。通过校外培训、校内教研、组内分享的方式，打造一支善于运用心理学方法与技巧挖掘学生潜力、解决学生问题的“德育管理者+班主任+心理教师+科任老师+家长+X”的专业服务团队。

3. 引进一支“社工+义工”服务队伍

学校与华东师范大学、苏州科技大学、中国人民大学（苏州校区）等高等院校开展社会合作十余年，通过社会工作的专业视角，运用课程协助、个案辅导、团体活动、资料整理、链接资源的方式，依托项目，把民政、市团委、妇联以及街道社区的资源进行整合，与学校师资团队共同维护学生的健康成长。社工队伍在家长接待、家庭探访、家长志愿者队伍建设、家长活动方面给予学校有力支持，学校社工充当学校、家庭、社区的协调者、沟通者，促进家庭、学校、社会三位一体良好互动关系的建立，形成教育的合力。

4. 成立一支家长骨干志愿队伍

采取自主报名、班主任推荐的方式成立家委会，选拔有一定家教知识、组织能力、志愿情怀的家长，在活动中充分挖掘家长的特长和潜能，成立家长志愿者队伍。着力培养家长骨干力量，参与学校重大活动和重大决策，协调家校关系。同时，大力开展父母学堂与家庭教育课程，以服务、文化、生态、共创为设计核心，从构建与伴侣、老师、孩子的关系入手，为家长创设互动体验的学习情境，为孩子成长营造一个健康、正向、整全的教育生态环境。

学校通过四支队伍保障合力育人的具体内容见表 1。

表 1　四支队伍保障合力育人

四支队伍	工作重点	关键职能
专家队伍	主题培训、数据分析、评估反馈	理论指导
教师队伍	方案制定、组织实施、宣传引导	工作实施
社工队伍	资源链接、辅助实施、资料积累	支持系统
家长队伍	自我学习、志愿服务、意见反馈	成长服务

（二）以阵地建设推动共育平台扩展

1. 成立家长服务中心

家长服务中心是服务家长的一个窗口。本着“教育即服务”的宗旨，学校坚持“开门办教育”，倾听家长的建议、诉求和心声，鼓励家长参与学校民主管理，营造家校联手育人的氛围。学校于 2013 年成立家长服务中心，几年来接待家长近千名，服务有需求的家长 300 多例，家长服务中心以热情的态度、专业的服务得到家长的一致好评。

2. 创设学生成长中心

基于对学生全面发展和终身成长的考虑，创设学生成长中心。重新规划近600平方米的空间，设置12间专用功能室，包括学生成长课堂、父母学堂、AI减压赋能舱、情感表达室、沙盘游戏室、心理咨询室、个案中心、心理办公室、专用培训教室等，为学生学习生活创造优质的环境。学生成长中心特别设置心理发展中心和学习能力指导站，心理发展中心完善了《心理教师职业守则》《学生心理健康三级防护网》《学生心理健康三级预警制度》《心理教育中心管理制度》等各项制度的建设；学习能力指导站旨在结合教育学、心理学和脑科学的研究来探索挖掘学生的学习潜力，提升学生的学习能力、学习动力和学习意志品质。学校整合社会力量研发了针对初一、初二、初三学生特点的三套成长课程，均取得一定的成效。课程旨在培育学生各方面的能力，帮助学生与成人益友发展健康正面的人际关系，推动学生建立健康的人生观，促进青少年的全人发展，培育诚信、有爱心、有责任心的阳光青少年。

（三）以课程建设推动家庭教育系统化

1. 使用省编家长学校教材

2011年起，学校深入开展探索课程化家校育人模式，认真贯彻省教育厅、省教育系统关工委联合印发的《关于进一步加强和改进教育系统家长学校工作的意见》，规范使用省编教育系统关工委家长学校教材《家长必读》，抓住家长学校的办学核心，提升家长学校教学质量。

2. 使用《苏州家庭教育家长读本》

苏州市政府实事工程“中小学家庭教育课程项目”的重要内容之一即《苏州家庭教育家长读本》，学校作为首批项目学校，积极指导家长阅读读本，开展读书会，同时推动家长观看“家长慕课”，参与“苏州父母APP”家庭教育平台的学习。

3. 出版家庭教育校本教材《父母学堂：相处之道》

学校着力打造家庭教育品牌，基于十五年的家庭教育课程经验，组织团队成员编写了校本教材专著《父母学堂：相处之道》。基于学情的分析，自主开发符合成人学习和培训特点的体验性、活动性、辅导性家庭教育校本课程，课程旨在引导父母通过在团队活动中的自我重建，学习如何与孩子、伴侣、学校和教师和谐相处，营造积极有爱的教养环境，从而促进孩子安全健康成长。

（四）以活动建设丰富共育的课程实效

1. 父母学堂

父母学堂开设了一系列关于如何做合格父母的实用课程，以体验和技巧训练为主。2008 年以来，父母学堂开展 11 期课程，颁发“父母上岗执照”410 张，参与课堂体验的家长达 1750 人次，积累了大量典型家庭个案，以其实效性深受家长欢迎。父母学堂的部分内容见图 1。

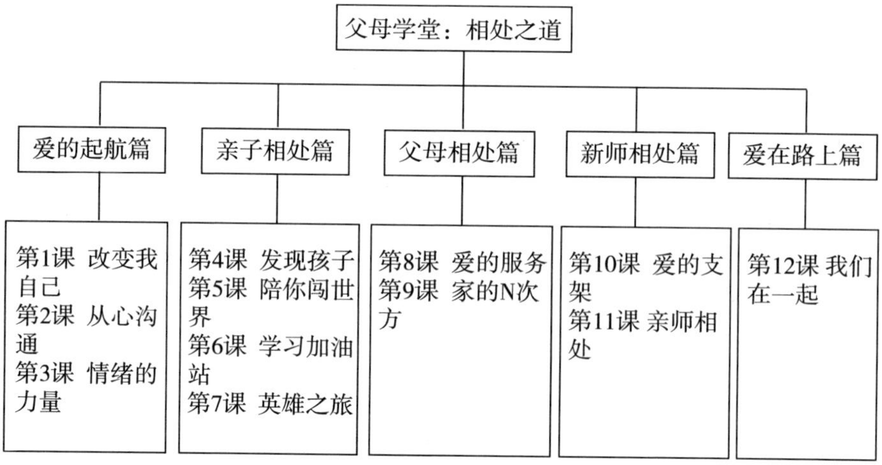

图 1　父母学堂的内容（节选）

2. 父母读书会

学校坚持“以生命影响生命”的办学理念，积极向家长们倡导“我与好书同行”的思想，努力践行“我读书，我反思，我成长”的观念。

3. 父母朗读者

围绕“爱”“理解”“陪伴”“信任”“学习”等主题，父母分享自己的人生故事，朗读一段曾经打动自己、激励自己甚至改变自己的文字。

4. 亲子活动

亲子活动寓教于乐，寓知识于游戏中，使学生在活动中修复和父母的关系，密切与父母的联系，许多感人的故事让亲子活动充满温情、触动心灵。

（五）以驻校社工创新家校共育的新模式

1. 面上服务

学校社会工作的面上服务主要指正面成长课堂的服务（成长课、生命课或者成长班会等），强调社工以课堂为抓手和平台，传递正面成长理念，发现学生的不同成长需求。每次课堂中都配有 1 名教师，2—4 名社工助手做观察员、协作者、过程记录者，负责课堂中游戏、模拟剧、小组讨论等环节的组织协调和过程记录，给予小组成员恰当的鼓励和推动，关注个别有差异表现的学生，在课后对他们进行个案辅导。社工通过专业介入为学生提供服务，取得了较为出色的成绩。在学校社会工作模式探索中，课堂也被放在了一个最基础的位置上。

2. 点上服务

以社工理念和方法，参与课堂观察、记录等工作，对部分有不同成长需求的学生进行咨询（微个案）、个案辅导、小组工作和兴趣拓展。

3. 支持网服务

支持网服务基于“人在环境中”的发展理念，强调青少年的成长离不开家庭父母、学校教师、同辈群体以及社区等环境的影响。支持网服务主要包括家长工作坊、教师工作坊、成长向导陪伴、社区倡导、主题活动等，旨在建构和营造正面的成长支持网。“走进社区”活动就是对学校社会工作模式的一种有力探索。

社会工作驻校服务模式具体见图 2。

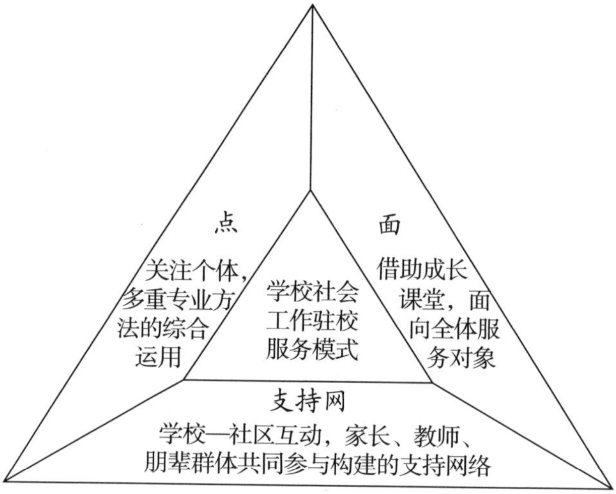

图 2 社会工作驻校服务模式

（六）以网络学习搭建家校共育的新平台

学校运用信息化平台，与苏州市网上家长学校合作，开设“田园家育”线上学习平台，为家长提供家庭教育学习体系，包含分年级家长电子读本、微课视频、微电影、名师讲堂、家长访谈等丰富多彩的学习资源，同时发布亲子活动并开展家长义工服务。平台资源每年不断更新，目前已经进入 3.0 版。通过家长学习、义工积分的大数据，形成分析和评价，不断调整学校家庭教育策略和服务，鼓励家长自觉成长和自我完善。

（七）以教育科研实现田园家育的发展创新

2013 年《学校、社会、家庭三结合德育网络构建研究》结题；2014 年《现代学校制度与现代学校建设研究》结题；2015 年《“家长课堂”课程设计的行动研究》结项；2017 年《苏州市田家炳实验初中家校衔接〈父母学堂〉教材研发项目》结项，2017 年《家庭教育“父母学堂”课程校本教材建设研究》结题；2018 年由首都师范大学出版社出版学校家庭教育校本教材《父母学堂：相处之道》；2019 年《田园心育：交互滋养的成长支持系统建设》获省级首批品格提升工程项目优秀奖；2020 年《基于交互滋养理念的家校共育实践研究》获教学成果一等奖，2020 年学校获评“全国家庭教育创新实践基地”。

五、效果和影响

苏州田家炳实验初级中学以立德树人为根本任务，以学生全人发展的成长支持系统构建为目标，以家校社合作共育为平台，以学校社会工作为辅助，探寻校本发展的新路径。经过多年探索，创新了多条独特的路径，获得了多方面的好评。家校社协同共育工作得到苏州市政府、教育局、田家炳基金会等多方面的资助和支持。学校获苏州市“市长质量奖”，获“全国家庭教育创新实践基地”称号，被评为“江苏省示范家长学校”及“苏州市中小学家庭教育课程项目优秀学校”。《交互滋养的全场境心育系统建设》立项为江苏省基础教育前瞻性教学改革实验项目，《基于交互滋养理念的家校共育实践研究》获得苏州市教育教学成果一等奖，《田园心育：交互滋养的成长支持系统建设》获评省级首批品格提升工程优秀项目。项目探索促进了学校多方面的发展：第一，父母学堂课程丰富了学校的课程体系，搭建了班主任家庭教育素养提升平台；第二，项目研究激活了教师的专业发展，推动了学习型团队的建设；第三，学校社会工作探索开创了学校家校社合育的特色之路。社会对学校的办学满意度与日渐增，充分肯定了构建青少年成长支持系统工作路径的可行性、有效性。

今后，学校将进一步在学习培训、专家督导、专业提升等方面加大力度，扩大梯队建设，将“走进社区”与学生实践活动深度融合，将家庭教育与家长自我成长密切联系，将学校教育教学与社会资源进一步有效整合。聚焦学生正面成长和品格提升，着力创设学生健康成长的物态环境，既要实用，又要新颖，用情塑造符合学生身心发展的人文环境。在探索家校社合作的路上，在培育学生发展新生态上，我们将一如既往、一路向前。

（撰稿人：陈学芳）